W0244752

Kindler
Taschenbücher

Geist und Psyche

John Bowlby

Mütterliche Zuwendung und geistige Gesundheit

Maternal Care and Mental Health

Kindler
Taschenbücher

Aus dem Englischen übertragen von Gisela Bischof-Elten. Die Originalausgabe erschien im Bulletin of the World Health Organization, 1951, 3,
S. 355–534, und in den World Health Organization Monograph Series, 2,
unter dem Titel MATERNAL CARE AND MENTAL HEALTH

Copyright 1973 für die deutschsprachige Ausgabe by
Kindler Verlag GmbH, München
Redaktion: K. Neff
Korrekturen: S. Sulac
Gesamtherstellung: Friedrich Pustet, Regensburg
Printed in Germany 1973
ISBN 3 463 18106 1

INHALT

TABELLEN

Vorwort zur zweiten Auflage

Zu meiner Freude hat die erste Auflage dieser Monographie so
großen Anklang gefunden, daß eine weitere schnell folgen
mußte. Der Text ist bis auf geringfügige Verbesserungen und
die Hinzufügung eines Registers unverändert.

Inzwischen blieb mein im sechsten Kapitel vorgetragenes Plä-
doyer für eine Fortsetzung der Forschungsarbeit nicht unbeach-
tet; das Internationale Kinder-Zentrum in Paris fördert nunmehr
derartige Studien in England und Frankreich. Darüber hinaus
hat das Kinderzentrum viel dazu beigetragen, unsere Kenntnisse
der Folgen mütterlicher Deprivation zu erweitern, indem es auf
internationaler Ebene eine Reihe einschlägiger Seminare veran-
staltete. Es ist nur zu hoffen, daß andere an Forschungsarbeit
interessierte Institutionen diesem Beispiel folgen werden.

Februar 1952   *John Bowlby*

Vorwort zur ersten Auflage

In ihrer dritten Sitzung, abgehalten im April 1948, beschloß die Sozialkommission der Vereinten Nationen, eine Untersuchung der Bedürfnislage von heimatlosen Kindern in die Wege zu leiten.[143]* Diese Zielgruppe wurde definiert als »Kinder, die verwaist oder aus anderen Gründen von einem normalen Familienleben ausgeschlossen sind und deshalb in Pflegestellen, Waisenhäusern oder anderen Gemeinschaftseinrichtungen betreut werden müssen«. Die Untersuchung sollte sich auf solche Kinder beschränken, »die heimatlos in ihrem Geburtsland leben«; damit waren Flüchtlinge aus Kriegs- oder anderen Katastrophengebieten ausdrücklich ausgeschlossen. Die UNO bat alle an dem Thema interessierten Unterorganisationen um Stellungnahmen und Anregungen. Daraufhin bot die Weltgesundheitsorganisation (WHO) eine Untersuchung des Problems unter dem Aspekt der geistigen Gesundheit als ihren Beitrag zu diesem Programm an. Das Angebot wurde akzeptiert, und so entstand der vorliegende Bericht.

Ich begann meine vorübergehende Tätigkeit für die WHO im Januar 1950 und besuchte in den folgenden Wochen und Monaten verschiedene europäische Länder – Frankreich, die Niederlande, Schweden, die Schweiz und Großbritannien – sowie die USA. In jedem Land sprach ich mit Sozialarbeitern – vornehmlich aus dem Bereich der Kinderfürsorge und der Erziehungsberatung –, verfolgte ihre Arbeit und ließ mich mit der einschlägigen Literatur vertraut machen. In den Diskussionen konnte ich eine weitgehende Übereinstimmung der Auffassungen sowohl hinsichtlich der Grundvoraussetzungen der geistigen Gesundheit von Kindern als auch hinsichtlich der praktischen Methoden zu ihrer Erhaltung feststellen. Bei der Abfassung dieses Berichts mußte ich mich darauf konzentrieren, einer ausgedehnten Quellenliteratur gerecht zu werden und die vielen wichtigen Ansatzpunkte herauszustellen, die meine Aufmerksamkeit erregt hatten. So konnte ich nur wenig Zeit darauf verwenden, voneinander abweichende Standpunkte auf einen gemeinsamen Nenner zu bringen.

---

* Hochgestellte Ziffern im Text verweisen auf die im Literaturverzeichnis nach Nummern aufgeführten Titel.

Noch ein Wort der Erläuterung zu den ausgiebig zitierten Zahlenangaben und Tabellen: Fast alle in diesem Bericht auftauchenden Tabellen wurden entweder aus Zahlenangaben zusammengestellt, die bisher noch nicht in dieser tabellarischen Anordnung vorlagen, oder in vereinfachter Form aus der Quellenliteratur übernommen. Darüber hinaus habe ich in einigen Fällen Zahlenangaben, deren statistischer Wert noch nicht getestet war, dem Chi-Quadrat-Test unterzogen.

Ich bin naturgemäß einem großen Kreis von Kollegen aus vielen Ländern sehr zu Dank verpflichtet. Deshalb möchte ich diese Gelegenheit benutzen, um zu erklären, wie sehr sie mir geholfen haben, indem sie mir großzügig ihre Zeit opferten und Gastfreundschaft gewährten, so daß meine Rundreise angenehm und erfolgreich wurde. Ich möchte auch all meinen Korrespondenzpartnern für die schnelle Beantwortung meiner Anfragen danken. Leider war es mir nicht möglich, das gesamte mir überlassene Material vollständig auszuwerten, und ich bedaure es vor allem, daß ich nicht in der Lage war, den fremdsprachlichen Veröffentlichungen ganz gerecht zu werden. Während ich mich bemüht habe, alle Veröffentlichungen über die schädlichen Auswirkungen der maternellen Deprivation – das Thema des ersten Teils – zu berücksichtigen, bin ich mir der vielen Lücken in den Literaturnachweisen zum Thema Familie und Kinderfürsorge durchaus bewußt. Aber diese Fachliteratur ist bereits äußerst umfangreich. Deshalb habe ich im zweiten Teil dieses Berichts eher auf gewisse Teilaspekte des Themas gezielt, die bisher vernachlässigt wurden.

Mein Dank gilt auch dem North West Metropolitan Regional Hospital Board und der Verwaltung der Tavistock Clinic für den Urlaub, den sie mir für meine Tätigkeit bei der WHO gewährten, und all meinen Kollegen in der Klinik, die in dieser Zeit zusätzlich meine Aufgaben übernahmen.

Viele der im ersten Teil vertretenen Auffassungen sind in den beiden vergangenen Jahren in Gesprächen mit Mitgliedern des Forschungsteams der Tavistock Clinic abgeklärt worden, das sich die Untersuchung der Folgen zur Aufgabe gesetzt hat, die eine Trennung von der Mutter in früher Kindheit auf die Entwicklung der Persönlichkeit haben kann. Sir Halley Stewart Trust, dem Initiator dieses Projekts, und seinen Mitarbeitern James Robertson, Mary Flanders und Dr. Dugmore Hunter, die mich auf vielfältige Weise unterstützt haben, schulde ich besonderen Dank. Ganz besonders aber möchte ich Herrn Eric Trist vom Tavistock Institute of Human Relations danken, der bei der Planung dieses Projekts beteiligt war und dessen theoretisches Wissen und umfangreiche Kenntnisse mir viele Jahre hindurch von größtem Nutzen gewesen sind.

Schließlich möchte ich Dr. Ronald Hargreaves, dem Leiter der Sektion Geistige Gesundheit der WHO für seine Unterstützung bei der Planung meiner Reisen und bei der Literaturbeschaffung sowie für seine überaus große Freundlichkeit danken; ebenso seinem Forschungsassistenten Philippe Kocher, der zahllose Aufsätze und Bücher für mich exzerpierte.

Oktober 1950 *John Bowlby*

Erster Teil

Schädliche Auswirkungen der mütterlichen Deprivation

Erstes Kapitel

Ursachen seelischer Störungen

Zu den wichtigsten Entwicklungen innerhalb der Psychiatrie während der letzten fünfundzwanzig Jahre gehört das ständige Wachstum der Einsicht, daß die Art der elterlichen Zuwendung, die das Kind in den ersten Lebensjahren erfährt, von entscheidender Bedeutung für dessen späteren geistigen Gesundheitszustand ist. Erste Anhaltspunkte für diese Erkenntnis ergaben sich bei der psychoanalytischen Behandlung von Erwachsenen, später auch bei der Kinderanalyse. Sie wurden im Verlauf des letzten Jahrzehnts bestätigt und erheblich vermehrt durch die Erfahrung von Psychologen und Psychiatern, die in der Kinderfürsorge und in der Erziehungsberatung tätig waren – in zwei Bereichen also, die unübertreffliche Möglichkeiten zur direkten Beobachtung von Umwelt und Entwicklung des Kindes bieten.

Diesem neugewonnenen Wissen verdanken wir es weitgehend, daß die Erziehungsberatung in Europa und Amerika in den wichtigsten Grundbegriffen übereinstimmt: das Vorgehen im Einzelfall, die Untersuchungsmethoden, die diagnostischen Kriterien und die Behandlungsziele sind hier wie dort die gleichen. Vor allem aber beruht die Arbeit hier wie dort auf der gleichen ätiologischen Theorie.

Wir werden später näher auf die Grundprinzipien dieser Theorie über die Ursachen geistiger Gesundheit und psychischer Störungen eingehen. Vorerst mag der Hinweis genügen, daß man es für eine unerläßliche Voraussetzung geistiger Gesundheit hält, daß Säugling und Kleinkind in einer herzlichen, innigen und dauerhaften Beziehung zur Mutter (oder einem ständigen Mutterersatz) Glück und Befriedigung finden. Ist eine derartige Beziehung vorhanden, werden Angst- und Schuldgefühle, deren Auftreten im Übermaß ein Anzeichen psychischer Störungen ist, nicht über das normal Übliche hinausgehen. Außerdem wird dann auch das für Kinder charakteristische und widersprüchliche Verlangen nach unbegrenzter Liebe der Eltern einerseits und andererseits nach Rache an ihnen, wenn das Kind sich nicht ausreichend geliebt fühlt, nur in gemäßigter Form auftreten und der Kontrolle durch die sich allmählich entwickelnde kindliche Persönlichkeit unterliegen. Nicht nur Kinderpsychologen halten heute die vielseitige und für beide Teile befriedigende Beziehung zwischen Mutter und Kind in den ersten Lebensjahren des Kindes für die wichtigste Voraussetzung zu dessen Charakterbildung und geistigen Gesundheit, für eine Voraussetzung, die um so fruchtbarere Wirkungen zeitigt, je mehr sie durch guten Kontakt zu Vater und Geschwistern noch erweitert wird.

Den Zustand, in dem das Kind diese Beziehung entbehren muß, bezeichnet man als »maternelle Deprivation«, d. h. Entzug der mütterlichen Zuwendung. Es ist dies ein allgemeiner Oberbegriff, der verschiedene Sachlagen umfaßt. So kann das Kind auch in der eigenen Familie unter materneller Deprivation leiden, wenn die Mutter (oder der ständige Mutterersatz) nicht in der Lage ist, dem Kind das nötige Maß an liebevoller Zuwendung zu geben. Depriviert ist ein Kind auch, wenn es, aus welchen Gründen immer, der mütterlichen Pflege gänzlich beraubt ist. Diese Deprivation wird sich weniger auswirken, wenn das Kind statt dessen von einem ihm bereits bekannten, vertrauten Menschen versorgt wird, kann aber schwerwiegende Folgen haben, wenn die Pflegemutter, so liebevoll sie auch sein mag, eine völlig Fremde ist. Doch immerhin erhält das Kind unter diesen Umständen noch eine gewisse Befriedigung und Ansprache, und deshalb handelt es sich bei diesen Beispielen nur um eine partielle Deprivation. Sie unterscheidet sich von der fast vollständigen Deprivation, der man noch immer in Heimen und Krankenhäusern begegnet, wo das Kind oft keinen Menschen hat, der sich in individueller Weise um sein Wohlergehen bemüht und bei dem es sich geborgen fühlen könnte.

Die negativen Auswirkungen der Deprivation hängen von deren Ausmaß ab. Partielle Deprivation hat meist akute Angst, übertriebenes Liebesverlangen, ausgeprägte Rachegefühle und, aus diesen letzteren resultierend, Schuldbewußtsein und Depressionen zur Folge. Durch diese Triebregungen und Emotionen wird die noch wenig ausgebildete Persönlichkeitskontrolle des Kleinkindes (das physisch wie psychisch gleichermaßen unreif ist) weit überfordert. Die daraus resultierende Störung des seelischen Gleichgewichts hat eine Vielzahl von Reaktionen im Gefolge, die oft zur Wiederholung tendieren und sich gegenseitig verstärken und die schließlich zu Neurose und charakterlicher

Labilität führen. Vollständige Deprivation, mit der wir uns hier hauptsächlich beschäftigen wollen, hat noch viel schwerwiegendere Folgen für die Persönlichkeitsentwicklung und kann unter Umständen dazu führen, daß jegliche Kontaktfähigkeit verkümmert.

Die vorgetragene Ansicht beruht weitgehend auf klinischen Beobachtungen. Dieses Beobachtungsmaterial ist zwar äußerst wertvoll, aber leider fehlt es ihm an systematischer Durchdringung ebenso wie an statistischer Kontrolle; es wird daher von Psychiatern, die nicht mit Kindern arbeiten, mit äußerster Skepsis aufgenommen.

Forscher, die mit statistischen Methoden arbeiten, haben sich am Begriff der »zerrütteten Familienverhältnisse« orientiert, und in einer Reihe von Studien konnte ein Zusammenhang zwischen Fehlanpassung und Familienzerrüttung nachgewiesen werden. Als Beispiel mag hier die ausführliche Untersuchung von Menut[101] dienen. Beim Vergleich von 839 verhaltensgestörten Kindern mit einer Kontrollgruppe von fast 70000 Pariser Schülern stellte sich heraus, daß 66 Prozent der Problemkinder und nur 12 Prozent der Kontrollgruppe aus zerrütteten Familienverhältnissen kamen. In einer weiteren, noch mehr ins Detail gehenden Studie, die hundert von den Problemkindern aus zerrütteten Familienverhältnissen betraf, ließen sich für 84 Fälle die häuslichen Verhältnisse als eigentliche Ursache der Fehlanpassung nachweisen. In Anhang 1 geben wir eine Übersicht über ähnliche Untersuchungen.

Zwar ergänzen und bestätigen Untersuchungen die klinische Erfahrung über die weitreichende Bedeutung früher Kindheitserlebnisse innerhalb der Familie; aber der Begriff der zerrütteten Familienverhältnisse kann strengen wissenschaftlichen Ansprüchen nicht genügen und sollte daher aufgegeben werden. Er schließt zu viele heterogene Faktoren ein, die sich psychologisch ganz verschieden auswirken.

Wir sollten den Begriff der zerrütteten Familienverhältnisse durch den der gestörten Eltern-Kind-Beziehung ersetzen; beide gehen zwar häufig, aber nicht notwendigerweise Hand in Hand. Geht man von der Entwicklung der kindlichen Beziehungen zu Mutter und Vater aus, erhält man genauere Daten, und viele der bisher noch unklaren Ursachen psychischer Störungen werden deutlicher. Stott[137], der in einer Untersuchung jüngeren Datums die vollständigen Falldarstellungen von 102 Rückfalltätern im Alter von 15 bis 18 Jahren aus einer englischen Erziehungsanstalt veröffentlicht hat, beweist, wie richtig unsere Einstellung ist. Anhand dieser verhältnismäßig umfangreichen Stichprobe konnte er überzeugend darlegen, wie Ängste, die aus unbefriedigenden Beziehungen in früher Kindheit herrühren, in den Kindern die Anlage dafür schaffen, daß sie später bei größerer Belastung antisozial reagieren. Stott stellte fest, daß die frühkindlichen Ängste zum größten Teil eine Folge materneller Deprivation waren.

Natürlich haben Eltern-Kind-Beziehungen viele Dimensionen, und außer der durch Trennung oder direkte Ablehnung bewirkten Deprivation gibt es noch viele andere pathogene Möglichkeiten. Die verbreitetsten davon sind a) eine unbewußt ablehnende, äußerlich liebevolle Haltung, b) ein übertriebenes Bedürfnis nach Liebe und Sicherheit auf seiten eines Elternteils und c) ein Zustand, in dem das Betragen des Kindes, obwohl nach außen hin verurteilt, einem Elternteil unbewußte Befriedigung gewährt. Aber dies sind Themen, die uns hier nicht beschäftigen sollen. Wir wollen auch nicht näher auf die Vater-Kind-Beziehung eingehen, und zwar aus dem einfachen Grund, weil sich fast alle bisherigen Beobachtungen auf die Mutter-Kind-Beziehung erstrecken, die ja auch unter normalen Umständen in den ersten Lebensjahren für das Kind die wichtigste ist. Die Mutter füttert und kleidet das Kind, hält es warm, tröstet es. An sie wendet es sich, wenn es Kummer hat. In den Augen eines Kleinkindes spielt der Vater nur eine Nebenrolle, und seine Bedeutung steigert sich erst, wenn die Anfälligkeit des Kindes für Deprivationsschäden nachläßt. Trotzdem haben Väter auch für den Säugling ihren Wert. Uneheliche Kinder haben das erfahren. Väter sorgen nicht nur für materielle Sicherheit, so daß die Mutter sich uneingeschränkt der Sorge um Säugling und Kleinkind widmen kann, sondern schaffen auch durch ihre liebevolle Gemeinschaft mit der Mutter die zufriedene, harmonische Atmosphäre, die ein Kind zum guten Gedeihen braucht. Und wenn wir im Folgenden nur wenig auf die Beziehung zwischen Vater und Kind eingehen, setzen wir den Wert des Vaters als wirtschaftliche und emotionelle Unterstützung der Mutter voraus.

Theorien, welche die Ursachen psychischer Störungen in diesem engen häuslichen Bereich lokalisieren, stehen natürlich im stärksten Gegensatz zu den von der deutschen Schule der Psychiatrie vertretenen Theorien. Diese bewertet Anlagen und Erbfaktoren in einem Ausmaß, das manchmal an die kalvinistische Prädestinationslehre gemahnt. Hier mag es genügen zu erklären, daß diese extremen Anschauungen unbewiesen sind und daß die relative Bedeutung von Erbanlagen und Erziehung noch festzustellen bleibt. Vielleicht sollten wir auch daran erinnern, daß neuere Forschungen auf dem Gebiet der Embryologie Beweise dafür erbracht haben, daß pathologische Veränderungen in der Umgebung des Embryos Wachstums- und auch Entwicklungsstörungen verursachen, die genau jenen entsprechen, die man früher auf rein genetische Ursachen zurückführte.[45] Diese wichtige Entdeckung hat Parallelen auch in der Psychologie. Wir wollen jedoch betonen, daß derartige Forschungsergebnisse keineswegs alle Theorien widerlegen, in denen schädliche Auswirkungen von Erbanlagen angenommen werden. Sie widersprechen nur jenen Theorien, die ausschließlich Erbanlagen für alle menschlichen Verhaltensweisen, so verschieden diese auch sein mögen, verantwortlich machen wollen. Tatsächlich glauben mit mir alle, die die hier vertretenen Anschauungen teilen, daß in einer abschließenden Analyse auch die Rolle der Erbanlagen herausgestellt werden muß und daß die Wissenschaft am weitesten gelangt, wenn die Wechselwirkung zwischen Anlage und Umwelt genau untersucht werden kann.

Aus der Embryologie ist uns noch ein weiteres wichtiges biologisches Prinzip bekannt: negative Folgen von Prellungen, Vergiftungen, Infektionen und anderen möglicherweise schädlichen Einflüssen auf das Embryo hängen nicht nur von Art und Ausmaß der Schädigung sowie von Art und Funktion des am meisten betroffenen Gewebes, sondern auch von dem Reifezustand dieses Gewebes ab. Im psychologischen Bereich wird dieses Prinzip durch die inzwischen bereits klassische Studie von Hunt[79] belegt. Seine Experimente beweisen, daß Nahrungsentzug bei Ratten am 24. Lebenstag später deutlich erkennbare Auswirkungen in der Verhaltensweise der erwachsenen Tiere hervorbrachte, während Nahrungsentzug am 36. Tag keine derartige Wirkung zeigte.

Schließlich sollte man bedenken, daß in der Physiologie beobachtet wurde, daß Organschädigungen am schwerwiegendsten sind, wenn die schädigenden Einflüsse in der frühesten Entwicklungsphase auftreten, z. B. im Fall von Röteln, wo die größten Schäden während der sechsten bis zehnten Woche der Schwangerschaft eintreten. Es ist offensichtlich, daß das hier obwaltende biologische Prinzip das gleiche ist wie das, auf welches sich jene psychiatrischen Erkenntnisse berufen, die gewissen emotionalen Erlebnissen während der frühesten Phase seelischen Wachstums – schon in den ersten sechs Lebensmonaten – folgenschwere Bedeutung zumessen. So dürfen wir also sagen, daß diese Theorien, die an sich schon nicht unglaubhaft sind, mit anerkannten biologischen Grundsätzen übereinstimmen.

ZWEITES KAPITEL

Übersicht der Nachweise von Deprivationsfolgen

I. Direktuntersuchungen

Klassifizierung des Beweismaterials

Das Beweismaterial für die These, daß Entzug der Mutterliebe in frühester Kindheit weitreichende Auswirkungen auf die geistige Gesundheit und die Persönlichkeitsentwicklung des Menschen haben kann, stammt aus verschiedenen Quellen. Wir teilen es in drei Hauptklassen ein:

a) Untersuchungen, die auf direkter Beobachtung der geistigen Gesundheit und seelischen Entwicklung von Kindern in Heimen, Krankenhäusern und Pflegestellen beruhen – Direktuntersuchungen.

b) Untersuchungen, die sich mit der Kindheitsgeschichte von Jugendlichen und Erwachsenen mit psychischen Störungen befassen – retrospektive Untersuchungen.

c) Untersuchungen an Gruppen von Kindern, die in früher Kindheit unter Deprivation gelitten haben, mit dem Ziel, den Stand ihrer geistigen Gesundheit zu ermitteln – Entwicklungsuntersuchungen.

Es ist beeindruckend, in welchem Maß diese Untersuchungen, die von so vielen Menschen unterschiedlicher Nationalität und unterschiedlicher Ausbildung unternommen worden sind, sich gegenseitig bestätigen und ergänzen, obwohl die meisten Forscher von der Arbeit und den Ergebnissen der anderen keine Ahnung hatten. Was einzelnen Studien an Gründlichkeit, wissenschaftlicher Genauigkeit oder Verläßlichkeit mangelt, macht diese Übereinstimmung in den Gesamtergebnissen wieder wett. In der wissenschaftlichen Forschung hat nichts größeres Gewicht als eine derartige Konkordanz. Nur ganz wenige Untersuchungen gelangen zu abweichenden Resultaten. Tatsächlich sind es nur drei – alles Entwicklungsstudien –, aber die Qualität dieser drei Untersuchungen reicht an diejenige der anderen Arbeiten, deren Ergebnisse sie in Frage stellen, nicht im entferntesten heran.

Am zahlreichsten sind die Direktuntersuchungen vertreten. Aus ihnen wird klar ersichtlich, daß bei einem Mangel an mütterlicher Zuwendung das Kind in seiner Entwicklung fast immer zurückbleibt – in physischer, intellektueller und sozialer Hinsicht – und daß sich Anzeichen körperlicher und seelischer Erkrankungen bei ihm zeigen können. Diese Feststellung ist zwar beunruhigend, aber Skeptiker mögen Zweifel daran hegen, ob die Entwicklungshemmung von Dauer ist und ob die Krankheitssymptome nicht leicht beseitigt werden können. Retrospektive Untersuchungen und Entwicklungsuntersuchungen zeigen jedoch, daß ein derartiger Optimismus nicht immer gerechtfertigt ist und daß manche Kinder für das ganze Leben geschädigt sind. Dieses traurige Ergebnis müssen wir nun als bewiesen hinnehmen.

Es gibt jedoch wichtige Faktoren, über die wir noch sehr wenig wissen. Z. B. ist es durchaus nicht klar, weshalb einige Kinder geschädigt werden und andere nicht. Vielleicht spielen hier Erbanlagen eine Rolle; aber ehe wir eine These bemühen, die in der Vergangenheit allzu eilfertig als Universallösung biologischer Probleme ausgeboten wurde, sollten wir noch einmal überprüfen, was uns über Faktoren wie das Alter des Kindes, die Dauer und das Ausmaß der Deprivation bekannt ist, denn wir haben allen Grund zu der Annahme, daß jeder dieser Einzelfaktoren von vitaler Bedeutung ist.

Wir wollen uns nun den drei verschiedenen Klassen von Beweismaterial zuwenden und dabei besondere Aufmerksamkeit auf jene Daten richten, die erhellen können, welche Rolle die letzterwähnten drei Einzelfaktoren spielen.

Direktuntersuchungen

Zahlreiche Kinderärzte, Psychologen und Kinderpsychiater haben die schädliche Auswirkung des völligen Entzugs der mütterlichen Zuwendung auf Kleinkinder direkt beobachtet und nachgewiesen, daß dadurch die physische, intellektuelle und soziale Enwicklung des Kindes beeinträchtigt werden kann. Bis zum Alter von sieben Jahren scheinen alle Kinder in dieser Hinsicht anfällig zu sein, und einige Auswirkungen sind schon in den ersten Lebenswochen deutlich erkennbar.

Bakwin[7, 8] und Ribble[120] haben die Auswirkungen auf die leibliche Gesundheit detailliert geschildert. Bakwin, der einen wertvollen Überblick über die einschlägige pädiatrische Fachliteratur seit 1909 gibt, faßt seine eigenen Beobachtungen folgendermaßen zusammen:

»Säuglinge im Alter von weniger als sechs Monaten, die einige Zeit im Heim untergebracht waren, zeigen klar umrissene Symptome. Am auffallendsten sind schlaffe Gleichgültigkeit, Abzehrung und Blässe, relative Unbeweglichkeit, Schweigen, Reaktionsmangel auf Reize wie Lächeln oder freundliches Zureden, Eßunlust, geringe Gewichtszunahme trotz geeigneter Ernährung, die im Elternhaus absolut ausreichend wäre, häufiger Stuhlgang, schlechter Schlaf, offenbares Unbehagen, Neigung zu Fieberanfällen, Fehlen von Sauggewohnheiten.«

Diese Veränderungen sind nach seinen Angaben in den ersten 2–4 Lebenswochen noch nicht erkennbar, können aber danach jederzeit beobachtet werden, manchmal schon wenige Tage nach der Trennung des Säuglings von der Mutter. Daß diese Kinder beim Anblick eines menschlichen Gesichts nicht lächeln, ist durch Experimente von Spitz & Wolf[135] bewiesen worden, während Gesell & Amatruda[57] als typische Merkmale schon im Alter von 8–12 Wochen vermindertes Interesse und verminderte Reaktionsbereitschaft festgestellt haben. Eine äußerst sorgfältige Untersuchung des Lallens und Weinens von Säuglingen durch Brodbeck & Irwin[30] zeigt, daß Waisenhauskinder von Geburt an bis zum Alter von sechs Monaten viel weniger Laute von sich geben als Familienkinder. Der Unterschied ist bereits im Alter von zwei Monaten ersichtlich. Wie wir noch sehen werden, ist dieses Zurückbleiben im »Sprechen« für Heimkinder aller Altersklassen besonders typisch.

Diese verschiedenen Feststellungen angesehener Wissenschaftler lassen keinen Zweifel daran, daß die Entwicklung von Heimkindern schon zu einem sehr frühen Zeitpunkt von der Norm abweicht. Ändern sich die Umweltbedingungen nicht, nimmt die Abweichung immer weiter zu. Gesell & Amatruda haben das in Tabellenform zusammengefaßt (s. Tabelle 1).

Diese Ergebnisse, die mehr in Einzelheiten gehen, bestätigen im Prinzip die früheren von Ripin[123], Vance, Prall, Simpson & McLaughlin (referiert bei Jones & Burks[85]) sowie von Durfee

Tabelle 1: Schädigungen von Heimkindern in der Reihenfolge ihres Auftretens (Gesell & Amatruda)

Schädigungen	Zeitpunkt des Auftretens
Verminderung von Interesse und Reaktionsbereitschafterringerte Integration des Gesamtverhaltens	8–12 Wochen
Beginnende Entwicklungshemmung, erkennbar an der Disparität im Verhalten bei Rückenlage und in sitzender Stellung	12–16 Wochen
Übermäßige Zuwendung zu Fremden	12– 6 Wochen
Allgemeine Entwicklungshemmung (relativ unberührt bleibt das Verhalten in aufrechter Stellung)	24–28 Wochen
Leerer Gesichtsausdruck	24–28 Wochen
Geringe Initiative	24–28 Wochen
Kanalisierung und Stereotypie des sensu-motorischen Verhaltens	24–28 Wochen
Versagen bei veränderter sozialer Umwelt	44–48 Wochen
Übertriebener Widerstand gegen Veränderungen in der Umwelt	48–52 Wochen
Relative Entwicklungshemmung im Sprachverhalten	12–15 Monate

& Wolf[50]. Nach dem Hetzer-Wolf-Babytest haben Durfee & Wolf die Entwicklungsquotienten (EQ)* von 118 Kleinkindern in verschiedenen Heimen miteinander verglichen und ihre Befunde sodann in Beziehung gebracht zu dem Ausmaß an mütterlicher Zuwendung für die einzelnen Probanden. Unterschiede waren vor dem Alter von drei Monaten nicht ersichtlich, nahmen aber danach ständig zu, dergestalt, daß Kinder, die im ersten Lebensjahr mehr als acht Monate im Heim verbracht hatten, psychisch so gestört waren, daß sie nicht mehr getestet werden konnten.

Spitz[133] hat gemeinsam mit Wolf unter Verwendung derselben Testmethode erst kürzlich Schädigungen untersucht, die auftreten, wenn Kinder das ganze erste Lebensjahr in Krankenhaus- oder Heimumgebung verbringen. Er hat insgesamt vier Gruppen von Kindern beobachtet; nur bei einer Gruppe fehlten die Müt-

---

* Der Entwicklungsquotient (EQ) wird zwar ähnlich wie der Intelligenzquotient (IQ) berechnet, bezieht sich aber auf die allgemeine leibseelische Entwicklung, von der die Intelligenz nur ein Teilaspekt ist. Ein EQ von 90–110 entspricht einem durchschnittlichen Entwicklungsstand.

ter, in den drei anderen lebten die Kinder zusammen mit ihren Müttern. Obgleich der absolute Entwicklungsstand – wie zu erwarten – sich nach der sozialen Herkunft der Kinder richtete, gab es im Lauf des Jahres keine nennenswerte Quotientenverschiebung bei den 103 Kindern, die bei ihren Müttern lebten. Die anderen 61 Kinder jedoch, die auf einer Isolierstation untergebracht waren, zeigten einen katastrophalen Abfall des EQ im Alter von 4–12 Monaten (s. Tabelle 2).

Tabelle 2: Durchschnittlicher EQ von Kindern zu Beginn und Ende des ersten Lebensjahres unter Berücksichtigung ihrer Herkunft und Erlebniswelt

Soziale Herkunft	Mutter anwesend oder abwesend	Zahl der Fälle	Entwicklungsquotienten	
			Durchschnitt 1.–4. Monat	Durchschnitt 9.–12. Monat
Stadtbewohner zufällige Auswahl	abwesend	61	124	72
Akademikerberufe	anwesend	23	133	131
Landbevölkerung	anwesend	11	107	108
Straffällige ledige Mütter	anwesend	69	101,5	105

Zu Beginn war der durchschnittliche EQ von 124 der zweitbeste innerhalb der vier Gruppen. Am Ende des ersten Lebensjahres war er auf 72 abgesunken und bei weitem der niedrigste von allen. Am Ende des zweiten Jahres lag er bei 45. Aus den beiden letzten Daten ist die schwere Entwicklungshemmung ersichtlich.

In Bestätigung früherer Studien zeigen die Befunde von Spitz & Wolf auch, daß das Absinken des EQ größtenteils während der ersten sechs Lebensmonate stattgefunden hat.

Zugegeben: diese Kinder lebten in ganz besonders ungünstigen psychologischen Verhältnissen, nicht nur, weil eine einzige Pflegerin etwa sieben Kinder betreuen mußte, sondern auch, weil sie aus hygienischen Gründen isoliert in Bettchen und Laufställen gehalten wurden, was einer Einzelhaft gleichkommt. Untersuchungen wie die von Rheingold[119] und Levy[92] beweisen jedoch, daß Entwicklungshemmung auch unter wesentlich günstigeren Bedingungen eintreten kann. Rheingold beobachtete 29 Kinder im Alter von sechs Monaten bis zu 2 $\frac{1}{2}$ Jahren (die meisten zwischen 9 und 19 Monate alt), die auf ihre Adoption warteten. Alle waren von Pflegemüttern versorgt worden, 15 von ihnen allein, die anderen zusammen mit jeweils bis zu drei Gefährten. Im Durchschnitt war die Entwicklung bei all jenen akzeleriert, die die ganze Aufmerksamkeit der Pflegemutter erhalten hatten, während diejenigen, die die Zuwendung der Pflegemutter mit anderen Babies teilen mußten, in statistisch signifikantem Ausmaß zurückgeblieben waren. Auch Levy untersuchte Kinder, die adoptiert werden sollten. Ihre Hauptstichprobe bestand aus 122 Kleinkindern, von denen 83 in einem Heim und 39 in Pflegestellen untergebracht waren. Alle waren bereits in den ersten beiden Lebensmonaten der Fürsorgestelle übergeben und mit sechs Monaten getestet worden. Die Heimkinder waren auf einer einzigen großen Säuglingsstation untergebracht, die für eine Zahl von 17 Säuglingen eingerichtet war; die Station war mit insgesamt zehn ausgebildeten Kinderschwestern besetzt, so daß zu jeder Tageszeit mindestens zwei Schwestern anwesend waren. Beim Geselltest lagen die EQs der Pflegekinder leicht über dem Durchschnitt, die der Heimkinder leicht darunter; diesem Unterschied kommt durchaus eine statistische Bedeutung zu. Leider bringen weder Rheingold noch Levy ihre Befunde in einer Form, die sie mit den Ergebnissen von Spitz & Wolf vergleichbar machte, aber es ist klar, daß der EQ-Abfall bei den von Levy untersuchten Heimkindern weitaus geringer ist als bei der von Spitz & Wolf untersuchten Gruppe – ein Befund, der zweifellos den besseren psychologischen Lebensbedingungen zuzuschreiben ist.

In mehreren Untersuchungen werden ähnliche Entwicklungshemmungen auch für das zweite Jahr sowie für spätere Lebensjahre nachgewiesen. Eine der frühesten dieser Arbeiten war die von Gindl & Mitarb.[58], die im Vorkriegs-Wien entstand. Darin konnte eine Differenz von zehn Punkten zwischen dem durchschnittlichen EQ einer Gruppe von 20 Kindern im Alter von 15–23 Monaten, die mindestens sechs Monate in einem Heim gelebt hatten, und dem EQ einer ähnlichen Gruppe, die in den armseligsten Familienverhältnissen aufgewachsen war, nachgewiesen werden. Weitere Bestätigungen aus Dänemark, Frankreich und den USA liegen vor.

Goldfarb[66] fand bei einer sehr gründlichen Untersuchung von 30 Kindern im Alter von 34–35 Monaten, von denen die Hälfte im Heim und die andere Hälfte seit dem vierten Lebensmonat in Pflegestellen untergebracht war, einen Unterschied von 28 IQ-Punkten (Stanford-Binet-Test) zwischen beiden Gruppen. Die IQs der Pflegekinder lagen – der Norm entsprechend – im Durchschnitt etwa bei 96, die der Heimkinder bei 68 – das bedeutet schweres Zurückgebliebensein, das bereits an Debilität grenzt. Nach dem Merrill-Palmer-Test war der Unterschied weniger auffallend, aber mit 91 zu 79 Punkten sehr schwerwiegend.

Simonsen[130] hat unter Anwendung des Hetzer-Bühler-Tests eine Gruppe von 113 Kindern zwischen ein und vier Jahren, von denen die meisten ihr ganzes Leben in einem von zwölf verschiedenen Heimen verbracht hatten, mit einer entsprechenden Kontrollgruppe von Familienkindern verglichen, die aber tagsüber im Kinderhort waren. Die Mütter dieser Kinder waren berufstätig und die häuslichen Verhältnisse oft sehr unbefriedigend. Trotzdem war der durchschnittliche EQ der Familienkinder mit 102 normal, während der der Heimkinder mit 93 Zurückgebliebensein anzeigte. Dieser Unterschied blieb in jeder Altersgruppe unverändert erhalten, d. h. bei Kindern im zweiten, dritten und vierten Lebensjahr.

Zur Zeit wird von Roudineso & Appell[126] in Paris eine Untersuchung an Kindern im Alter von ein bis vier Jahren durchgeführt, die mindestens zwei Monate in einem Heim waren. Die Probandengruppe umfaßt 40 Kinder. Die Kontrollgruppe von 104 Kindern gleichen Alters und sozialer Herkunft wurde in Kindergärten ärmerer Viertel ausgewählt. Mit dem Gesell-test wurde ermittelt, daß der durchschnittliche EQ der Familienkinder bei 95 liegt, der der Heimkinder aber nur bei 59. Wie schon bei Simonsen scheinen auch hier die Schädigungen in allen Altersklassen unverändert fortzubestehen, obgleich die Zahl der beobachteten Faktoren noch zu gering ist, als daß endgültige Schlußfolgerungen aus ihr gezogen werden könnten. Ein wichtiger Befund, durch den die Arbeiten von Durfee & Wolf und Spitz & Wolf bestätigt werden, ist – obwohl in diesem Fall auf eine andere Altersgruppe bezogen – die Erkenntnis, daß der EQ immer mehr abnimmt, je länger das Kind im Heim bleibt. Ob-

Tabelle 3: Vergleich der EQs und IQs von Heim- und Familienkindern im Alter von 1–4 Jahren

Untersucher	Test-methode	im Heim verbrachte Zeit	EQs/IQs	
			Heim-gruppe	Familien-gruppe
Gindl & Mitarb.	Hetzer-Bühler	mindestens 6 Monate	90	100
Goldfarb	Stanford-Binet	etwa vom 5. Lebensmonat an	68	96
	Merrill-Palmer		79	91
Simonsen	Hetzer-Bühler	von Geburt an	93	102
Roudinesco & Appell	Gesell	mindestens 2 Monate	59	95

wohl die einzelnen Untergruppen sehr klein sind – zwischen 12 und 30 –, weist doch die Übereinstimmung der Befunde bei allen Untergruppen auf die Verläßlichkeit des Gesamtergebnisses hin. Der durchschnittliche EQ von 65 derjenigen, die zwei bis sechs Monate im Heim waren, sinkt auf 50 bei denen, die über ein Jahr dort lebten.

Diese vier Untersuchungen aus vier verschiedenen Ländern, die zudem noch von verschiedenen Testkriterien ausgegangen sind, zeigen in den Ergebnissen eine beachtliche Übereinstimmung. In jedem Fall liegt der Quotient der Kontrollgruppe etwa bei 100, wohingegen die Heimkinder zurückgeblieben sind – sehr ausgeprägt bei Goldfarb und Roudinesco & Appell. Alle Befunde sind übersichtlich in Tabelle 3 zusammengestellt.

Obgleich nur Goldfarb statistisch signifikante Testergebnisse bringt, geht aus der inneren Folgerichtigkeit der Befunde von Simonsen und Roudinesco & Appell doch hervor, daß es sich hier nicht um Zufallsergebnisse handeln kann.

Bisher haben wir es nur mit den Globalergebnissen von Entwicklungs- (Hetzer-Bühler und Gesell) und Intelligenztests

(Stanford-Binet und Merrill-Palmer) zu tun gehabt. Die Untersuchungen haben jedoch auch ergeben, daß nicht alle Aspekte der Entwicklung gleichermaßen betroffen sind. Am wenigsten scheint die neuromuskuläre Entwicklung geschädigt zu sein, zu der Laufen sowie andere motorische Aktivitäten und manuelle Geschicklichkeit rechnen. Am meisten geschädigt ist die Sprachentwicklung, wobei die Ausdrucksfähigkeit stärker retardiert als das Sprachverständnis. (Sprachliche Retardation kann manchmal erstaunlich schnell beseitigt werden. Burlingham & Freud[39] berichten: ». . . wenn Kinder zu Besuch nach Hause kommen . . . holen sie im Sprechen in ein oder zwei Wochen alles das auf, was sie in drei Monaten im Heim kaum gelernt hätten.«) Die Retardation des sozialen Verhaltens liegt etwa in der Mitte zwischen motorischer Entwicklung und Sprachentwicklung, und ebenso auch das, was Gesell als »adaptives Verhalten« bezeichnet. Auch hier stoßen wir wieder auf eine bemerkenswerte Übereinstimmung bei einer ganzen Zahl verschiedener Wissenschaftler, von denen wir nur Gindl & Mitarb., Goldfarb (der sich besonders für das Sprachvermögen interessierte), Burlingham & Freud, Simonsen und Roudinesco & Appell nennen wollen.

Obgleich niemand an der lückenlosen Folgerichtigkeit dieser Befunde zweifeln kann, wird deren Bedeutung häufig mit der Begründung in Frage gestellt, viele Heimkinder stammten von körperlich und geistig minder gut veranlagten Eltern ab, und es sei durchaus möglich, daß die Erbanlagen die vorliegenden Unterschiede erklären könnten. Wer diesen Einwand vorbringt, scheint übersehen zu haben, daß bei fast allen der hier zitierten Untersuchungen von den Forschern besonders sorgfältig darauf geachtet wurde, daß die Kontrollgruppen, die in den eigenen oder in Pflegefamilien aufgewachsen waren, nicht nur aus der gleichen sozialen Schicht, sondern soweit wie möglich auch von ähnlich veranlagten Eltern stammten. Brodbeck & Irwin[30], Levy[92], Spitz[133] und Goldfarb[66] machen sehr genaue Angaben in dieser Beziehung, und bei Gindl & Mitarb.[58], Rheingold[119] und Simonsen[130] sowie bei Roudinesco & Appell[126] ist dieser Punkt so beachtet worden, daß die Annahme, Erbfaktoren seien für alle Abweichungen verantwortlich, weitgehend ausgeschlossen werden kann. Die einzig sichere Methode, den Einfluß von Erbanlagen zu messen, ist die Untersuchung von eineiigen Zwillingen. Noch gibt es zwar keine Untersuchung an menschlichen Zwillingen, aber Liddell (persönliche Mitteilung) experimentiert zur Zeit mit kleinen Ziegenzwillingen, wobei er das eine Zicklein täglich kurz von der Mutterziege trennt und das andere nicht. Bis auf die 40 Minuten des täglichen Experiments leben beide Zicklein bei der Mutter und werden von ihr auch genährt. Während der Dauer des Experiments wird zeitweilig das Licht gelöscht – ein Reiz, der bekanntlich bei Ziegen Angst hervorruft. Die Ziegenzwillinge verhalten sich aber ganz verschieden. Das eine Zicklein, das ständig bei der Mutter ist, bewegt sich unbeschwert und keineswegs verängstigt; das isolierte Zicklein jedoch unterliegt dann – um es mit Liddells Worten zu sagen – einer »psychologischen Kältestarre« und drückt sich in eine Ecke. Bei einem der ersten Experimente hörte das isolierte Zicklein ganz auf, bei der Mutter zu saugen, und da die Leiter des Experiments das nicht wußten und somit auch nicht eingreifen konnten, war es nach wenigen Tagen verdurstet. Diese eindrucksvolle Demonstration der Schädigungen durch maternelle Deprivation bei jungen Säugetieren sollte endgültig den Einwand widerlegen, daß alle beobachteten Auswirkungen auf Erbanlagen zurückzuführ-

Außerdem liegen unzählige positive Beweise dafür vor, daß in diesen Fällen maternelle Deprivation der auslösende Faktor ist. Zunächst sind da die eindeutigen Befunde von Durfee & Wolf, von Spitz & Wolf und von Roudinesco & Appell über das immer stärkere Abfallen des EQ bei längerer Dauer der Deprivation. Zweitens liefert die allgemeine Erfahrung den Beweis dafür, daß verstärkte mütterliche Zuwendung von seiten einer Ersatzperson die Schädigungen sogar bei längerem Heimaufenthalt des Kindes abmindert. Vor fast 20 Jahren hat Daniels zwei Gruppen von Zweijährigen im selben Heim beobachtet. »Die eine Gruppe erhielt sehr wenig Zuwendung, obwohl sonst in jeder Beziehung ausgezeichnet für die Kinder gesorgt wurde«, während bei der anderen Gruppe »jedes Kind eine Pflegerin hatte und keinen Mangel an Liebe und Zärtlichkeit spürte. Nach einem halben Jahr war die erste Gruppe im Vergleich zur zweiten geistig und körperlich zurückgeblieben.« (Nach einem Bericht von Bühler[34]. Es geht daraus leider nicht deutlich hervor, ob jedes Kind der zweiten Gruppe eine Pflegerin für sich hatte oder ob jedes Kind einer bestimmten Pflegerin anvertraut war, was wahrscheinlicher zu sein scheint.)

Roudinesco & Appell haben ein vergleichbares Experiment mit elf Kindern im Alter von 19 Monaten bis zu drei Jahren und acht Monaten durchgeführt. Sie haben es so eingerichtet, daß jedes Kind viermal pro Woche jeweils eine Viertelstunde lang von einem bestimmten Mitglied des Heimpersonals einzeln betreut wurde (in zehn Fällen war es der Psychologe, in einem Fall eine der Pflegerinnen). Obgleich in manchen Fällen Therapieversuche unternommen wurden, beschränkte sich bei den meisten die Begegnung doch auf den regelmäßigen Kontakt des Kindes mit einem freundlichen Erwachsenen. In manchen Fällen waren die Resultate sehr befriedigend. Ein Kind z. B., dessen EQ auf 37 gesunken und das später überhaupt nicht mehr testfähig gewesen war, holte nach dreimonatiger Betreuung auf bis zu einem EQ von 70, und ein anderes Kind, dessen EQ auch sehr abgefallen war, erreichte nach einjähriger Betreuung den Durchschnittswert von 100, obwohl es vorher nicht mehr testfähig gewesen war.

Ein deutlicher Beweis sind schließlich auch die spektakulären Veränderungen im Zustand des Kindes nach der Rückkehr zur Mutter. Bakwin[7] bemerkt dazu, nachdem er die Ansichten der älteren Generation von Kinderärzten wiedergegeben hat:

»Die Geschwindigkeit, mit der die Symptome des Hospitalismus verschwinden, wenn das bereits geschädigte Kleinkind in eine gute Familie kommt, ist erstaunlich. Es gibt keinen besseren Beweis für den ätiologischen Zusammenhang zwischen der emotional dürftigen Heimatmosphäre und den Symptomen des Hospitalismus. Das Kind wird umgehend lebhafter und reagiert wieder schnell und bereitwillig; innerhalb von 24–72 Stunden legt sich Fieber, das im Krankenhaus aufgetreten ist; das Kind nimmt zu, und seine Blässe verschwindet.«

Er zitiert das Beispiel eines vier Monate alten Jungen, der die letzten beiden Monate im Krankenhaus verbracht hatte, danach weniger als bei der Geburt wog und sich in einem kritischen Zustand befand:

»Er sah aus wie ein bleicher, runzliger Greis. Sein Atem ging so schwach und flach, daß es schien, als würde er im nächsten Augenblick überhaupt aufhören zu atmen. Vierundzwanzig Stunden nach seiner Rückkehr ins Elternhaus lallte er fröhlich und lächelte. Ohne jede

Umstellung der Nahrung nahm er umgehend zu und hatte am Ende des ersten Jahres sein Normalgewicht erreicht. Er schien ein in jeder Beziehung normales Kind zu sein.«

Den dramatischen und tragischen Wechsel der Gefühle im Verhalten eines Kindes, der jeder Trennung von der Mutter folgt, und die auffallenden positiven Veränderungen nach der Rückkehr zur Mutter kann jeder beobachten, und es ist erstaunlich, daß man dieser Tatsache bisher so wenig Beachtung geschenkt hat. Die Qualen, die kleine Kinder bei einer Trennung erleiden, sind tatsächlich so herzzerreißend, daß es wohl so weit kommen kann, daß diejenigen, denen sie anvertraut werden, aus Selbstschutz die Augen verschließen. An ihrer Existenz kann aber kein Zweifel bestehen, denn andere Forscher geben ähnlich bedrückende Schilderungen.

Bakwins Schilderung des typischen Trennungskindes – schlaff, still, unglücklich und ohne eine Reaktion auf Lächeln oder Zuspruch – haben wir bereits wiedergegeben. Dieses klinische Bild der Altersstufe von 6–12 Monaten ist Gegenstand einer systematischen Untersuchung von Spitz & Wolf gewesen[134], die es als »anaklitische Depression« bezeichneten. Und um eine Depression handelt es sich hier zweifellos, denn wir begegnen hier vielen typischen Symptomen des erwachsenen Depressiven wieder, die wir in Nervenheilanstalten kennengelernt haben. Auch hier ist die affektive Grundhaltung eine der Trauer und Betrübnis; das Kind zieht sich so weit von seiner Umwelt zurück, daß man dies fast als Ablehnung betrachten kann; es macht keinen Versuch, Kontakte mit Fremden herzustellen, und zeigt kein Entgegenkommen, wenn ein anderer von sich aus Kontakt sucht. Die Aktivität ist weit zurückgeblieben, und das Kind sitzt oder liegt meist in betäubter Erstarrung da. Schlaflosigkeit tritt häufig auf, Appetitmangel ist die Regel. Das Kind verliert an Gewicht und neigt zu Infektionskrankheiten. Sein EQ sinkt unaufhaltsam.

Unter welchen Voraussetzungen entwickelt sich dieses Syndrom? Im allgemeinen ist es charakteristisch für Kleinkinder, die bis zum Alter von 6–9 Monaten eine glückliche Beziehung zur Mutter hatten und dann plötzlich von ihr getrennt wurden, ohne daß für geeigneten Ersatz gesorgt wurde. Von 95 Kindern, die Spitz & Wolf untersuchten, reagierten 20 Prozent mit schweren und 27 Prozent mit leichteren Depressionen auf die Tren-

nung von der Mutter – das sind insgesamt fast 50 Prozent. (Bei
der Anfangsuntersuchung wurden weitere 28 Kinder in die Rubrik »ohne Befund« eingestuft. In der Folgezeit ergab sich aber,
daß eine Mehrzahl von ihnen unter schweren Depressionen litt,
so daß die hier angeführten Zahlen eher noch zu niedrig liegen.)
Fast alle Kinder mit einer liebevollen, engen Mutterbindung litten unter der Trennung, was zu besagen scheint, daß Depressionen als Reaktion auf plötzliche Trennung für dieses Alter normal
sind. Die Tatsache, daß die Mehrheit der Kinder mit schlechten
Beziehungen zur Mutter nicht unter der Trennung litt, beweist
nur, daß deren psychische Entwicklung bereits gestört war und
daß ihre Liebesfähigkeit später wahrscheinlich beeinträchtigt
sein wird. Geschlechts- oder rassenspezifische Unterschiede gibt
es in dieser Beziehung nicht: Jungen und Mädchen, Weiße und
Schwarze litten gleichermaßen. Obgleich die Kinder sich schnell
erholen, sobald sie zur Mutter zurückkehren, kann die Möglichkeit seelischer Traumata, die später aktiviert werden können,
nicht ausgeschlossen werden. Dauert die Trennung jedoch länger
an, wird die Erholung immer schwieriger. Spitz & Wolf meinen,
daß nach dreimonatiger Trennung von der Mutter die Veränderung, die das Kind durchmacht, so groß ist, daß es sich von
ihr nie mehr vollständig erholen kann.

Spitz & Wolf berichten (persönliche Mitteilung), daß eine
noch frühere Trennung gleichermaßen Entwicklungsstörungen
zur Folge haben kann. Zwar fallen diese Störungen nicht so sehr
ins Auge wie bei etwas älteren Kindern; sie wurden daher zunächst als »leichte Depression« geschildert. Aber bei weiterer
Beobachtung stellte sich heraus, daß diese Zeichnung völlig verfehlt war, denn weder ist der angesprochene Zustand »leicht«
zu nehmen noch handelt es sich bei ihm – nach Ansicht von
Spitz & Wolf – um eine Depression. Die Störungen, unter denen
Kinder im Alter von 3–6 Monaten leiden, haben heimtückische
Auswirkungen auf die weitere Entwicklung und werden viel weniger leicht durch Rückkehr zur Mutter beseitigt. Der EQ fällt
langsam aber ständig (nicht so schnell wie bei älteren Kindern),
und die Erholung ist nur partiell, vielleicht können 25–30 Prozent des Verlorenen wieder aufgeholt werden.

Hier sollte betont werden, daß diese schweren Schädigungen
im ersten Lebensjahr teilweise vermieden werden können, wenn
das Kind von einer Ersatzperson »bemuttert« wird. Bisher haben

viele angenommen, daß Ersatzbetreuung fast während des ganzen ersten Jahres zu einem vollständigen Erfolg führen könne. Ribble[120] hat jedoch Zweifel daran angemeldet, und Spitz & Wolf (persönliche Mitteilung) sind nun definitiv davon überzeugt, daß Schädigungen durch einen Wechsel sogar schon innerhalb der ersten drei Monate eintreten können. Trotzdem sind sich alle einig darüber, daß man auf Ersatzbetreuung, auch wenn die mütterliche Zuwendung sie nicht vollständig ersetzt, nicht verzichten kann und daß sie auf keinen Fall versagt werden darf. Im zweiten und dritten Lebensjahr ist die gefühlsmäßige Reaktion auf die Trennung nicht nur genauso heftig, sondern Muttersubstitute werden oft rundheraus abgelehnt. Das Kind verzweifelt und ist tage-, ja manchmal wochenlang ohne Unterbrechung untröstlich und bekümmert. Es befindet sich dann fast ständig in einem Zustand verzweifelter Auflehnung und schreit oder stöhnt vor sich hin. Trost und Nahrung werden ganz abgelehnt. Erst völlige Erschöpfung bringt ihm Schlaf. Nach einigen Tagen wird das Kind ruhiger, ja manchmal apathisch, ein Zustand, aus dem es sich nur langsam löst, um allmählich positiver auf die fremde Umgebung zu reagieren. Es kann jedoch vorkommen, daß es auf Wochen und Monate hinaus auf infantile Verhaltensformen regrediert. Das Kind näßt ein, masturbiert, spricht nicht mehr, besteht darauf, getragen zu werden, so daß eine weniger erfahrene Kinderschwester es für zurückgeblieben halten muß. (Diese Schilderung beruht auf unveröffentlichten Beobachtungen von Robertson in der Tavistock Clinic, London.)

Natürlich gibt es in dieser Altersgruppe die verschiedensten Reaktionen, und nicht alle Kinder reagieren wie eben geschildert; aber wieder einmal sieht es so aus, als litten die Kinder am meisten, die die innigste und glücklichste Beziehung zur Mutter hatten. Heimkinder, die eine dauerhafte Mutterfigur gar nicht erst kennengelernt haben, zeigen keinerlei Reaktionen dieser Art – eine Folge der bereits eingetretenen Schädigung ihres Affektivbereichs. Mag auch die unerfahrene Pflegerin ein Kind bevorzugen, dem der eine Erwachsene genauso lieb ist wie der andere, und mag sie ein Kind, das heftig reagiert, als »verzogen« bezeichnen: es weist doch alles darauf hin, daß die heftige Ablehnung normal und die apathische Reaktion Symptom einer pathologischen Entwicklung ist.

Jene, die nur zögernd bereit sind, diese Reaktionen ernstzunehmen, vertreten oft die Ansicht, daß sie mit etwas Geschick und Umsicht vermieden werden könnten. Es muß zwar noch sehr viel Forschungsarbeit auf diesem Gebiet geleistet werden, aber schon jetzt läßt sich sagen, daß es sehr schwierig sein wird, heftige Reaktionen dieser Art ganz zu verhindern. Es ist allgemein bekannt, daß zwei- bis dreijährige Heimkinder nach einem Besuch der Eltern überregt sind und daß bisher alle Bemühungen, dem vorzubeugen, erfolglos waren[129]. Mehr noch, auch Burlingham und Freud, die jahrelang Erfahrungen sammeln konnten, als sie im Zweiten Weltkrieg ein Heim in Hampstead leiteten, und die jede nur erdenkliche Anstrengung machten, um den Kindern den Übergang vom Elternhaus ins Heim zu erleichtern, hatten keineswegs immer den gewünschten Erfolg. In einem ihrer Monatsberichte schreiben sie[40]:

»Bei Neuzugängen dieser Art haben wir versucht, den Plan einer ›langsamen, stufenweisen Trennung‹ aufzustellen und zu verwirklichen, um die Folgen für das Kind zu mildern. Das hat sich bei Kindern von drei, vier Jahren aufwärts als vorteilhaft erwiesen, aber wir mußten feststellen, daß nur sehr wenig getan werden konnte, um einer Regression vorzubeugen, wenn es um Eineinhalb- bis Zweijährige ging. Kinder können in diesem Alter plötzlichen Wechsel und Trennungen bis zur Dauer eines Tages ohne sichtbare Auswirkungen überstehen. Dauert die Trennung aber länger, neigen sie dazu, ihre gefühlsmäßigen Bindungen zu verlieren, ihre Triebentwicklung kehrt sich um, und ihr Verhalten zeigt Merkmale der Regression.«

Sie belegen diese Schwierigkeiten mit einer umfangreichen (von Hellman verfaßten) Schilderung des Verhaltens eines 24 Monate alten Jungen, der ein gut entwickeltes, leicht zu lenkendes Kind mit guter Mutterbeziehung war. Obwohl er ständig von der gleichen Mutterersatzperson betreut und in der ersten Woche seines Heimaufenthalts täglich von der Mutter besucht wurde, veränderte sich sein Verhalten negativ, als die Mutter ihre Besuche auf zwei pro Woche beschränkte, und als sie gar nicht mehr kam, setzte eine schwere Regression ein.

»Er wurde schlaff und gleichgültig und saß meist daumenlutschend und vor sich hin träumend in einer Ecke; zu anderen Zeiten war er dann wieder sehr aggressiv. Er hörte fast ganz auf zu sprechen. Ständig war er naß und unrein, so daß er wieder gewindelt werden mußte. Er saß mürrisch vor seinem Teller, aß nur wenig und ohne Appetit und schmierte sein Essen über den Tisch. Zu dieser Zeit erkrankte seine Pfle-

gerin. Bobby freundete sich mit niemand anderem an, ließ sich aber
von jedem widerstandslos versorgen. Einige Tage darauf erkrankte er
selbst an einer Mandelentzündung und kam ins Krankenzimmer. In der
ruhigen Atmosphäre dort schien er nicht ganz so unglücklich zu sein,
spielte still vor sich hin, machte den Eindruck eines Babys. Er sagte
kaum ein Wort, hatte jegliche Kontrolle über Darm und Blase verloren
und lutschte viel am Daumen. Bei seiner Rückkehr in den Hort sah
er sehr blaß und angestrengt aus. Nachdem er wieder bei seiner Gruppe
war, zeigte er sich sehr unglücklich, war ständig in Schwierigkeiten und
verlangte dauernd nach Trost und Hilfe. Die Pflegerin, die ihn zuerst
betreut hatte, schien er nicht wiederzuerkennen.«

Die Spätfolgen dieser quälenden Erfahrungen können manchmal erschreckend sein und sollen später näher untersucht werden. Aber auch die unmittelbaren Schädigungen – die dem unge-
schulten Beobachter oft gar nicht auffallen – sind für den
Psychiater häufig sehr beunruhigend. Vor allem werden beobachtet: a) eine feindselige Haltung der Mutter gegenüber, die
manchmal so weit geht, daß das Kind sich weigert, die Mutter
zu erkennen; b) eine übertriebene fordernde Haltung gegenüber
der Mutter oder dem Mutterersatz in der sich intensive Besitzansprüche mit Unduldsamkeit gegen Versagungen, Eifersucht und
heftigen Wutausbrüchen vereinigen; c) eine freudige, aber oberflächliche Bindung an jeden Erwachsenen im Umkreis des Kindes und d) ein apathischer Rückzug aus allen emotionalen Bindungen, vereint mit monotonen Schaukelbewegungen des
Körpers und manchmal einem Kopf-an-die-Wand-Schlagen.
Diese Reaktionen sind von vielen Klinikern beobachtet worden,
werden aber nirgends eindringlicher geschildert als in den beiden
Veröffentlichungen von Burlingham und Freud[38,39].
Eine ganz besondere Warnung muß im Hinblick auf jene Kinder ausgesprochen werden, die apathisch oder mit heiterer,
gleichmäßiger Freundlichkeit reagieren, denn wer die Grundprinzipien der geistigen Gesundheit nicht kennt, läßt sich dadurch allzu leicht täuschen. Diese Kinder sind meist ruhig,
gehorsam, umgänglich, wohlerzogen, ordentlich und körperlich
gesund; viele von ihnen wirken sogar ganz glücklich. Solange
sie im Heim sind, ist kein erkennbarer Anlaß zur Sorge gegeben,
aber wenn sie das Heim verlassen, brechen sie zusammen, und
es zeigt sich, daß ihre Anpassung nur eine scheinbare war und
nicht auf echtem Persönlichkeitswachstum beruhte (Goldfarb[66]

hat diese Zusammenhänge detailliert an Kindern im Alter von drei Jahren untersucht). Gelegentlich äußert man sich zufrieden darüber, daß ein Kind seine Mutter völlig vergessen habe. Daß dies meist nicht der Fall ist, zeigt sich, sobald das Kind Kummer hat und nach seiner Mutter verlangt. Wenn es aber wirklich der Fall ist, gibt das Anlaß zu Sorge, denn von der fortschreitenden Entwicklung und Vertiefung der Mutterbindung hängt die weitere seelische Gesundheit des Kindes ab.

Natürlich fallen Reihenfolge und Mischungsverhältnis von Verhaltensformen von Kind zu Kind verschieden aus; sie hängen weitgehend von den Lebensumständen ab. Das Auftreten eines Mutterersatzes kann eine Gruppe apathischer oder unterschiedslos liebenswürdiger Kinder plötzlich in anspruchsvolle, launische kleine Wilde verwandeln. Über den Einsatz eines Muttersubstituts berichten Burlingham und Freud[39]:

»Kinder, die bisher in der Gruppe anpassungsfähig und anpassungswillig gewesen sind, werden plötzlich unerträglich anspruchsvoll und unvernünftig. Ihre Eifersucht und vor allem ihre Besitzansprüche an den geliebten Erwachsenen kennen keine Grenzen mehr. Das kann leicht zwanghaft werden in Fällen, wo die Mutterbeziehung keine neue Erfahrung ist, sondern wo vorher bereits eine Trennung von der natürlichen Mutter oder/und einer Pflegemutter stattgefunden hat. Das Kind wird sich um so mehr anklammern, je mehr es überzeugt davon ist, daß die Trennung sich wiederholen könnte. Die Spielaktivität wird häufig unterbrochen, wenn Kinder ängstlich darüber wachen, ob die ›eigene‹ Pflegerin in ihrer Freizeit oder einer Besorgung wegen den Raum verläßt oder vielleicht allzu freundlich mit nicht zu ihrer Pflegefamilie gehörigen Kindern umgeht. Der dreieinhalbjährige Tony wollte es z. B. Schwester Mary nicht gestatten, ›seine‹ Hand zu benutzen, um auch andere Kinder zu versorgen. Jim, etwa zweieinhalb Jahre alt, brach in Tränen aus, wenn ›seine‹ Pflegerin aus dem Zimmer ging. Die vierjährige Shirley litt unter schweren Störungen und Depressionen, wenn ›ihre‹ Marion aus irgendeinem Grund nicht anwesend war, usw. Alle diese Kinder hatten in ihrem Leben bereits mit einer Reihe traumatischer Erfahrungen fertigwerden müssen.«

Viele Mütter, die wenige Wochen oder Monate von ihren kleinen Kindern getrennt leben mußten, können diese Beobachtungen bestätigen und vermehren. Manchmal ist das Kind beim Wiedersehen gefühlsmäßig wie erstarrt, es ist nicht in der Lage, seine Gefühle auszudrücken, kann manchmal nicht einmal sprechen. Dann tauen die Gefühle auf und äußern sich in einem wahren Sturzbach. Tränenreichem Schluchzen folgt bei denen, die schon sprechen können, ein anklagendes »Warum hast du mich allein gelassen, Mami?« Noch Wochen und Monate später gestattet das Kind der Mutter nicht, außer Sichtweite zu gehen, benimmt sich wie ein Säugling, hat Angst und wird schnell wütend. Bei richtiger Behandlung werden sich diese Störungen allmählich wieder legen, obwohl immer die Möglichkeit besteht, daß unsichtbare psychische Narben später wieder aufbrechen und Ursache einer Neurose werden. Daß diese Gefahr besteht, haben Robertson & Bowlby nachgewiesen, die akute Angstreaktionen bei Kindern beobachteten, die scheinbar ihr seelisches Gleichgewicht wiedererlangt hatten; es genügte in diesen Fällen, daß die Kinder einen Menschen wiedersahen, der mit ihrer Trennungserfahrung in Zusammenhang stand (unveröffentlichte Untersuchung). Wird auf das ängstliche, regressive Verhalten des Kindes bei seiner Rückkehr zur Familie nicht verständisvoll eingegangen, so wird die Mutter-Kind-Beziehung zum circulus vitiosus. Das Kind wird für sein schlechtes Betragen gestraft und gescholten, wird daraufhin noch kindischer, noch anspruchsvoller, noch launischer. Auf diese Weise entwickelt sich die labile, neurotische Persönlichkeit, die mit sich selbst und der Welt zerfallen und vor allem nicht fähig ist, liebevolle und offene Beziehungen zu anderen Menschen herzustellen.

So verwirrend ein derartiger Verlauf auch sein mag, er ist weniger aussichtslos als der Fall eines Kindes, das mit Ausweichen oder gleichmäßiger, oberflächlicher Freundlichkeit reagiert. Diese Verhaltensweisen sind in den meisten Fällen die Folge von häufiger oder einer längeren Trennung, die vor dem Alter von zweieinhalb Jahren eingetreten ist, ohne daß für einen Mutterersatz gesorgt wurde. Sie sind die Vorläufer schwerer Persönlichkeitsstörungen, die allgemein als psychopathisch gelten. Wir werden im nächsten Kapitel näher darauf eingehen.

In welchem Alter kann ein Kind durch mangelnde mütterliche Zuwendung nicht mehr geschädigt werden? Zweifellos nimmt die Deprivationsanfälligkeit langsam und vielleicht auch asymptotisch ab. Wer sich damit beschäftigt hat, wird zugeben, daß die Deprivationsanfälligkeit zwischen drei und fünf Jahren noch immer erheblich ist, wenn auch längst nicht mehr so groß wie zuvor. In dieser Phase lebt das Kind nicht mehr ausschließlich in der Gegenwart und kann demzufolge begreifen, daß die Zeit kommen wird, wo die Mutter zurückkehrt – eine Fähigkeit, die fast alle Kinder unter drei Jahren noch nicht besitzen. Zudem läßt das entwickeltere Sprachvermögen einfache Erklärungen zu, und das Kind ist eher bereit, verständnisvolle Ersatzpersonen zu akzeptieren. Man kann deshalb sagen, daß sich in dieser Altersstufe durch umsichtige und verständnisvolle Vorsorge viele Schädigungen vermeiden lassen, wenn auch da, wo diese fehlt, äußerst starke Reaktionen – denen der Kinder zwischen einem und drei Jahren vergleichbar – vorkommen können.

Nach fünf Jahren nimmt die Deprivationsanfälligkeit noch mehr ab, wenngleich nicht bezweifelt werden kann, daß viele Kinder im Alter zwischen fünf und sieben oder acht Jahren nicht fähig sind, die Folgen einer Trennung befriedigend zu überwinden, vor allem, wenn diese plötzlich und ohne entsprechende Vorbereitung erfolgte. Eine eindrucksvolle Schilderung der Gefühle eines Jungen, der vom sechsten Lebensjahr an drei Jahre lang im Krankenhaus gehalten wurde, hat ein inzwischen erwachsener Patient gegeben[88]. Er spricht von dem »verzweifelten Heimweh und Elend der ersten Wochen, auf die in den nächsten Monaten Gleichgültigkeit und Langeweile folgten«. Dann beschreibt er, wie er eine leidenschaftliche Anhänglichkeit an die Oberschwester entwickelte, die ihn zunächst für den Verlust der Familie entschädigte, wie er sich aber dann nach seiner Rückkehr in die Familie dort fremd und als Eindringling fühlte. »Schließlich entfremdete ich mich meiner Familie mehr und mehr . . . aber ich lernte keine andere Mutterfigur mehr kennen, und bald konnte ich enge, dauerhafte Beziehungen zu keinem Menschen mehr herstellen . . . Meine Reaktionen waren übertrieben, oft waren sie der Situation unangemessen, und so wurde ich außerordentlich launisch und deprimiert . . . und aggressiv obendrein.« Nach dem er geschildert hat, wie es ihm nach Jahren endlich gelang, sich selber besser zu verstehen, schreibt er: »Ich leide immer noch unter Aggressionen. Sie äußern sich unglücklicherweise in einer übertriebenen Intoleranz gegen meine eigenen Fehler bei anderen Menschen und gefährden deshalb die Beziehung zu meinen Kindern.« Die Beeinträchtigung der Fähigkeit zu erfolgreicher Elternschaft ist vielleicht die verheerendste aller Folgen materneller Deprivation. Wir kommen im zweiten Teil dieses Berichts darauf zurück.

Die Schilderung des erwachsenen Patienten wird u. a. auch

von Edelston[52] durch eine Untersuchung an englischen Kindern bestätigt, die im letzten Krieg aus den Städten evakuiert wurden. Edelston bringt gründliche Falldarstellungen einiger Dutzend Kinder, deren neurotische Symptome durch die Trennung von der Mutter entweder verursacht oder verschlimmert wurden, wobei die meisten Trennungserfahrungen auf Krankenhausaufenthalt zurückgingen. Er gibt zwar keinen systematischen Überblick über die Altersstufen, in denen die Krankenhausunterbringung erfolgte, aber bei genauer Durchsicht seiner Analyse stellt sich heraus, daß sie in mehr als der Hälfte der Fälle während der ersten drei Jahre erfolgte, während beim Rest die traumatische Erfahrung erst im Alter von 3–8 Jahren gemacht wurde. Die älteren Kinder konnten meist genau schildern, wie sie sich im Krankenhaus gefühlt hatten. Allgemeine Ängste entstanden oft aus der Befürchtung, sie könnten nie wieder nach Haus zurückkehren oder sie seien wegen ihrer Unarten ins Krankenhaus gebracht worden. Ein Siebeneinhalbjähriger, der in den vorausgegangenen vier Jahren dreimal im Krankenhaus oder Erholungsheim war: »Ich habe geglaubt, ich dürfte nie wieder nach Hause, weil ich erst sechs Jahre alt war. Ich hatte einmal gehört, daß meine Schwester sagte, sie wollten mich loswerden, und ich würde nie mehr zurückkommen.« Ein anderes Kind, ein Mädchen von 6³/₄, hatte weinend gebettelt: »Bitte schickt mich nicht fort, ich will auch immer artig sein«, als man es in eine Isolierstation bringen mußte. Nach der Rückkehr ins Elternhaus war sie sehr still und saß meist bedrückt in einer Ecke. Sie sprach nie über ihre Erfahrungen, aber meist spielte sie mit ihren Puppen Spiele, in deren Mittelpunkt das Krankenhaus stand; die Puppen wurden zur Strafe für Unarten da hingeschickt.

In den Berichten über evakuierte Kinder zwischen fünf und 16, die im letzten Krieg entstanden sind, finden sich mehr als genug Bestätigungen für die hier zitierten Befunde und Angaben, aus denen auch eindeutig hervorgeht, daß Kinder dieser Altersklasse in ihrem Gefühlsleben noch nicht auf eigenen Beinen stehen. Lehrer berichteten über allgemeines Heimweh und Nachlassen der Konzentrationsfähigkeit im Unterricht. Auch Bettnässen wurde häufig beobachtet[81]. Burt [82] schätzte, daß die Häufigkeit von nervösen Symptomen und Kriminalität bei Schülern von 17 Prozent auf 25 Prozent gestiegen war. Obwohl es sich dabei in vielen Fällen nur um vorübergehende Erscheinungen handelte, die keine bleibende Wirkung hinterließen, gab es doch auch Fälle, in denen die Probleme auch noch nach der Rückkehr weiterbestanden. Das wird auch in dem Bericht des englischen Gesundheitsministeriums erwähnt und von Carey-Trefzer[43] bestätigt, auf dessen gründliche klinische Untersuchung wir noch zurückkommen werden.

Wir haben Grund zu der Annahme, daß alle Kinder unter drei Jahren und viele zwischen drei und fünf unter dem Eintreten einer Deprivation leiden, aber in der Altersstufe von fünf bis acht tut dies wahrscheinlich nur eine Minderheit. Hier erhebt sich die Frage: Weshalb sind einige betroffen und andere nicht? Im Gegensatz zu kleineren Kindern können die älteren eine Trennung um so eher verwinden, je besser ihre Beziehung zur Mutter ist. Ein glückliches Kind, das sich der Liebe seiner Mutter sicher ist, wird nicht so leicht unter Ängsten leiden; das unsichere Kind jedoch, das um die Mutterliebe zittern muß, kann die Geschehnisse in seiner Umwelt leicht falsch interpretieren. Diese Fehlinterpretationen sind um so gefährlicher, als sie meist gar nicht bekannt, ja manchmal dem Kind selbst nicht bewußt werden. Glaubt ein Kind, daß es wegen seiner Unarten weggeschickt worden ist, wird es Angst- und Haßgefühle entwickeln, die wiederum die Beziehungen zu den Eltern vergiften. Deshalb leiden Fünf- bis Achtjährige, die ohnehin schon emotionale Probleme haben, sehr unter der Trennungserfahrung, die ihren Zustand verschlimmern kann, während selbstsichere Kinder gleichen Alters kaum Schaden nehmen. Aber bei beiden Gruppen hängt viel davon ab, wie das Kind auf die Trennung vorbereitet wurde, wie es während der Trennungszeit behandelt wird und wie seine Mutter sich nach der Rückkehr verhält. Sowohl Edelston[52] wie Isaacs[82] haben diese Aspekte näher untersucht.

Schließlich wollen wir noch zwei neuere Untersuchungen erwähnen, die (wie die von Bakwin) aus pädiatrischer und nicht aus psychiatrischer Sicht durchgeführt wurden. Es handelt sich hier um Untersuchungen der Wachstumskurven von Schulkindern nach der Wetzel-Grid-Methode[147], die ein brauchbares Verfahren zur Gewinnung simultaner Daten über Größen- und Gewichtsveränderungen unter Berücksichtigung konstitutioneller Unterschiede im Körperbau darstellt. Keine der beiden Untersuchungen enthält statistische Einzelheiten, beide stimmen aber weitgehend überein und bestätigen einander bis zu einem gewissen Grad. So berichtete Binning[19] nach einer Untersuchung von 800 kanadischen Schülern, daß Veränderungen der Wachstumsgeschwindigkeit häufig emotionale Ursachen haben, die sich entweder als Akzeleration oder als Stehenbleiben auswirken.

»Wir haben beobachtet, daß Ereignisse im Leben des Kindes, die – wie z. B. Tod, Scheidung, Einberufung des Vaters – zur Trennung von einem oder beiden Elternteilen führen, und ein geistiges Klima, in dem es an der üblichen Liebe und Zuwendung mangelt, das Größenwachstum viel mehr beeinträchtigen als jede Krankheit. Dergleichen hatte ernsthaftere Folgen als alle anderen Faktoren zusammen.«

Er berichtet auch, daß bei dauernden Wachstumsstörungen die Gefahr besteht, daß sich entweder psychosomatische oder Verhaltensstörungen entwickeln. Fried & Mayer[56] gelangten zu ähnlichen Ergebnissen. Sie untersuchten sechs- bis dreizehnjährige Jungen und Mädchen, die wegen Persönlichkeitsstörungen nach Scheidung, Ablehnung oder Tod der Eltern in ein Heim (Cottage Home) eingewiesen worden waren, und kamen zu dem Schluß, daß »sozio-emotionale Störungen meist auch das physische Wachstum hemmen und daß Wachstumsstörungen dieser Art viel häufiger vorkommen und viel weiter verbreitet sind, als allgemein bekannt ist«. Und weiter heißt es:

»Bei den meisten unserer Kinder mit Wachstumsstörungen besteht eine auffallende Parallelität zwischen körperlichen Mängeln und sozio-emotionaler Anpassung. Störungen oder Besserung in einem Bereich gehen Hand in Hand mit entsprechenden Erscheinungen im andern. Kinder, die auf dem einen Gebiet gestört sind, sind es meist auch auf dem andern, und bei der großen Mehrzahl sind die Störungen auf beiden Gebieten ungefähr gleich, d. h. leichte oder schwere Wachstumsstörungen treten gemeinsam mit entsprechend ausgeprägten emotionalen Störungen auf.«

Binning[20] beschreibt eine weitere Parallele zwischen der körperlichen und geistigen Entwicklung, und zwar zwischen körperlichem Wachstum und Intelligenz.

»Wenn sich im Wetzel-Grid ein Stillstand des körperlichen Wachstums zeigt, ist auch das geistige Wachstum zurückgeblieben, wie Stanford-Binet-Tests ergeben. Zeichnet man den Wetzel-Grid von Kindern auf, die zwei zeitlich auseinanderliegende Intelligenztests hinter sich haben, so kann man bereits anhand der Wachstumskurve mit unheimlicher

Genauigkeit voraussagen, wie weit die Intelligenz innerhalb eines bestimmten Zeitraums abgenommen hat.«

Werden diese ungemein interessanten Ergebnisse bestätigt, ergeben sich völlig neue Forschungsmöglichkeiten hinsichtlich der Interrelation von Psyche und Soma. Vor allem der Kliniker hat dann ein einfaches und verläßliches Werkzeug in der Hand. Wir müssen hier jedoch darauf hinweisen, daß diese Ergebnisse – im Gegensatz zu den anderen hier berichteten Befunden – zur Zeit noch als nicht bestätigt betrachtet werden müssen.

Drittes Kapitel

Übersicht der Nachweise von Deprivationsfolgen

II. Retrospektive Untersuchungen und Entwicklungsuntersuchungen

Retrospektive Untersuchungen

Einige der unmittelbaren Deprivationsschäden bei Kleinkindern sowie einige der kurzfristig eintretenden Nachwirkungen haben wir bereits abgehandelt, und wir wissen nun, daß es ohne nähere Kenntnis der Probleme geistiger Gesundheit leicht dazu kommt, daß das Vorkommen dieser Schädigungen überhaupt geleugnet oder als bedeutungslos übergangen wird. In diesem Kapitel wollen wir anhand vorliegender Befunde nachweisen, daß alle Warnungen vor diesen Schädigungen nichts mit überflüssiger Panikmache zu tun haben, sondern daß es sich hier um Fakten von größter medizinischer und sozialer Bedeutung handelt.

In den späten dreißiger Jahren fiel mindestens sechs unabhängig voneinander arbeitenden Wissenschaftlern auf, wie häufig schwer gestörte Mutter-Kind-Beziehungen in der Vergangenheit von Kindern festzustellen waren, die zahlreiche Straftaten begangen hatten, ohne Bindung an irgendeinen Menschen zu sein schienen und nur schwer zu behandeln waren. Gewohnheitsdiebstahl, Gewalttaten, Selbstsucht und Sexualdelikte gehörten zu ihren wenig ansprechenden Charakteristika. Seit 1937 ist viel über dieses Thema geschrieben worden. Zahlreiche dieser Studien sind ihrem Ursprung nach ganz unabhängig voneinander, einige von ihnen wurden vollendet, ohne daß ihren Verfassern die gleichlaufenden Bemühungen anderer zur Kenntnis gelangten. Die Übereinstimmung der Ergebnisse kennzeichnet die Befunde als authentisch.

Einer der ersten Fälle wurde von Levy[91] berichtet; er gilt noch immer als typisch:

»Mein erstes Beispiel ist ein achtjähriges Mädchen, das anderthalb Jahre vor der Untersuchung adoptiert worden war. Das uneheliche Kind war seit seiner Geburt von einer Verwandten zur nächsten abgeschoben und schließlich einer Pflege-Vermittlung überstellt worden; von dort wurde es in einer Pflegestelle untergebracht. Dort blieb das Kind zwei Monate, bis Adoptiveltern gefunden waren. Diese Eltern kamen mit dem Kind zu mir, weil es log und stahl. Sie schilderten seine Reaktion auf die Adoption als sehr gleichgültig. Während sie das Mädchen nach Hause brachten und ihm das Zimmer zeigten, das es von nun an ganz allein für sich haben sollte, und während sie einen anschließenden Rundgang durch Haus und Garten unternahmen, zeigten sich bei dem Kind keinerlei Gefühlsreaktionen. Dabei schien das Kind sehr lebhaft und von einer ›oberflächlichen Herzlichkeit‹ zu sein. Nach einigen Wochen des Zusammenlebens beklagte sich die Mutter bei ihrem Mann, das Kind sei offenbar nicht in der Lage, Zuneigung in irgendeiner Form zu äußern. Um es mit ihren Worten auszudrücken: ›Das Kind kann einem Küsse geben, aber das hat nichts zu bedeuten.‹ Der Mann sagte seiner Frau, daß sie zuviel verlange, sie solle dem Kind Zeit lassen, sich der neuen Umgebung anzupassen. Die Mutter ließ sich beschwichtigen, glaubte aber weiterhin, daß etwas mit dem Kind nicht in Ordnung sei. Der Vater erklärte, er könne nicht sehen, was das sein solle. Nach einigen Monaten hatte er die gleichen Klagen. Inzwischen hatten die Eltern auch bemerkt, daß das Kind hinterhältig und verlogen war. Daran konnten auch Strafen nichts ändern . . . Die Lehrerin klagte über Unaufmerksamkeit und mangelndes Interesse an dem Zustand von Büchern und Heften. Im Unterricht kam das Mädchen wegen seiner Intelligenz gut mit. Es freundete sich auch mit anderen Kindern an, es kam aber nie zu engen Freundschaften. Nach anderthalb Jahren des Zusammenlebens lautete das Urteil des Vaters: ›Man kommt einfach nicht an sie heran‹, und das der Mutter: ›Ich weiß heute nicht mehr von dem, was in ihr vorgeht, als am Tag ihrer Ankunft. Man kommt ihr nicht näher. Nie sagt sie, was sie denkt oder fühlt. Sie spricht viel, ja, aber alles ist oberflächlich.‹‹

Hier haben wir viele der typischen Eigenschaften beisammen:
oberflächliche Beziehungen zu anderen;
keine echten Gefühlsregungen – Unfähigkeit, für andere Liebe zu empfinden oder echte Freundschaften zu schließen;
Unzugänglichkeit, die alle abstößt, die sich freundschaftlich nähern;
Fehlen der in bestimmten Situationen zu erwartenden Gefühlsreaktionen – ein seltsamer Mangel an Interesse;
Lügen und Ausflüchte, meist ohne Grund;
Stehlen;
Konzentrationsmangel in der Schule.
Die einzige atypische Eigenschaft war in diesem Fall die gute

schulische Leistung des Kindes, denn in den meisten Fällen läßt auch diese sehr zu wünschen übrig.

Zugleich mit Levys Bericht (1937) oder etwas später erschienen in den USA die Studien von Powdermaker & Mitarb. (1937), Lowrey (1940), Bender (1941, 1946 und 1947) und Goldfarb (neun Studien, 1943–1949) und in England die von Bowlby (1940 und 1944). Mit monotoner Regelmäßigkeit ergab sich bei allen die Kontaktunfähigkeit des Kindes als zentrales Merkmal und als Quelle aller anderen Störungen und dazu als Ursache die Heimeinweisung oder – wie im zitierten Fall – der häufige Wechsel der Pflegemutter. Beobachtungen und Befunde sind – sogar in der Ausdrucksweise – einer so ähnlich, daß jeder von den Autoren den Bericht des anderen verfaßt haben könnte:

»Diese Falldarstellungen sind Beispiele dafür, wie emotionale Pathologie durch hochgradigen primären Affekthunger ausgelöst werden kann. Geklagt wird über verschiedene Symptome, darunter oft aggressives und sexualisiertes Verhalten in früher Kindheit, Stehlen, Lügen – meist Lügenphantasien – und schließlich die verschiedenen Formen der Gefühlsarmut oder Gefühlskälte. Dieser Mangel an Gefühlsregungen, die nur oberflächliche Freundlichkeit erklären die Schwierigkeiten, die sich einer Verhaltensänderung entgegenstellen« (Levy [91]). »Schon in einem frühen Stadium unserer Arbeit fiel uns eine Gruppe von Mädchen auf, die zwar asozial, aber nicht eindeutig neurotisch waren und bei denen jede Behandlung ohne Erfolg blieb. Später zeigte sich, daß sie alle eine Eigenschaft gemeinsam hatten – sie waren unfähig zu einer echten Übertragungsbeziehung zu einem Mitglied der Forschungsgruppe. Scheinbar gute Kontakte stellten sich immer wieder als bloß oberflächlich heraus ... Es mag zu spektakulären Bekundungen von Interesse und Zuneigung gekommen sein. Beweise einer echten Bindung aber waren kaum oder gar nicht vorhanden. Bei den Vorgeschichten fiel immer wieder das Gleiche auf ... Diese Mädchen hatten offenbar nie eine Gelegenheit gehabt, in frühester Kindheit eine libidinöse Beziehung zu entwickeln, und scheinen wenig oder gar keine Fähigkeiten zu besitzen, eine gefühlsmäßige Bindung zu anderen Menschen oder einer Gruppe herzustellen« (Powdermaker & Mitarb.[117]).

»Alle Kinder (insgesamt 28) weisen bestimmte allgemeine Merkmale unzureichenden Persönlichkeitswachstums auf, die hauptsächlich mit einer Unfähigkeit, Liebe zu geben oder zu empfangen, zusammenhängen; es handelt sich – mit anderen Worten – um eine Unfähigkeit, das Ich in Beziehung zu anderen zu setzen ... Die Folgerung scheint unabweislich, daß Heimkinder eine Isolationserfahrung erleiden, die zu einem isolierten Persönlichkeitstyp führt« (Lowrey[96]).

»Von zwei Adoptionsvermittlungen wurden unserer Station zwei Problemkinder überstellt. Das eine kam von einer Vermittlung, bei der man die Auffassung vertritt, daß man es nicht zulassen solle, daß sich zwischen dem Kind und der vorübergehenden Pflegemutter gefühlsmäßige Bindungen entwickeln. So kam es, daß das Kind im Alter von fünf Jahren überhaupt keine persönlichen Bindungen und kein Verhaltensmuster besaß ... Andere Sonderfälle waren eine Gruppe von Kindern, die bereits als Säuglinge ins Heim gekommen waren und dort die beste Kinderpflege erhalten hatten ... aber sie kannten weder soziale Kontakte noch Spielzeug ... Diese Kinder sind nicht in der Lage, Liebe zu empfangen, weil sie in den ersten drei Lebensjahren aufs schwerste depriviert wurden ... Sie haben kein Spielverhalten, können sich bei gemeinsamen Spielen nicht einordnen und beschimpfen die anderen Kinder ... Sie sind hyperkinetisch und leicht ablenkbar; über die Natur zwischenmenschlicher Beziehungen haben sie völlig verwirrte Vorstellungen ... Diese Kinder fügen sich nicht in die Gruppe ein und bleiben auch weiterhin überaktiv, aggressiv und unsozial« (Bender & Yarnell[15]).

»Unzugänglichkeit und eingeschränkte Fähigkeit zu affektiven Bindungen« sind typisch für Kinder, die ihre ersten Jahre im Heim verlebt haben. »Ist es möglich, daß das Fehlen affektiver Beziehungen in früher Kindheit es den Heimkindern erschwert oder unmöglich macht, später positive emotionale Beziehungen aufzunehmen?« (Goldfarb[62])

Inzwischen hatte Bowlby, ohne jede Verbindung zu den Wissenschaftlern auf der anderen Seite des Atlantik, in London ähnliche Beobachtungen gemacht:

»Längere Unterbrechungen (der Mutter-Kind-Beziehung) innerhalb der ersten drei Lebensjahre hinterlassen einen typischen Eindruck in der kindlichen Persönlichkeit. Klinisch erscheinen solche Kinder emotional zurückgezogen und isoliert. Es gelingt ihnen nicht, libidinöse Bande zu anderen Kindern oder zu Erwachsenen zu knüpfen, und infolgedessen haben sie keine Freunde, die diese Bezeichnung verdienen. Gewiß, sie sind manchmal oberflächlich gesellig. Geht man diesen Beziehungen aber nach, so zeigt sich, daß keine Gefühle investiert werden, daß keine Wurzeln vorhanden sind. Das, meine ich, ist mehr als alles andere die Ursache ihrer Gefühlskälte. Eltern und Lehrer klagen, daß nichts, was sie sagen oder tun, irgendeine Wirkung bei dem Kind zeitigt. Schlägt man es, so schreit es ein bißchen, aber es reagiert nicht gefühlsmäßig darauf, daß es in Ungnade gefallen ist, wie es bei einem Kind an sich normal wäre. Diesen verlorenen Seelen scheint es wenig zu bedeuten, ob man sie mag oder nicht. Da sie unfähig zu echten Gefühlsbindungen sind, ist der Zustand einer Beziehung zu einem bestimmten Zeitpunkt ohne jede Bedeutung für sie ... In den letzten Jahren habe ich etwa 16 Fälle gefühlskalter Rückfalldiebe gehabt. Nur in zwei Fällen fehlte die längere Unterbrechung, bei allen anderen waren innerhalb der ersten drei Lebensjahre größere Unterbrechungen der Mutter-Kind-Beziehung eingetreten, und so war das Kind dann zum Rückfalldieb geworden.«

Nach diesen frühen Untersuchungen sind drei wichtige Publikationen erschienen: eine systematische klinische und statistische Untersuchung von Bowlby[26,27], ein Überblick von Bender[14] über hundert Fälle, die sie innerhalb von zehn Jahren beobachtet hatte, und eine Aufsatzfolge über die äußerst sorgfältig geplanten und durchgeführten Forschungen von Goldfarb[60-68]. Sowohl Benders wie Bowlbys Studien sind retrospektiv insofern, als die Autoren die Kinder mit neurotischen Symptomen und Verhaltensstörungen klinisch behandelten, beim Erarbeiten der Anamnese immer wieder auf den gemeinsamen Nenner stießen: Deprivation von mütterlicher Zuwendung, verursacht durch Heimunterbringung oder häufigen Wechsel der Mutterfiguren, zwischen denen die Kinder wie Postpakete hin und her wanderten. Einwände gegen die Ergebnisse dieser retrospektiven Studien beziehen sich immer darauf, daß sie prinzipiell nur Kinder erfassen, die fehlangepaßt sind, und daß die anderen, die sich nach den gleichen Erfahrungen normal weiterentwickelt haben, nicht berücksichtigt werden. In Goldfarbs Arbeiten aber ist dieser Mangel beseitigt.

Benders Ergebnisse[14] beruhen auf 5–10 Prozent der 5000 Kinder, die sie von 1935 bis 1944 im Bellevue Hospital betreute und die die bereits geschilderten Merkmale aufwiesen. Sie gibt eine vollständige klinische Beschreibung des Syndroms, das sie »psychopathische Verhaltensstörungen in der Kindheit« nennt.

»Da ist zunächst die Unfähigkeit, zu lieben oder Schuldgefühle zu empfinden. Gewissen ist nicht vorhanden. Das unbewußte Phantasiematerial ist seicht und zeigt lediglich eine Tendenz, auf unmittelbare Anregungen oder Erlebnisse zu reagieren, obwohl es auch häufig mißlungene Versuche gibt, ein Ich-Bewußtsein zu erleben oder die eigene Person zu identifizieren. Die Unfähigkeit dieser Kinder, irgendeine menschliche Bindung einzugehen, verurteilt alle Therapieversuche und selbst Erziehungsmaßnahmen zur Aussichtslosigkeit. Dazu kommt die Unfähigkeit, begrifflich zu denken, die sich ganz besonders am Beispiel des Zeiterlebnisses zeigt. Da sie keinen Zeitbegriff haben, können sie sich auf vergangene Erfahrungen nicht besinnen und also auch keinen Nutzen daraus ziehen, ebensowenig wie sie auf künftige Ziele hin motiviert werden können. Der fehlende Zeitbegriff ist ein ganz besonders auffallendes Charakteristikum der gestörten Persönlichkeitsorganisation . . .«

Tabelle 4: Häufigkeitsverteilung von früher Trennung und Gefühlskälte bei einer Gruppe von Dieben im Vergleich zu Trennungserfahrungen bei einer Kontrollgruppe emotional gestörter Kinder, die keine Diebe sind (nach Bowlby)

| | Diebe | | | Kontroll-gruppe |
	gefühls-kalt	andere	insgesamt	
Trennung	12	5	17	2
Keine Trennung	2	25	27	42
Insgesamt	14	30	44	44
P<0,01				

Bender berichtet auch über eine Entwicklungsstudie an zehn Kindern, die sie bereits in ihrem Bericht von 1941 erwähnt und die sie fünf Jahre später noch einmal untersucht hat. Es zeigte sich, daß »alle infantil geblieben waren; sie waren unfroh, affektlos und unfähig, sich ihren Mitschülern oder anderen Gruppen anzupassen«.

Bowlby[26,27] bringt nicht nur recht vollständige Falldarstellungen, die in einigen Fällen die Reaktion des Kindes auf traumatische Erfahrungen genau zurückverfolgen, sondern betont auch besonders die Neigung dieser Kinder zum Diebstahl. Er teilte alle Fälle, die zu ihm zur Erziehungsberatung kamen, in zwei Gruppen ein – die eine umfaßte solche, die als Diebe bekannt waren, die andere jene, die es nicht waren; er verglich eine Gruppe von 44 Dieben mit einer Kontrollgruppe, die nach Zahl, Alter und Geschlecht ähnlich zusammengesetzt war, aber die trotz emotionaler Störungen nicht gestohlen hatte. Die Diebe unterschieden sich von der Kontrollgruppe in zweifacher Hinsicht. Zunächst waren 14 von ihnen das, was Bowlby als »gefühlskalte Charaktere« bezeichnet; in der Kontrollgruppe gab es keinen davon. Außerdem hatten 17 der Diebe unter völliger oder längerer Trennung (sechs Monate und mehr) von ihren

Müttern oder Pflegemüttern während der ersten fünf Lebensjahre gelitten; nur zwei Mitglieder der Kontrollgruppe hatten gleiche Erfahrungen. Zufällig kann keiner dieser Unterschiede sein. Zwei weitere wichtige Befunde waren: ein hohes, statistisch signifikantes Ausmaß an Übereinstimmung zwischen Trennung und Gefühlskälte und die Tatsache, daß die gefühlskalten Kinder weit häufiger straffällig wurden als die anderen (s. Tabelle 4).

Es ist auffallend, wie überwältigend oft Trennungserfahrung bei gefühlskalten Dieben vorkommt. Vergleicht man das mit dem Vorkommen schlechter Erbanlagen, kann es keinen Zweifel mehr daran geben, daß der gefühlskalte Dieb nicht geboren, sondern erzogen wird.

Tabelle 5: Schlechte Erbanlagen bei einer Gruppe von Dieben und einer Kontrollgruppe emotional gestörter Kinder, die keine Diebe sind (nach Bowlby)

		Diebe		Kontroll-gruppe
	gefühls-kalt	andere	insgesamt	
Schlechte Erbanlagen	3	16	19	18
Erbanlagen nicht schlecht	11	14	25	26
Insgesamt	14	30	44	44

Bei der Bewertung der Erbfaktoren werden Neurosen, Psychosen oder schwere Psychopathien der Eltern oder Großeltern als Kriterien betrachtet; absolut zuverlässige Kriterien sind dies gewiß nicht, aber die Unsicherheit betrifft die Diebe und die Kontrollgruppe gleichermaßen. Außerdem geht aus den internen klinischen Erfahrungen in mehreren Fällen von Gefühlskälte deutlich hervor, daß dieser Zustand durch die längere Trennung von der Mutter bedingt war. Nach einer Überprüfung der Befunde von Burt[41], Glueck & Glueck[59] und anderen, die alle seine Erfahrungen bestätigen, folgert Bowlby:

». . . aufgrund der vorliegenden Befunde scheint die Annahme gerechtfertigt, daß eine längere Trennung des Kindes von der Mutter (oder dem Mutterersatz) während der ersten fünf Lebensjahre unter den Ursachen krimineller Fehlentwicklung ganz vornan steht.«

Unter den von Bowlby zitierten Fällen ist auch ein Junge, der bis zum Alter von 18 Monaten eine gute Beziehung zur Mutter gehabt haben soll, dann aber für neun Monate ins Krankenhaus kam, wo den Eltern der Besuch untersagt war. Andere von Bowlby angeführte Fälle lassen darauf schließen, daß Krankenhausaufenthalt und Wechsel der Mutterfigur bis ins vierte Lebensjahr hinein folgenschwere Auswirkungen haben können.

Sowohl Bender wie Bowlby entwickeln die Hypothese, daß ein besonderer Zusammenhang zwischen längerer Deprivation in den ersten Jahren und der Entwicklung des gefühlskalten, psychopathischen Typus besteht, der zu Gewohnheitskriminalität neigt und äußerst schwierig zu behandeln ist.

Von den zahlreichen anderen retrospektiven Studien, die das gleiche Problem berühren, ohne jedoch diesen Bezug herzustellen, wurde schon die von Edelston[52] erwähnt. Auf weitere vier wollen wir hier kurz eingehen. Carey-Trefzer[43] hat bei einer Durchsicht der Protokolle von mehr als 200 Kindern bis zu zwölf Jahren, deren Störungen durch den Krieg verursacht oder verschlimmert worden waren, in einer Londoner Erziehungsberatung von 1942 bis 1946 festgestellt, daß bei 32,5 Prozent aller Fälle die Störung durch die Evakuation hervorgerufen worden war:

»Die klinische Untersuchung hat ohne jeden Zweifel bewiesen, daß Evakuation eine bedeutende Rolle bei der Verschlimmerung neurotischer Symptome und bei der Entstehung tiefgehender, andauernder Störungen gespielt hat ... Fast alle ›schwierigen‹ und lange Behandlung erfordernden Fälle waren Folgen der Evakuation.«

Das steht – wie besonders hervorgehoben werden muß – im Gegensatz zu Angaben über das Ausmaß, in dem die Kinder Bombennächte bewußt miterlebt haben. Nicht weniger als zwei Drittel der Kinder mit Problemen nach der Evakuation waren bei der ersten Trennung noch nicht fünf Jahre alt. Da im Verhältnis zu älteren Kindern die Zahl der evakuierten Kleinkinder ziemlich klein war, zeigen die Daten, in welchem Ausmaß vor allem das Kleinkind durch Erfahrungen dieser Art geschädigt wird.

Im April 1950 wurden alle Schüler der Hawthorne-Cedar-

Knolls School bei New York untersucht[83]. Von den 137 Jungen und 62 Mädchen waren bis auf wenige alle zwischen 13 und 17. Die Schule ist spezialisiert auf Fälle von schweren psychischen Störungen; in der Hauptsache lauten die Diagnosen auf: Psychoneurosen (28%), Schizophrenie (21%), Charakterneurosen (19%), primäre Verhaltensstörungen (13%) und psychopathische Persönlichkeitsstörungen (10%). Die Symptome reichen von Schulschwänzen, Ausreißen, Stehlen, Sexualdelikten bis zu Konflikten mit den Eltern und anderen Arten aggressiven Verhaltens. 14 Prozent dieser Kinder waren in Heimen und 24 Prozent in Pflegestellen, noch ehe sie vier Jahre alt waren. Obwohl man diese Zahlen nicht einfach addieren kann, weil einige Kinder sowohl in Heimen als auch in Pflegestellen waren, läßt sich doch das Ausmaß, in dem die Eltern-Kind-Beziehung innerhalb dieser Gruppe im ganzen gestört ist, an der Tatsache ermessen, daß nur 25 Prozent der Kinder in der Obhut beider Eltern aufwuchsen. Nur wenige Institutionen, in denen Kinder mit solchen Störungen betreut werden, haben andere Daten aufzuweisen.

Von den Untersuchungen an erwachsenen Patienten, die ihre Verfasser in der Ansicht bestärkten, daß Liebesdeprivation Ursache der psychischen Störungen ihrer Patienten ist, wollen wir Fitzgerald[55] und Kemp[89] zitieren. Fitzgerald, der Hysteriker untersuchte, vertritt die Auffassung, daß

»ungeachtet aller angeborenen Veranlagungen ein Mensch nur dann eine Hysterie entwickeln wird, wenn er in seiner Kindheit Situationen ausgesetzt wurde, in denen er nach Liebe hungern mußte.«

Zu diesen Situationen rechnet er Tod eines Elternteils und Trennung des Kindes von den Eltern. Kemp, der 530 Prostituierte in Kopenhagen befragte, stellte fest, daß ein Drittel von ihnen nicht in der eigenen Familie aufgewachsen war, sondern die Kindheit unter erschwerten, ständig wechselnden Umständen verbracht hatte.

»Drei Prozent wurden von nahen Verwandten erzogen, drei Prozent wurden in Pflege oder in ein Heim gegeben, 27 Prozent wuchsen unter wechselnden Bedingungen auf – zum Teil in Heimen oder Armenhäusern, zum Teil in Anstalten für Schwachsinnige oder Epileptiker, zum Teil zu Hause oder bei Verwandten« (S. 85).

Manche durchwanderten im Lauf der Kindheit drei bis vier verschiedene Pflegestellen. 17 Prozent aller Befragten waren uneheliche Kinder.

Weitere Befunde über Kriminalität, Promiskuität, Neurose und sogar Psychose durch Deprivation, Todesfälle und zerrüttete Familienverhältnisse geben wir in Anhang 1.

Entwicklungsstudien

Alle bisher zitierten Untersuchungen leiden unter den Mängeln der retrospektiven Methode; deshalb sind die Entwicklungsstudien von Goldfarb und anderen von ganz besonderem Wert, weil sie sich mit einer Gruppe von Kindern befassen, die schon als Säuglinge ins Heim gekommen sind, und deren Entwicklung untersuchen.

Goldfarbs Arbeiten sind deshalb von ungewöhnlicher Qualität, weil sie von Anfang an wissenschaftlich geplant worden sind, um die These zu belegen, daß das Leben in der hochgradig unpersönlichen Heimatmosphäre in den ersten zwei oder drei Lebensjahren das Persönlichkeitswachstum beeinträchtigt. Der Autor wählte also seine Stichproben so, daß die Erbanlagen möglichst ähnlich waren und erhielt damit die Kontrolle über eine Variable, die alle anderen Untersuchungen schwer belastet hatte. Er hat insgesamt drei größere Untersuchungen durchgeführt[60,62,66]. In jeder einzelnen wurde die geistige Entwicklung von Kindern, die bis zum Alter von drei Jahren in Heimen und dann in Pflegestellen aufgewachsen waren, mit der von Kindern verglichen, die direkt von ihren Müttern zu einer Pflegefamilie gekommen und dort geblieben waren. In beiden Gruppen war die Trennung von der leiblichen Mutter schon sehr früh, meist innerhalb der ersten neun Monate erfolgt. 15 Kinder jeder Gruppe wurden besonders gründlich untersucht. Sie waren damals 10–14 Jahre alt[62]. Die einen waren im Alter von sechs Monaten bis zu dreieinhalb Jahren im Heim gewesen, die anderen hatten keine derartigen Erfahrungen. Das Heim entsprach zwar in bezug auf physische Hygiene dem höchsten Standard, aber in bezug auf geistige Hygiene mangelte es an den elementaren Voraussetzungen:

»Bis zu neun Monaten wurden die Kinder einzeln in ihren Bettchen gehalten, um Infektionsepidemien zu verhindern. Kontakt mit Erwachsenen hatten sie nur während der kurzen Zeit, in der sie von den Pflegerinnen angezogen, gewickelt und gefüttert wurden.«

Später waren je 15 oder 20 einer Pflegerin zugeteilt, die weder Zeit noch Fähigkeit hatte, ihnen die erforderliche Liebe und Aufmerksamkeit zu schenken. So lebten sie also in »einer fast vollständigen sozialen Isolierung während des ersten Lebensjahres«, und auch in den nächsten Jahren waren ihre Erfahrungen kaum reicher. Goldfarb hat sichergestellt – und dabei keine Mühe gescheut –, daß die Pflegefamilien beider Gruppen von Kindern in allen feststellbaren Kriterien übereinstimmten; er weist außerdem nach, daß hinsichtlich Bildungsstand, Beruf und Intelligenz der Mütter die Heimkinder gegenüber der Kontrollgruppe leicht im Vorteil waren. Jeder Unterschied in der geistigen Entwicklung beider Gruppen muß deshalb mit Sicherheit als Folge der verschiedenen Kindheitserfahrungen gewertet werden.

Die Kinder beider Gruppen wurden nach den verschiedensten Testmethoden und Bewertungsskalen untersucht, und alle Unterschiede wurden noch einmal auf mögliche Zufallsergebnisse überprüft. Einige der zahlreichen und auffallenden Unterschiede sind in den Tabellen 6 und 7 angeführt.

Der zahlenmäßige Grad dieser Unterschiede und die Regelmäßigkeit ihres Auftretens sind wirklich bemerkenswert. Die schlechten Leistungen auf dem kognitiven Sektor sind besonders auffallend und werden durch andere Testergebnisse noch bestätigt. Sie hängen ganz offensichtlich mit dem niedrigeren Entwicklungs- und Intelligenzstand zusammen, der von den Autoren von Direktuntersuchungen berichtet wurde, und zeigen, daß zumindest in einigen Fällen die Entwicklungshemmung des Säuglings oder Kleinkinds auch später noch anhält. Goldfarbs Entdeckungen hinsichtlich der Unfähigkeit zur Begriffsbildung bei Heimkindern sind besonders wertvoll als Schlüssel zu einigen psychologischen Prozessen innerhalb der Persönlichkeitsstörungen. Wir kommen später noch darauf zurück. Weiter läßt sich bei Goldfarb die Fortdauer des sprachlichen Unvermögens ablesen, die ebenfalls von direkten Beobachtern bestätigt wurde. In dieser Beziehung werden die früheren Befunde von Lowrey[96] bestätigt.

Tabelle 6: Unterschiede zwischen Kindern, die ihre ersten drei Lebensjahre im Heim verbracht hatten, und einer Kontrollgruppe, die nicht im Heim war (nach Goldfarb)

Getestete oder bewertete Funktion	Test- oder Wertungsart	Resultat ausgedrückt in	Resultate	
			Heimkinder	Kontrollgruppe
Intelligenz	Wechsler	durchschnittl. IQ	72,4	95,4
Begriffsbildung	Weigel	Durchschnittswerte	2,4	6,8
	Wigotsky		0,5	4,7
Lesen	Standardtests	Durchschnittswert	5,1	6,8
Rechnen	Standardtests	Durchschnittswert	4,7	6,7
soziale Reife	Vinelandskala, ergänzt durch Fallbearbeiter	durchschnittl. Sozialquotient	79,0	98,8
Fähigkeit, Vorschriften einzuhalten; Schuldgefühl bei Übertretungen	Frustrationsversuche	Zahl der Probanden	3 2	12 11
Kontaktfähigkeit	Urteil des Fallbearbeiters	Zahl der Kinder, die normale Beziehungen haben können	2	15
Sprache		Zahl der Kinder mit Normalleistungen	3	14
Gesamtzahl der Kinder			15	15
P<0,01				

Tabelle 7: Häufigkeit von Problemen bei Kindern, die die ersten drei Lebensjahre im Heim lebten, und bei einer Kontrollgruppe, die nicht im Heim war (nach Goldfarb)

Problem	Festgestellt durch	Resultat, ausgedrückt in	Resultate	
			Heim-kinder	Kontroll-gruppe
Bei anderen Kindern unbeliebt	Fallbearbeiter	Zahl der Problemträger	6	1
Liebeshunger	Fallbearbeiter	Zahl der Problemträger	9	2
Ängstlich	Fallbearbeiter	Zahl der Problemträger	8	1
Ruhelos, überaktiv	Fallbearbeiter	Zahl der Problemträger	9	1
Konzentrations-unfähigkeit	Fallbearbeiter	Zahl der Problemträger	10	0
Schlechte Schulleistungen	Fallbearbeiter	Zahl der Problemträger	15	1
Gesamtzahl der Kinder			15	15

$P < 0{,}01$ außer im ersten Fall. Im ersten Fall: $0{,}02 < P < 0{,}05$.

Goldfarbs Befunde bei der Auswertung des Rohrschachtests für beide Gruppen bringen wir in Anhang 2. Zu den vielen statistisch signifikanten Unterschieden gehören auf seiten der Heimkinder deren Unfähigkeit zur Begriffsbildung, ihre Neigung zu Willkür und Schwafelei, mangelnde Kontrolle der Gefühlsäußerungen und vermindertes Verlangen nach sozialer Konformität. Loosli-Usteri[94] hat bei Rohrschachtests von Heimkindern in Genf einige sehr ähnliche Ergebnisse erhalten und bestätigt damit die allgemeine Schlußfolgerung, daß Heimkinder psychisch gestört sind. Einen Abriß ihrer Untersuchung geben wir ebenfalls in Anhang 2.

Die meisten Befunde Goldfarbs hinsichtlich der Charakterstörungen stimmen mit denen von Bender und Bowlby überein. Es bestehen jedoch gewisse Differenzen, die nicht immer leicht zu erklären sind (besonders weil Falldarstellungen fehlen, ein Versäumnis, das Goldfarb hoffentlich bald nachholen wird). Der Gegensatz zwischen Goldfarbs Befund, daß Heimkinder »nach Liebe hungern«, und Bowlbys Beobachtung, daß sie »gefühlskalt« sind, ist wohl mehr ein scheinbarer als ein realer. Viele gefühlskalte Menschen sehnen sich danach, geliebt zu werden, und sind doch nicht fähig, Liebe zu empfangen und zu erwidern. Das Unvermögen aller Goldfarb-Probanden (mit Ausnahme von zweien) zu mitmenschlichen Beziehungen bestätigt alle anderen Arbeiten. Überraschend ist jedoch, daß nur einer der Goldfarb-Probanden aus dem Heim ein Dieb war und daß keiner die Schule schwänzte: überraschend angesichts der Befunde von Bowlby. Der Gegensatz geht wahrscheinlich auf Unterschiede in der Sache zurück und verlangt eine Erklärung. Wir werden uns damit im nächsten Kapitel beschäftigen.

Der Tenor von Goldfarbs Zusammenfassung seiner Befunde wird dem Leser nun schon vertraut sein:

»Kurz gesagt – die Heimkinder zeigen aggressives, zerstreutes, unkontrolliertes Verhalten. Normale Formen von Angst und Eigenhemmung werden nicht entwickelt. Identifizierungen mit anderen Menschen sind begrenzt, Beziehungen sind schwach und werden leicht aufgegeben . . .«[68]

»Abschließend sollte man auf die Tatsache hinweisen, daß durch frühe Deprivation verursachte Persönlichkeitsstörungen nicht durch spätere Gemeinschafts- oder Familienerlebnisse überwunden werden. Die wesentlichen Eigenheiten bestehen bis in die Adoleszenz hinein fort. Vor allen Dingen besteht eine zunehmende Unfähigkeit, sich zu ändern.«[62]

Ein Nachteil in Goldfarbs Ausführungen sollte jedoch nicht unerwähnt bleiben: nämlich die unausgesprochene Annahme, daß alle Heime und deren Produkte gleich sind. Wir werden später noch darauf zurückkommen. Auf jeden Fall ist der Wert von Goldfarbs Arbeiten wegen ihrer sorgfältigen Planung und Ausführung nicht hoch genug zu veranschlagen. Seine Befunde können nicht angezweifelt werden, solange nicht eine ähnlich sorgfältige Studie zu anderen Ergebnissen führt.

Es gibt aber mehrere Entwicklungsstudien, die – wenn sie auch bei weitem nicht so gründlich gemacht sind – Goldfarbs Arbeiten bis zu einem gewissen Grad bestätigen. Lowrey[96] beschreibt in seiner bereits zitierten Untersuchung eine Stichprobe von Kindern, zu der u. a. 22 willkürlich gewählte Fälle gehörten, die mit nur einer Ausnahme vor Vollendung des ersten Lebensjahres ins Heim kamen und dort bis zum Alter von drei oder vier Jahren blieben, um dann an andere Fürsorgeeinrichtungen überstellt zu werden. Lowrey hat sie untersucht, als sie fünf Jahre und älter waren. Alle hatten schwere Persönlichkeitsstörungen, deren Kern in der Unfähigkeit, Liebe zu geben und zu empfangen, bestand. Bei mehr als der Hälfte der Probanden traten als Symptome Aggressionsneigung, Negativismus, Selbstsucht, übermäßiges Weinen, schlechtes Essen, Sprachstörungen und Bettnässen auf. Fast ebenso häufig waren andere Schwierigkeiten, wie Hyperaktivität, Furcht und Unsauberkeit.

Während sowohl Goldfarb wie Lowrey von Fällen berichten, in denen 100 Prozent der frühzeitig in Heimen untergebrachten Kinder sich fehlentwickelt haben, zeigen die Studien von Theis[139] und von Beres & Obers[16], daß viele dieser Kinder einen erträglichen Grad sozialer Anpassung erlangen, wenn sie erwachsen werden. Wenn diese Befunde auch den Erwartungen des Alltagsverstands entsprechen, so wäre es doch falsch, sich allzusehr auf sie zu verlassen, denn man weiß ja, daß viele neurotisch gestörte Menschen nach außen hin für lange Zeit durchaus angepaßt wirken können. Außerdem weisen beide Untersuchungen einen hohen Anteil von wahrnehmbaren Störungen nach, der von den Verfassern als Bestätigung dafür betrachtet wird, daß die Heimsituation sich pathogen auf Kleinkinder auswirkt.

Schon 1924 hat Theis[139] eine umfassende Untersuchung der sozialen Anpassung von 910 Erwachsenen unternommen, die als Kinder in Pflegestellen untergebracht worden waren. Die Arbeit ist erstklassig in ihrer klinischen und statistischen Sorgfalt und kann als reine Sozialstudie kaum in den Verdacht der psychiatrischen Voreingenommenheit geraten. Besonders interessant ist der Vergleich zwischen 95 Kindern, die fünf und mehr Jahre ihrer Kindheit in Heimen verbrachten, und 84 Kindern, die in der gleichen Zeit zu Hause lebten (80 Prozent in schlechten Verhältnissen). Die Kinder beider Gruppen sind später nicht nur im gleichen Alter in etwa gleichwertigen Pflegestellen untergebracht worden, auch die Erbanlagen waren – soweit feststellbar – bei beiden Gruppen etwa gleich. Die in Tabelle 8 angeführten Befunde zeigen, daß die Heimkinder sich erheblich weniger gut anpaßten als die Kinder, die in den ersten fünf Lebensjahren bei ihrer Familie waren. Da die Erbanlagen bei beiden Gruppen etwa gleich waren, kann der Unterschied aus ihnen nicht erklärt werden. Theis hat denn auch für die gesamte Stichprobe das Datenmaterial über die Erbfaktoren genau untersucht und weist anhand einer Tabelle nach, daß die Prozentsätze erfolgreicher Sozialanpassung sich bei den Nachkommen guter und bei den Nachkommen psychopathischer Eltern nicht wesentlich unterscheiden (s. Tabelle 17). Hier ist noch zu betonen, daß nicht weniger als ein Drittel aller Heimkinder zu »Asozialen« wurden, von denen wiederum fast die Hälfte in Schwierigkeiten mit ihrer Umwelt gerieten oder straffällig wurden.

Tabelle 8: Vergleich der sozialen Anpassung von Kindern, die fünf oder mehr Jahre in einem Heim waren, und von einer Kontrollgruppe ohne Heimfürsorge (nach Theis)

| | Frühe Kindheit | |
	im Heim	nicht im Heim
	%	%
Sozial angepaßt	65,5	82
Sozial nicht angepaßt		
Harmlos	19	11
Gefährlich	15,5	7
Vor Gericht oder in einer Besserungsanstalt		
	100	100
Zahl der Kinder	95	84

001 < P < 0,02

Man wird in Tabelle 8 bemerken, daß zwei Drittel trotz früher Heimerfahrung »sozial angepaßt« erscheinen. Das scheint befriedigend; da aber keine psychiatrischen Untersuchungen vorgenommen wurden, wurden neurotische und psychosomatische Störungen, die nicht zu sozialer Fehlanpassung führten, nicht erfaßt. Man darf jedoch sicher sein, daß der Prozentsatz psychischer Störungen weit über den 34,5 Prozent der wahrnehmbar gestörten Sozialanpassung lag.

Beres & Obers[16] haben kürzlich über eine Gruppe von 38 Probanden im Alter von 16 bis 28 Jahren (Durchschnittsalter 20) berichtet, die ihre ersten drei oder vier Lebensjahre in Heimen verbracht hatten. Diese Studie ist interessant, weil sie sich mit der höchsten Altersgruppe dieser Art befaßt, die psychiatrisch beobachtet worden ist. Sie hat aber den großen Nachteil, daß die Auswahl hier nicht zufällig ist: Alle Fälle waren therapiebedürftig und daher von psychopathologischer Seite her gewiß schwerer belastet als eine wirklich repräsentative Gruppe. Vier von den 38 waren schizophren, 22 litten unter schweren Charakterstörungen; von diesen 22 waren sieben gefühlskalte Psychopathen. Von weiteren sieben wird berichtet, daß sie sich weitgehend anpassen konnten, obgleich dies nach den vorliegenden Informationen für einige Fälle zweifelhaft zu sein scheint. Unter Beweis gestellt – z. B. durch gelungene Ehe oder Elternschaft – wurde die Anpassungsfähigkeit nicht. Dagegen zeigt die Studie deutlich, daß verschieden geartete Kinder auch verschiedenartige Erfahrungen in Heimen machen und auf verschiedene Weise darauf reagieren. Die Verfasser unterstreichen, daß sich nicht alle Kinder, die ihre ersten Jahre im Heim verbringen mußten, zu gefühlskalten Psychopathen entwickeln und daß man den anderen später durchaus helfen kann. Sie beweisen jedoch auch mit der gleichen Deutlichkeit, daß Heimunterbringung in den ersten Jahren meist sehr schädliche Auswirkungen auf das Persönlichkeitswachstum hat.

Bisher weisen alle Befunde in eine einzige Richtung. Nun ist es an der Zeit, daß wir uns den drei Studien zuwenden, die Ergebnisse berichten, die alle anderen Befunde in Frage stellen. Ich möchte jedoch sagen, daß keine dieser Untersuchungen in der Qualität einen Vergleich mit den Arbeiten von Theis oder Goldfarb aushält.

Orgels Aufsatz[111] ist eigentlich nur ein kurzer Kommentar

Tabelle 9: Verteilung der Werte sozialer Reife (nach Bodman)

	Zahl der Kinder	Durchschnittswert
a) Stichprobe, unterteilt nach Erfahrung		
Heimerfahrung	51	92,9
Familienerfahrung	52	106,5
b) Stichprobe, unterteilt nach Erbanlagen		
Negative Erbanlagen	28	91,6
Keine negativen Erbanlagen	63	105,0

zu dem Aufsatz von Lowrey. Es heißt darin, daß der Verfasser etwa 16 Kinder gesehen habe, die aus demselben Heim kamen und die gleichen Erfahrungen hatten wie Lowreys Stichprobe und daß nur zwei von ihnen negative Persönlichkeitsmerkmale zeigten. Einzelheiten werden nicht gebracht, und eine systematische klinische Untersuchung scheint nicht stattgefunden zu haben.

Brown[33] vergleicht eine Gruppe von hundert neun- bis vierzehnjährigen Jungen aus einem Heim mit hundert anderen Jungen gleichen Alters, die aber in schlechten Verhältnissen aufwuchsen, wo Familienzerrüttung und Streitigkeiten innerhalb der Familie vorherrschten. Durch Auswertung persönlicher Fragebogen weist er nach, daß beide Gruppen ähnlich neurotisch sind. Aber nicht nur sind persönliche Fragebogen ein sehr unzureichendes Kriterium, sondern es wird auch nicht einmal gesagt, in welchem Alter die Kinder ins Heim gekommen sind.

Die letzte der drei genannten Studien wurde von Bodman & Mitarb.[23,24] in England veröffentlicht. Er vergleicht darin die »soziale Reife« von zwei Gruppen Fünfzehnjähriger: 51 hatten in den letzten drei oder mehr Jahren in einem Heim gelebt, vergleichbare 52 bei ihrer Familie. Unter Verwendung der Vineland-Skala beweist er, daß die Heimkinder zwar geringere Werte erreichen als die Familienkinder, daß sich aber der gleiche Unterschied ergibt, wenn man die Probanden nach ihren Erbanlagen gruppiert (s. Tabelle 9). Einem statistischen Bedeutungstest scheint er seine Daten nicht unterzogen zu haben.

Aufgrund dieser Zahlen folgert Bodman[23], daß

»derartige Befunde ganz gewiß die Stellung jener erschüttern werden, welche die These verfechten, jedes soziale oder persönliche Zurückgebliebensein sei ausschließlich oder hauptsächlich auf Umwelteinflüsse zurückzuführen«; und daß »daraus hervorgeht, daß konstitutionelle Faktoren für die soziale Reife zumindest ebenso wichtig sind wie Umwelteinflüsse«.

Diese Schlußfolgerungen sind anfechtbar und finden in den vorgelegten Befunden keine Stütze. Seltsamerweise nämlich hat Bodman bei Messung des Einflusses der einen von seinen zwei Variablen nicht sichergestellt, daß jeweils die andere Variable konstant blieb; ohne diese Voraussetzung aber lassen seine Meßergebnisse überhaupt keine gesicherten Schlüsse zu. Abgesehen davon und von der Tatsache, daß die Vineland-Skala keine durchaus befriedigenden Meßergebnisse liefert, lassen auch seine Stichproben sehr zu wünschen übrig, da einige seiner Heimkinder erst sehr spät ins Heim gekommen sind, wobei das durchschnittliche Einweisungsalter bei vier Jahren liegt, und da – was noch wichtiger ist – nicht weniger als 22 Familienkinder aus seiner Kontrollgruppe im Krieg evakuiert und im Durchschnitt ein Jahr und neun Monate lang von ihren Familien getrennt waren. Eine Arbeit mit so vielen Mängeln kann wohl kaum die fast einhelligen Befunde der zitierten Wissenschaftler in Frage stellen.

Es gibt noch andere Daten, die manchmal herangezogen werden, um die früher zitierten Befunde in Frage zu stellen. Sie stammen aus den jüdischen Genossenschaftssiedlungen in Israel, die man unter dem Namen Kibbuz (Plural: Kibbuzim) kennt. In diesen Siedlungen werden – vor allem aus ideologischen Gründen – die Kinder von einer ausgebildeten Kinderschwester in einem Kinderhaus erzogen. Säuglinge werden in Gruppen von fünf oder sechs betreut, im Alter von drei Jahren werden die Gruppen größer (12–18 Kinder). Die Gemeinschaftserziehung ist hier viel stärker als die Familienfürsorge. Und man wird sich also fragen, ob das nicht ein deutlicher Beweis dafür ist, daß Kinder in einer Gemeinschaft betreut werden können, ohne Schädigungen davonzutragen. Ehe man die Frage bejaht, sollte man sich die näheren Umstände ansehen. Das Folgende beruht teils auf den Schilderungen des psychiatrisch geschulten amerikanischen Sozialarbeiters Alt, der kürzlich Israel besucht hat;

zum anderen Teil auf einer persönlichen Mitteilung aus dem Lasker-Institut für geistige Gesundheit und Erziehungsberatung in Jerusalem. Beide beziehen sich auf das Leben in bestimmten nichtreligiösen Kibbuzim. Alt[4] schreibt:

»Trennung ist ein relativer Begriff, und die Trennung, die im Kibbuz praktiziert wird, sollte nicht mit jener verglichen werden, bei der Kinder in Pflegestellen oder Heimen entfernt von ihren Eltern aufwachsen . . . Im Kibbuz gibt es viele Möglichkeiten, eine enge Beziehung zwischen Kind und Eltern zu pflegen.«

Nicht nur wird das Kind in den ersten Monaten von der Mutter versorgt und gestillt bzw. gefüttert, sondern (nach der Darstellung des Lasker-Instituts)

»wenn das Kind abgestillt worden ist und diese natürliche Mutter-Kind-Beziehung somit aufhört, setzt eine andere Familienbindung ein. Der tägliche Besuch des Kindes im Raum der Eltern wird nun Grundlage seiner Familienbeziehung und wird deshalb sorgfältig eingehalten. Während dieser wenigen Stunden sind die Eltern – zumindest aber ein Elternteil – mehr oder weniger ganz für das Kind oder die Kinder da; sie spielen mit ihnen, sprechen mit ihnen, tragen das Baby herum, üben mit Krabbelkindern die ersten Laufschritte, usw.«

Die Zeit, die die Eltern mit den Kindern verbringen, mag »zwei bis drei Stunden am Werktag und sehr viel mehr am Sabbat betragen« (Alt[4]).

Man kann hier also nicht von einem vollständigen Abbruch der Eltern-Kind-Beziehung sprechen. Wenn auch die Zeit, die Eltern mit ihren kleinen Kindern verbringen, weitaus geringer ist als in den meisten westlichen Gemeinschaften, so kann man den Berichten doch deutlich entnehmen, daß die Eltern für die Kinder eine wichtige Rolle spielen, und umgekehrt die Kinder für die Eltern. Ferner ist es interessant, daß der neue Trend in Israel dahin geht, daß die Eltern mehr Verantwortung übernehmen sollen. Früher mußten die Eltern die Kinder im Kinderhaus besuchen. Jetzt kommen die Kinder zu den Eltern, und die Eltern bereiten ihnen sogar kleine Mahlzeiten. Feste werden sowohl bei den Eltern wie im Kinderhaus gefeiert. Die Mütter beharren auf ihrer Rolle und verlangen, mehr von ihren Kindern zu haben.

Und schließlich steht noch keineswegs fest, ob Kinder nicht auch unter diesen Umständen leiden. Beide Beobachter berichten zwar von guter und kooperativer Entwicklung in der Adoleszenz, aber im Lasker-Institut glaubt man Anzeichen dafür zu erkennen, daß »bei den Kibbuzkindern irgendwie größere Unsicherheit besteht als bei anderen, zumindest in der Latenzzeit«. Andererseits betont man dort, daß die strenge Disziplin und das enge Gruppenleben im Kibbuz für das ältere Kind und den Jugendlichen von größtem Wert sind und daß damit die mögliche Unsicherheit der früheren Phase wieder wettgemacht wird.

Aus dieser kurzen Darstellung wird offensichtlich, daß hier keine Beweise vorliegen, die unsere These schwächen könnten. Es ist nur zu hoffen, daß die ungewöhnlich reichhaltigen Möglichkeiten, die Entwicklung des Kindes zu beobachten, auch hier genutzt werden.

Beobachtung an Kriegswaisen und Flüchtlingen

Im Zweiten Weltkrieg erhielten wir in tragischem Ausmaß den Beweis für Schädigungen an Kindern aller Altersstufen, die durch Trennung von der Familie verursacht wurden, denn Tausende von Flüchtlingen aus den besetzten Ländern Europas mußten in der Schweiz und an anderen Orten versorgt werden. Bei dem Ausmaß dieses Problems blieb kaum Zeit für systematische Forschungsarbeiten; darüber hinaus hatten die Kinder höchst verschiedenartige und oftmals grauenerregende Erlebnisse hinter sich, so daß es fast unmöglich gewesen wäre, die Nachwirkung der Trennung von den Folgen anderer Erfahrungen zu unterscheiden. Brosse[31,32] hat die Befunde von Medizinern, Erziehern und Fürsorgern zusammengestellt und weist darauf hin, daß »diese Berichte sich zwar generell mit den durch Kriegsereignisse verursachten Charakterstörungen befassen, daß sie aber auch zeigen, welche fundamentale Rolle das Zerreißen der Familienbande als auslösender Faktor dabei spielte«[31]. An der gleichen Stelle berichtet Meierhofer über Erfahrungen mit Flüchtlingskindern im Pestalozzidorf Trogen in der Schweiz:

»Es besteht kein Zweifel mehr daran, daß ein längerer Mangel an individueller Aufmerksamkeit und persönlichen Beziehungen zu seelischer Verkümmerung führt; er hemmt oder unterbricht die Entwicklung des Gefühlslebens, und das wiederum führt zu einer Störung der normalen geistigen Entwicklung. Wir haben beobachtet, daß akute psychische Traumata, so schwer sie auch waren, keine derart schweren Schädigungen hervorrufen wie chronischer Liebesmangel und anhaltende innere Einsamkeit.«

1944 verfaßte Loosli-Usteri[95] eine kleine vergleichende Studie über 97 jüdische Flüchtlingskinder in Schweizer Heimen und 173 Schweizer Kinder im ungefähr gleichen Alter (11–17). Alle Kinder mußten einen Aufsatz über das Thema »Was ich denke, was ich wünsche, und was ich hoffe« schreiben. Aus der Auswertung dieser Aufsätze schloß sie, daß für die Flüchtlingskinder »die Trennung von den Eltern die traurigste Erfahrung war«. Von den Schweizer Kindern erwähnten nur wenige ihre Eltern, weil diese ganz offensichtlich als natürlicher und unverlierbarer Bestandteil ihres Lebens angesehen wurden. Auffallend waren außerdem starke Vergangenheitsbezogenheit bei den Flüchtlingen sowie überstiegene, grandiose Zukunftsvorstellungen. Die Kontrollgruppe lebte glücklich in der Gegenwart, die für die Flüchtlinge entweder ein Vakuum oder bestenfalls eine wenig befriedigende Übergangszeit war. Aller Dinge, die dem Leben einen Sinn geben – wie Freunde und Familie –, beraubt, waren sie ganz erfüllt von einem Gefühl der großen Leere.

Auch Szondi hat Flüchtlingskinder in der Schweiz und andere in einem Konzentrationslager untersucht. Er schildert (persönliche Mitteilung) ein »Entwurzelungs-Syndrom«, zu dem eine Verdrängung des Bindungsbedürfnisses gehört und daß sich in Symptomen wie Bettnässen und Stehlen äußert sowie in der Unfähigkeit, Beziehungen herzustellen, in dem daraus folgenden Verlust der Fähigkeit, Ideale zu bilden, und in steigender Aggression. Er beobachtete auch die Neigung zu überaktiver, hypermanischer Haltung. Frustrationsintoleranz, Aggression und hypermanisches Verhalten werden auch von anderen berichtet, die Erfahrungen mit solchen Kindern sammelten.

Nach dem Krieg haben Tibout, de Leeuw und Frijling in den Niederlanden rund tausend Kinder untersucht, deren Eltern 1942 und 1943 deportiert worden waren und die oft schon in frühester Kindheit zu Pflegefamilien kamen. Sie berichten (persönliche Mitteilung), daß häufiger Wechsel der Pflegestellen fast immer schädliche Auswirkungen hatte und dazu führte, daß das Kind sich in sich verkroch und apathisch wurde. Manchmal trat das zusammen mit einer oberflächlichen Geselligkeit auf und hatte später Promiskuität im Gefolge. Einige kleinere Kinder verkrafteten einen einmaligen Wechsel, andere vertrugen nicht einmal das und entwickelten Symptome wie Angst, Depression, übertriebene Anhänglichkeit und Bettnässen. Viele Kinder waren immer noch emotional gestört, als sie nach dem Krieg untersucht wurden, und brauchten entsprechende Therapie. Es fiel auf, daß Kinder mit guten Familienbeziehungen vor der Trennung auch später wieder eine Anpassung erreichten, aber für die aus schlechten Familienverhältnissen bestand eine wenig aussichtsreiche Prognose.

Abschließend wollen wir noch auf eine umfangreiche psychologische und statistische Untersuchung eingehen, die nach dem Bürgerkrieg in Spanien durchgeführt worden ist; da sie dem Verfasser erst spät zur Kenntnis gelangte und in einer ihm fremden Sprache abgefaßt ist, war es unmöglich, ihr ganz gerecht zu werden. Piquer y Jover[114] und seine Mitarbeiter berichten über 14 000 verwahrloste und kriminelle Kinder aus der Umgebung von Barcelona. Wieder einmal erhalten wir die Bestätigung der schädlichen Rolle, die zerrüttete Familienverhältnisse bei der Enwicklung der Persönlichkeit spielen, und der vitalen Bedeutung des gesunden Familienlebens für eine befriedigende soziale und moralische Entwicklung. Besonders interessant ist hier die Bestätigung der Goldfarbschen Befunde hinsichtlich der geminderten kognitiven Entwicklung. Die IQs der verwahrlosten und kriminellen Kinder liegen 20–40 Punkte unter denen einer Kontrollgruppe. Piquer y Jover ist der Meinung, daß diese erhebliche Verringerung eher die Folge von Umwelteinflüssen als von Erbanlagen ist, und äußert den Verdacht, daß an den geringen Leistungen bei Tests wie dem Stanford-Binet die mangelnde Erziehung Schuld haben könnte. Weiter wird festgestellt, daß die Fähigkeit zu Begriffsbildung und zu abstraktem Denken beeinträchtigt ist. Nach Auffassung des Untersuchenden deutet der Befund darauf hin, daß »zwischen der Entwicklung des abstrakten Denkvermögens und dem sozialen und Familienleben des Kindes ein starker Zusammenhang besteht«. Er betont besonders folgende Merkmale des verwahrlosten und kriminellen Kindes:

»Schwache und schwer zu erreichende Aufmerksamkeit aufgrund seiner ausgeprägten Labilität;

Äußerst geringer Sinn für objektive Realität, überschäumende Phantasie und absoluter Mangel an Kritikfähigkeit;

Unfähigkeit, zu abstrahieren und logisch zu denken . . .
Bemerkenswerter Rückstand in der Sprachentwicklung . . .«
(Zitiert nach einer englischen Kurzfassung des Autors.)

Die Ähnlichkeit dieser Ergebnisse von Beobachtungen an Kriegswaisen und Flüchtlingen mit denen, die aus Beobachtungen an anderen deprivierten Kindern hervorgingen, wird den Leser gewiß beeindrucken.

VIERTES KAPITEL

Zwischenbilanz

Die Ausführlichkeit, mit der wir das Beweismaterial für unsere These erörterten, hat ihren Grund darin, daß vieles davon noch zu wenig bekannt ist und daher die Diskussion um die Frage, ob Deprivation psychische Störungen verursacht, immer noch so geführt wird, als stehe die Antwort noch aus. Wir unterstellen, daß die Beweise nunmehr ausreichen, um jeden Zweifel daran auszuschalten, daß eine längere Deprivation von mütterlicher Zuwendung in früher Kindheit ernste und weitreichende Folgen für die Charakterentwicklung und damit für das ganze Leben eines Menschen haben kann. Ihrer Form nach ähnelt diese Feststellung genau jenen anderen über die schädlichen Folgen von Röteln während der Schwangerschaft oder von Vitamin-D-Mangel für den Säugling, aber trotzdem besteht ein eigenartiger Widerstand, sie anzuerkennen. In allen Ländern gibt es tatsächlich immer noch Psychiater, die diese These bestreiten. Man sollte jedoch erwähnen, daß nur die wenigsten von ihnen eine kinderpsychiatrische Ausbildung genossen haben oder Erfahrungen bei der Erziehungsberatung sammeln konnten. Ihre klinische Tätigkeit beschränkt sich meist auf den Umgang mit Patienten eines Alters, in dem es schwer, wenn nicht unmöglich ist, die Ereignisse der ersten Lebensjahre deutlich zu rekonstruieren. Zudem schildern Patienten ihre frühe Kindheit oft so verbittert und verzerrt, daß viele Psychiater und sogar Psychoanalytiker diese Berichte als reine Phantasien betrachten und die wirklichen Schädigungen durch unglückliche Kindheitserfahrungen gar nicht mehr zu eruieren versuchen. Natürlich gibt es immer noch zu wenig systematische Untersuchungen und statistische Vergleiche mit geeigneten Kontrollgruppen. Relativ wenig einschlägige Studien bringen – für sich genommen – mehr als Hinweise und Andeutungen. Nimmt man aber alle Befunde zusammen, zeigt sich eine bemerkenswerte Übereinstimmung, die – vereint mit den wohlbegründeten Urteilen erfahrener Erziehungsberater aus vielen Ländern – keinen Zweifel an der grundsätzlichen Richtigkeit unserer Auffassung mehr zuläßt.

Vielleicht läßt sich die nur widerstrebende Anerkennung damit erklären, daß die volle Anerkennung weitreichende Veränderungen in unseren Auffassungen von der menschlichen Natur und in den Methoden der Kleinkinderfürsorge nach sich ziehen müßte.

Wie dem auch sei: Die Grundthese mag zwar als bewiesen gelten – aber die Kenntnisse der Einzelheiten sind noch sehr gering. Es ist etwa so, als habe man festgestellt, daß ein Mangel an Vitamin D zu Rachitis führt und daß das irgendwie mit Kalzium zu tun hat, habe aber noch keine quantitativen Maßstäbe und befinde sich in völliger Unkenntnis der vielen voneinander abhängigen Nebenfaktoren. Wir wissen, daß Deprivation böse Folgen haben kann, aber welches Ausmaß an Deprivation Kinder verschiedenen Alters ertragen können, muß noch ermittelt werden. Wir wollen nun die vorliegenden Befunde zusammenfassen und alle erlaubten Schlüsse daraus ziehen.

Im überreichen Maße vorhanden sind in erster Linie Beweise dafür, daß Deprivation schädliche Auswirkungen auf die Entwicklung des Kindes a) während der Trennungszeit, b) während der Zeit unmittelbar nach dem Wiedereinsetzen mütterlicher Fürsorge und c) ständig haben kann. Die Tatsache, daß einige Kinder verschont bleiben, fällt demgegenüber nicht ins Gewicht. Denn ähnlich verhält es sich ja auch mit dem Genuß von Milch tuberkulöser Kühe oder mit der Ansteckung durch den Kinderlähmungsvirus. In beiden Fällen wird eine so große Zahl von Kindern ernsthaft geschädigt, daß niemand im Traum daran denken würde, ein Kind wissentlich solcher Gefährdung auszusetzen. Deprivation von mütterlicher Zuwendung in früher Kindheit fällt in die gleiche Gefahrenkategorie.

Die meisten Nachweise für anhaltende Schädigungen beziehen sich auf schwere Störungen nach strenger Deprivation; es ist daher das einfachste, wenn man sich von diesen nachgewiesenen Zusammenhängen aus zu den weniger bekannten vorarbeitet. Die Befunde deuten darauf hin, daß drei unterschiedliche Erfahrungen den gefühlskalten und psychopathischen Typ hervorbringen können:

a) Mangel an *jeglicher* Möglichkeit, in den ersten drei Lebensjahren eine Bindung an eine Mutterfigur zu entwickeln (Powdermaker, Bender, Lowrey, Goldfarb);

b) zeitlich begrenzte Deprivation – wenigstens drei und wahrscheinlich mehr als sechs Monate – während der ersten drei oder vier Lebensjahre (Bowlby, Spitz & Wolf);

c) Wechsel der Mutterfigur in der gleichen Zeitperiode (Levy u. a.).

Obgleich es so aussieht, als seien die wesentlichen Auswirkungen dieser Erfahrungen alle gleich, ist es aus theoretischen und empirischen Gründen wahrscheinlich, daß sich bei näherer Betrachtung Unterschiede ergeben werden. Es könnte z. B. durchaus sein, daß die Diskrepanz bezüglich der Neigung zum Stehlen bei den von Bowlby[26,27] und von Goldfarb[62] untersuchten Kindern so zu erklären wäre. Alle von Goldfarb beobachteten Fälle waren kurz nach der Geburt ins Heim gekommen und dort bis zum Alter von drei Jahren geblieben. Keines der von Bowlby beobachteten Kinder war unter diesen Bedingungen aufgewachsen: Sie hatten alle nur eine begrenzte Zeit unter Deprivation gelitten oder mußten häufig wechseln. Es wäre durchaus möglich, daß ihr Stehlen nur der Versuch war, sich Zuwendung und Befriedigung zu sichern und auf diese Weise eine Liebesbeziehung wiederherzustellen, die sie verloren hatten, während Goldfarbs Probanden, die niemals entsprechende Erfahrungen gemacht hatten, auch nichts wiederherstellen konnten. Es würde sich gewiß erweisen, daß ein Kind um so isolierter und asozialer ist, je vollständiger die Deprivation in den ersten Jahren war, wohingegen es um so ambivalenter und antisozialer wird, je öfter die Deprivation durch zeitweilige Befriedigung unterbrochen wird. Lowrey[96] mag mit der Annahme durchaus recht haben, daß »Kinder über zwei Jahren, die für kurze Zeit im Heim waren, nicht den isolierten Persönlichkeitstyp oder die gleichen Verhaltensmuster entwickeln«. Versuche, die in der Tavistock Clinic gerade im Gang sind, scheinen das zu bestätigen. Doch Carey-Trefzer[43] und Bowlby haben eine große Anzahl von Fällen beschrieben, bei denen die Entwicklung eines hochgradig antisozialen Charakters – mit echter Bindungsunfähigkeit, aber nicht ganz isoliert – Folge des häufigen Wechsels der Mutterfigur im vierten Lebensjahr zu sein schien; sie haben damit nachgewiesen, daß auch noch in diesem Alter äußerst schwerwiegende Schäden eintreten können. Natürlich wird die Auswirkung auf die Persönlichkeitsentwicklung in jedem Alter immer von der genauen Beschaffenheit der Erlebnisse des Kindes abhängen – und gerade über diese fehlt nur zu häufig in den Protokollen die Information. Eine der größten Schwächen der bis heute vorgelegten Berichte besteht tatsächlich in ihrem Mangel an Einzelheiten und Genauigkeit in dieser Beziehung. Wir haben schon darauf hingewiesen, daß Goldfarb stillschweigend voraussetzt, alle Säuglinge und Krabbelkinder bis zum Laufalter hätten die gleichen Erfahrungen. Nicht nur ist es selbstverständlich, daß dies nicht zutrifft, sondern je näher man diesbezügliche Angaben überprüft, um so mehr wächst die Überzeugung, daß die Auswirkungen in hohem Maß von der genauen Beschaffenheit der psychologischen Erlebnisse abhängen. Sollen weitere Forschungsarbeiten fruchtbar sein, muß man nicht nur genau auf Zeitpunkt und Dauer der Deprivation achten, sondern ebensosehr auf die Beschaffenheit der Mutter-Kind-Beziehung vor der Deprivation, auf die Erfahrungen mit Mutter-Substituten während der Trennungszeit und auf den Empfang, der dem Kind von Mutter oder Pflegemutter bereitet wird, wenn es zur Familie zurückkehrt.

Alle, die sich mit dem Thema beschäftigen, sind sich über die vitale Bedeutung des ersten Lebensjahres bei Deprivationsschäden durchaus einig. Zur Zeit wird jedoch noch die Frage diskutiert, in welchem Alter Deprivation die schwersten Folgen hat. Bowlby hatte nach Überprüfung seiner Fälle festgestellt, daß alle als pathogen erkannten Trennungen nach dem Alter von sechs Monaten und in der Mehrzahl nach Vollendung des ersten Lebensjahrs eingesetzt hatten, und neigte deshalb zu der Annahme, daß Trennung und Deprivation während der ersten sechs Monate das Wohl des Kindes weniger beeinträchtigen als in späterer Zeit. Das war auch die Ansicht von Anna Freud[39]. Spitz & Wolf (persönliche Mitteilung) stellen das jedoch ausdrücklich in Frage, und implizit bestätigt Klein[86] diese Zweifel mit Datenmaterial ganz anderer Art, das sie retrospektiv aus der psychoanalytischen Behandlung von Kindern und Erwachsenen gewonnen hat. Auch Goldfarb hat dem ersten Halbjahr besondere Bedeutung beigemessen, obgleich seine Daten (wie in Anhang 3 gezeigt wird) die Schlüsse, die er daraus zieht, nicht völlig rechtfertigen. Diese Untersuchung von Goldfarb[65], in der er die soziale Anpassung Jugendlicher in Abhängigkeit von ihrem Alter bei der Heimunterbringung überprüft, enthält aber doch deutliche Hinweise auf die besondere Anfälligkeit des Kindes im ersten Lebensjahr. Benders[13,14] Untersuchungen von Kindern, deren Deprivation auf das erste Jahr beschränkt war und die trotzdem die klassische Retardation und Fehlentwicklung der Persönlichkeit zeigen, liefern zwar weitere Beweise für die besondere Bedeutung, die dem ersten Lebensjahr insgesamt zukommt, tragen aber nichts dazu bei, die Frage nach der Deprivationsanfälligkeit speziell im ersten Halbjahr zu klären.

So wollen wir hier nur festhalten, daß *alle* Beobachter der Deprivation in der zweiten Hälfte des ersten Lebensjahres große Bedeutung beimessen und daß *viele* auch glauben, daß Deprivation im ersten Halbjahr, besonders vom dritten bis zum sechsten Monat, ähnliche Folgen hat. Die allgemeine Ansicht ist, daß durch Deprivation in dieser Zeit beträchtliche Schädigungen der geistigen Gesundheit eintreten. Durch die bereits zitierten direkten Beobachtungen an unmittelbar geschädigten Kindern dieses Alters wird diese Auffassung zweifellos bestätigt.

Noch eine weitere Frage ist zu klären; sie betrifft die Zeitspanne, innerhalb derer mütterliche Zuwendung zumindest einige Folgen von Deprivation während der ersten Lebensmonate wieder beheben kann. Ein gewisser Erfolg bei Kindern, die im Alter von 6–9 Monaten adoptiert wurden, nachdem sie das erste Halbjahr unter deprivierenden Umständen verbracht hatten, beweist, daß zumindest bei vielen Kindern die Folgen früher Deprivation wieder beseitigt werden, wenn sie rechtzeitig ausreichende mütterliche Fürsorge erhalten. Aus Goldfarbs Untersuchungen geht jedoch hervor, daß alle Mutterliebe zwecklos bleibt, wenn sie erst einsetzt, nachdem das Kind etwa zweieinhalb Jahre alt ist. Die tatsächliche Altershöchstgrenze dürfte allerdings bei den meisten Kindern noch unter zwölf Monaten liegen. Eine möglicherweise vorhandene Sicherheitsspanne sollte aber kein Grund zur Untätigkeit sein: Die Annahme, es sei möglich, einige der in den ersten Monaten entstandenen Deprivationsschäden wieder zu beheben, ist keine Rechtfertigung dafür, daß man diese Schäden überhaupt zuläßt.

Soviel über voll ausgebildete Psychopathien und die Erlebnisse durch die sie hervorgebracht werden. Daß hier ein Kausalzusammenhang vorliegt, ist inzwischen von Kinderpsychiatern weitgehend erkannt. Aber schon seit Levys erster Untersuchung haben mit dem Problem sich befassende Psychiater immer wieder darauf hingewiesen, daß es auch weniger ausgeprägte Störungen gibt. Sie sind durch leichtere Deprivation entstanden, kommen dafür aber um so häufiger vor. Zu ihnen zählen nicht nur die zahlreichen partiellen und verdeckten Formen der Psychopathie (darunter auch Fitzgeralds[55] Hysteriker), sondern viele Ängste und Depressionen, die wahrscheinlich durch Deprivation hervorgerufen oder verschärft wurden.

»Wir stoßen immer wieder auf solche Beispiele«, schreibt Levy[91]. »Es sind Erwachsene, deren soziale Kontakte aus einer Abfolge von Bindungen an ältere Menschen bestehen, die allesamt Ersatzmütter sind. Dabei ist es gleichgültig, ob eine Bindung jeweils nur an eine einzelne Person oder an mehrere geknüpft wird. Wichtig ist nur, daß der Patient sein Leben lang irgendeine Beziehung zu irgendeiner Person unterhält, in die er die Erwartung setzt, die früher bei der Mutter nicht erfüllt worden ist. Seine ganze Lebenshaltung wird abhängig von solchen Beziehungen. Wird eine davon zerstört, folgt eine Phase der Depression oder des Empfindens, ›daß mir etwas ganz schrecklich fehlt‹, bis eine neue Beziehung hergestellt ist. Ein anderes Verhaltensmuster zeigt sich in übertriebenen Ansprüchen an den Menschen, der erwählt wurde, um die Privationen vergangener Zeit auszugleichen . . . Das Problem ist immer das gleiche: übertriebenes Verlangen nach Nahrung, Geld und Privilegien.«

Häufig verbergen solche Menschen ihre Belastungen unter einer übertriebenen Heiterkeit und Aktivität – sie reagieren hypomanisch. Das ist nichts weiter als der Versuch, sich selbst einzureden, daß Gott im Himmel thront und daß in dieser Welt alles zum Besten steht. Sie sind sich ihrer Sache nur nicht recht sicher. Natürlich verspricht die hypomanische Methode einen gewissen Erfolg, da sie aber auf Selbsttäuschung beruht, besteht ständig die Gefahr, daß die schöne Illusion zerplatzt und den Enttäuschten voller Verzweiflung zurückläßt. Mehr noch – auch wenn diese Methode Erfolg hat, wird sie für alle anderen sehr anstrengend durch den Druck der Aktivität und die geringe Frustrationstoleranz des Betroffenen. Bowlby[26,27] und Stott[137] haben außerdem nachgewiesen, daß dieses Verhalten nicht selten auch zu Kriminalität führt.

Obwohl derartige Fälle in bedauernswerter Vielzahl auftreten, können sie durch psychoanalytische Behandlung doch eher gebessert werden als die schwereren Formen. Voll ausgebildete Psychopathen stellen den Therapeuten vor eine schwere Aufgabe. 1937 sprach Levy schon von den geringen Besserungsaussichten, eine Ansicht, die sich bisher immer wieder bestätigt hat. Der Psychotherapeut ist hier des wichtigsten Hilfsmittels beraubt: Psychopathen können kaum Beziehungen zu anderen

Menschen herstellen. Der Psychiater ist erfahren im Umgang mit Patienten, die ihn hassen, aber wie soll er an einen Patienten herankommen, der gar kein Gefühl für ihn aufbringt? Die Befunde von Powdermaker & Mitarb.[117] zeigen diese Schwierigkeiten deutlich. Er arbeitete sechs Jahre lang in einem kleinen Erziehungsheim für kriminelle Mädchen zwischen 12 und 16 und behandelte 80 von ihnen. Er hatte bei der Hälfte Erfolge, bei den anderen Mißerfolge zu verzeichnen. Ausschlaggebend waren dabei weder Intelligenz noch Erbanlagen. Auffallend war jedoch der Zusammenhang zwischen therapeutischen Mißerfolgen und unglücklichen frühen Familienerfahrungen der Mädchen.

Tabelle 10: Behandlungserfolge bei kriminellen Mädchen im Verhältnis zu frühen Familienerfahrungen (nach Powdermaker & Mitarb.)

Frühe Familienerfahrungen	Behandlungsergebnis	
	Erfolg	Mißerfolg
Keine Ablehnung; gewisse Bindung an die Familie noch vorhanden	25	0
Ablehnung durch ein Mitglied der Familie, aber noch gewisse Bindung vorhanden	12	10
Neurotische und ambivalente Beziehungen	3	13
Völlige Ablehnung oder keine libidinöse Bindung	0	17
Insgesamt	40	40

Die Mißerfolge bei der Behandlung all jener, die Ablehnung erfahren oder nie eine libidinöse Bindung gehabt hatten, erinnern an Goldfarbs[67] Bemerkung, daß er nie »auch nur ein einziges Beispiel eines deutlichen Behandlungserfolges bei Anwendung der traditionellen Methoden der Kinderpsychiatrie« gesehen habe. Bender[14] geht so weit, zu erklären: »Wenn der Schaden erst einmal aufgetreten ist, kann er nicht mehr behoben werden«, und schlägt vor, gar nicht erst den Versuch zu unternehmen, zu bessern und zu erziehen. Man sollte sich als Fürsorger viel eher bemühen, »als Beschützer aufzutreten, und es darauf anlegen, eine gewisse Abhängigkeitsbeziehung zu schaffen«. Andere sind optimistischer und glauben, wenn man es dem Kind erlaubt, in völlig infantile Haltungen zurückzufallen, bestehe eine gewisse Aussicht, daß es sich nach besseren Richtlinien neu entwikkelt. Ein Beispiel für derartige Versuche ist die Arbeit von Jonsson im Kinderdorf Skå bei Stockholm. Hier werden die Kinder ermutigt, sich ganz auf die Hausmutter zu verlassen, und man gestattet ihnen derartige Regression auf frühkindliches Verhalten wie Nahrungsaufnahme aus der Flasche. Dieses Experiment und ähnliche in den USA gehen von vernünftigen Überlegungen aus, obwohl die Frage nach dem optimalen Grad der Kontrolle, der man Kinder unterwerfen sollte, noch umstritten ist. Es werden noch Jahre vergehen, ehe sich über den Erfolg dieser Methode etwas sagen läßt.

Die vorliegenden Befunde deuten darauf hin, daß allein das längere Zusammenleben mit einem einsichtigen und erfahrenen Erwachsenen, der sich zeitlich unbegrenzt dem Kind widmen kann, Aussicht auf nennenswerten Erfolg hat. Das ist nicht nur sehr kostspielig, sondern kann immer nur für einen geringen Bruchteil aller Fälle in Frage kommen. Es wäre viel praktischer und auf die Dauer auch viel billiger, gleich dafür zu sorgen, daß diese Schädigungen gar nicht erst eintreten können.

FÜNFTES KAPITEL

Theoretische Fragen

Die theoretischen Fragen, die sich im Hinblick auf die Persönlichkeitsentwicklung und deren Abhängigkeit von der Dauerbeziehung zu einer Mutterfigur in der kritischen Phase der Ausbildung von Ich und Über-Ich während der ersten Lebensjahre ergeben, sind von größtem Interesse. Wir können sie hier nur kurz behandeln, da sie außerordentlich komplex und keineswegs hinreichend geklärt sind. Ganz können wir nicht an ihnen vorbeigehen, denn der Fortschritt im praktischen Bereich der hier aufgeworfenen Fragen hängt in hohem Maß von verbesserten theoretischen Erkenntnissen ab.

Die Entwicklung der Persönlichkeit ist ein Prozeß, in dem wir uns zunehmend aus der Abhängigkeit von der unmittelbaren Umwelt und deren Einflüssen lösen und mehr und mehr die Fähigkeit erlangen, eigene Ziele (auch über längere Zeit hinweg) zu verfolgen und uns eine Umwelt unserer Wahl zu schaffen. Dieser Prozeß schließt unter anderem die Befähigung zur abstraktiven Wahrnehmung, zum Denken in Symbolen und zur Vorausplanung mit ein: Alle drei sind Aspekte dessen, was Goldstein & Scheerer[69] die »abstraktive Einstellung« (*abstract attitude*) genannt haben. Erst wenn diese abstraktive Einstellung ausgebildet ist, besitzt das Individuum die Fähigkeit, sein Augenblicksverlangen im Interesse der eigenen wichtigeren Dauerbedürfnisse zu kontrollieren. Es ist nur natürlich, daß ein Kind von drei oder selbst noch von fünf Jahren seinem Ball auf die Straße nachläuft – in diesem Alter reagiert es noch weitgehend auf den unmittelbaren Verlauf der tatsächlichen Ereignisse. Wenn es älter wird, erwartet man, daß es weniger eingleisig und schon etwas vorausplanend denkt. Mit zehn oder elf kann es Ziele verfolgen, die einige Monate in der Zukunft liegen. Mit sechzehn oder achtzehn können reifere Jungen und Mädchen erstaunliche Abstraktionsleistungen auf dem Gebiet des Raum-Zeit-Denkens vollbringen. Nach psychoanalytischen Begriffen handelt es sich hier um den Prozeß, in dem das Individuum sich aus der Sklaverei seiner Triebe löst, von der Herrschaft des

Lustprinzips befreit und Denkformen entwickelt, die den Erfordernissen der Realität besser angepaßt sind.

Die psychische Instanz, die in unserem Innern nach und nach die verschiedenen, oft widersprüchlichen Bedürfnisse zu koordinieren und sie entsprechend einer realistischen Bewertung der Umstände zu befriedigen lernt, ist unser Ich. Es hat zahlreiche Funktionen, unter anderem auch die der Bewertung unserer kurz- und langfristigen Bedürfnisse, die nach ihrer Dringlichkeit geordnet und von denen einige ganz verdrängt, andere hingegen akzeptiert werden, so daß unser Handeln planvoll und zielgerichtet und nicht mehr zufällig und frustrierend ist. Es gehört zu unseren wichtigsten Dauerbedürfnissen, freundliche und harmonische Beziehungen zu den Mitmenschen zu haben, und deswegen müssen wir die Voraussetzungen dafür ständig beachten; die zwischenmenschlichen Beziehungen sind für uns so wichtig, daß sich eine besondere Instanz dafür entwickelt hat – unser Gewissen oder Über-Ich. Natürlich hängt die Funktionsfähigkeit von Ich und Über-Ich weitgehend davon ab, ob wir die abstraktive Einstellung besitzen, und es ist daher nicht verwunderlich, daß die beiden Instanzen in frühester Kindheit entweder gar nicht vorhanden sind oder sehr mangelhaft funktionieren. In dieser Lebensphase ist das Kind davon abhängig, daß die Mutter diese Kontrollfunktionen an seiner Statt übernimmt. Sie orientiert das Kind in Raum und Zeit, gestaltet seine Umgebung, gestattet die Befriedigung einiger Wunschregungen und unterdrückt andere. So ist sie Ich und Über-Ich des Kindes. Erst allmählich erwirbt es selbst diese Funktionen, und geschickte Eltern überlassen ihm nach und nach deren Ausübung. Diese langsame, sehr störanfällige, langanhaltende Entwicklung setzt mit den ersten Laufschritten ein und endet erst mit dem Abschluß der Reife.

Die Entwicklung von Ich und Über-Ich hängt also untrennbar mit den ersten zwischenmenschlichen Beziehungen des Kindes zusammen; nur wenn diese dauerhaft und befriedigend sind, können Ich und Über-Ich sich richtig ausbilden. Betrachtet man die Embryologie des menschlichen Geistes näher, ist man betroffen von der Ähnlichkeit mit der embryologischen Entwicklung des menschlichen Körpers, in deren Verlauf undifferenzierte Gewebe auf chemische Organisatoren reagieren. Soll das Wachstum reibungslos verlaufen, müssen die Gewebe zu ganz bestimmten Zeiten dem Einfluß des geeigneten Organisators ausgesetzt werden. Genauso ist es auch bei der geistigen Entwicklung. Soll sie sich glatt vollziehen, scheint es nötig zu sein, daß die undifferenzierte Psyche zu ganz bestimmten Zeiten dem Einfluß des psychischen Organisators – der Mutter – unterliegt. Geht es also um Störungen, denen Ich und Über-Ich unterliegen können, so ist es unerläßlich, die Entwicklungsphasen der kindlichen Fähigkeit zu zwischenmenschlichen Beziehungen zu berücksichtigen. Sie sind zahlreich und – natürlich – nicht genau begrenzt, sondern gehen ineinander über. Im groben Überblick sind die folgenden am wichtigsten:

a) die Phase, in der der Säugling eine Beziehung zu einer klar identifizierten Person – der Mutter – aufbaut; das geschieht normalerweise im Alter von 5–6 Monaten;

b) die Phase, in der das Kind die Gesellschaft der Mutter ständig braucht; sie dauert meist ungefähr bis zum dritten Geburtstag;

c) die Phase, in der es allmählich eine Beziehung zur Mutter auch in deren Abwesenheit aufrechterhalten kann. Im vierten und fünften Jahr kann das nur unter sehr günstigen Umständen und für wenige Tage oder Wochen hintereinander geschehen; im achten oder neunten Jahr kann die Beziehung, wenn auch nicht ohne Mühe, für die Dauer einer Trennung von einem Jahr oder mehr aufrechterhalten werden.

Der Prozeß, in dem das Kind gleichzeitig Ich und Über-Ich ausbildet sowie die Fähigkeit, Beziehungen auch zu Abwesenden zu wahren, wird als Prozeß der Identifikation, der Internalisierung oder der Introjektion bezeichnet, weil die Funktionen von Ich und Über-Ich nach dem Verhaltensmuster der Eltern verinnerlicht werden.

Die Altersstufen, auf denen die einzelnen Phasen abgeschlossen sind, schwanken von Kind zu Kind zweifellos im gleichen Maß wie die körperlichen Wachstumsphasen. Laufen lernen Kinder zwischen neun und 24 Monaten, und es mag durchaus sein, daß die seelische Reifung gleichermaßen variiert. Daher sollte man bei Forschungsarbeiten nicht so sehr vom kalendarischen Alter des Kindes als vielmehr von seinem Entwicklungsstand ausgehen, denn es ist ziemlich sicher, daß Art und Ausmaß seelischer Störungen durch Deprivation vom jeweiligen Entwicklungsstand des Kindes abhängen. Mit diesem Postulat folgen wir wiederum nur anerkannten Prinzipien der Embryologie. Corner[45] meint:

»Abnormitäten entstehen durch Eingriffe in einen Bereich, in dem zur Zeit des Eingriffs gerade eine besondere Wachstumsaktivität stattfindet ... Eventuelle Abnormitäten werden wahrscheinlich immer in Typen und Klassen zerfallen, die kritischen Entwicklungsstadien und -bereichen entsprechen. Frühzeitige Verletzungen werden im allgemeinen weitgehende Wachstumsstörungen bewirken ... spätere Verletzungen hingegen werden eher lokale Schädigungen verursachen.«

Weiterhin stellt er fest, daß

»ein bestimmtes undifferenziertes Gewebe auf einen bestimmten Organisator nur während einer begrenzten Zeitspanne reagieren kann. Zunächst muß es erst eine gewisse Differenzierung erreicht haben, um überhaupt reagieren zu können; und später steht dann seine Eigenart fest, so daß es nur noch zu sehr begrenzten Reaktionen kommen kann.«

Die Zeit, innerhalb derer die undifferenzierte Psyche des Kindes auf den mütterlichen »Organisator« reagieren kann, ist ähnlich begrenzt. Daraus erhellt, daß große Schwierigkeiten bestehen, den Schaden wieder aufzuheben, wenn die erste Entwicklungsphase von ungefähr zwölf Monaten, in der die Beziehung zu einer klar identifizierten Person angebahnt wird, nicht befriedigend verläuft: die Eigenart der psychischen Struktur steht danach fest. (Die zeitliche Grenze kann bei einigen Kindern noch früher gezogen werden.) Entsprechend scheint es auch für die zweite und dritte Phase eine Grenze zu geben, bis zu der die Entwicklung abgeschlossen sein muß, um normal weiterzuverlaufen.

Nun werden aber gerade diese lebenswichtigen Wachstumsprozesse durch die Erfahrung der Deprivation beeinträchtigt. Es ist klinisch beobachtet worden, daß Ich und Über-Ich bei schwer deprivierten Kindern nicht ausgebildet sind – ihr Verhalten ist triebhaft und unkontrolliert, sie sind nicht in der Lage, langgesteckte Ziele zu verfolgen, weil sie jeder Augenblicksregung zum Opfer fallen. Bei ihnen werden alle Antriebe gleich bewertet und unmittelbar befriedigt. Da sie keine Hemmungskapazität besitzen oder diese beeinträchtigt ist, kann sich eine begrenzte, präzise und somit effiziente Reaktionsweise nicht herausbilden. So bleiben sie lebensuntüchtig, sind unfähig, aus

Erfahrungen zu lernen, und deswegen ihr eigener schlimmster Feind.

Das theoretische Problem liegt darin, zu begreifen, wie Deprivation zu diesen Ergebnissen führt. Zwei wichtige Ansätze zur Lösung dieses Problems sind Goldfarbs[62] Entdeckungen über die Beeinträchtigung des abstrakten Denkens bei diesen Patienten und die klinischen Befunde über ihre Unfähigkeit zu Identifikation oder Introjektion. Zwar hat uns jeder dieser Ansätze um ein Stück weitergebracht, aber von einer vollständig ausgearbeiteten, einheitlichen theoretischen Konzeption sind wir noch weit entfernt.

Die schwere und typische Beeinträchtigung der Fähigkeit, abstrakt zu denken, die Goldfarb bei allen Patienten feststellte, könnte erklären, weshalb Ich und Über-Ich nicht ausgebildet worden sind, da jene Fähigkeit – wie bereits bemerkt – Voraussetzung für die Ausbildung dieser ist. Aber selbst wenn diese Annahme zutrifft, bleibt das Rätsel bestehen, weshalb Deprivation die Fähigkeit zur Begriffsbildung beeinträchtigen sollte. Eine Möglichkeit der Erklärung wäre, daß diese Fähigkeit nicht nur die Grundlage der Ich-Funktionen ist, sondern sich nur entwickeln kann, wenn die Ich-Funktionen sich parallel zu ihr gut weiterentwickeln. Diese Zusammenhänge müßten in Zukunft noch näher untersucht werden.

Die gestörte Persönlichkeitsentwicklung bei deprivierten Kindern ist vielleicht eher zu verstehen, wenn man bedenkt, daß die Mutter in den ersten Jahren für das Kind die Funktionen von Ich und Über-Ich erfüllt. Die von Goldfarb und Bender untersuchten Heimkinder haben das nie erlebt und konnten deswegen auch nicht die erste Entwicklungsphase abschließen – d. h. sie konnten keine Beziehung zu einer klar identifizierten Mutterfigur herstellen. Sie hatten nur eine Reihenfolge von Fall zu Fall wechselnder Funktionärspersonen kennengelernt, die sie jeweils in begrenzter Form betreuten. Die zeitliche Kontinuität – eine wesentliche Voraussetzung der Ich-Funktionen – blieb ihnen vorenthalten. Es ist durchaus möglich, daß diese schwer deprivierten Kinder, die nie Gegenstand ständiger Fürsorge eines einzelnen Menschen gewesen sind, auch nie Gelegenheit hatten, die Prozesse der Abstraktion und des in Zeit und Raum orientierten Verhaltens zu erlernen. Ihre schweren psychischen Deformationen sind weitere deutliche Beispiele für das Prinzip, daß früh zugefügte Verletzungen umfangreiche Wachstumsstörungen bewirken.

In der Heimsituation besteht auch für das Kind, das Begriffsvermögen und Geistesorganisation bereits entwickelt hat, nur wenig Gelegenheit, diese Fähigkeit auszuüben. In der Familie wird ein kleines Kind innerhalb gewisser Grenzen immer wieder ermutigt, sich sozial und im Spiel auszudrücken. Ein Kind von 18 Monaten oder zwei Jahren hat schon seinen festen Platz in der Familie. Man weiß, daß es bestimmte Dinge gern mag und andere nicht, und die Familie hat gelernt, seine Wünsche zu respektieren. Es weiß inzwischen, wie es Eltern und Geschwister dazu bringen kann, seine Wünsche zu erfüllen. Auf diese Weise lernt das Kind, seine soziale Umwelt nach eigenem Wunsch zu gestalten. Das gleiche findet beim Spielen statt, wenn das Kind in symbolischer Form immer neue Welten für sich erschafft. Hier ist der Übungsplatz für Ich und Über-Ich. In jedem Heim geht viel davon verloren; in weniger guten Heimen vielleicht alles. Das Kind wird nicht zu individueller Aktivität ermutigt, weil das Mühe kostet; es ist einfacher, wenn das Kind stillsitzt und nur tut, was man ihm sagt. Selbst wenn es versuchen wollte, seine Umwelt zu verändern, wird es keinen Erfolg haben. Jedes Spielmaterial fehlt: Meist sitzen die Kinder lustlos und gleichgültig herum oder vollführen stundenlang monotone Schaukelbewegungen. Natürlich fehlen ihnen auch die kurzen intimen Spiele, die Mutter und Kind erfinden, um sich beim Aufstehen, Waschen, Anziehen, Füttern, Baden und Schlafengehen zu belustigen. Unter diesen Umständen hat das Kind keine Möglichkeit, Funktionen zu erlernen und zu üben, die zum Leben so nötig sind wie Laufen und Sprechen.

Im Fall eines Kindes, das ein oder zwei Jahre lang eine gute Beziehung zur Mutter hatte und dann Deprivation erleidet, können die Dinge anders liegen. Dieses Kind hat die erste Entwicklungsphase abgeschlossen, in der eine Objektbeziehung zur Mutterfigur hergestellt wird, und das Trauma betrifft die zweite Phase, in der sich zwar Ich und Über-Ich immer schneller entwickeln, das Wissen des Kindes um die relative Unsicherheit dieser Beziehung aber dazu führt, daß es sich eng an die Mutter klammert, von der es ständig Hilfe erwartet. Nur wenn sie bei ihm oder in seiner Nähe ist, kann das Kind mit sich selbst und seiner Umwelt fertig werden. Wenn es plötzlich von der Mutter getrennt wird und ins Heim oder Krankenhaus kommt, sieht es sich vor Aufgaben gestellt, die es allein nicht lösen zu können glaubt. In einer derart traumatischen Situation gehen erlernte Fähigkeiten meist wieder verloren. Oft findet eine Regression auf primitive Verhaltensweisen statt, und die Schwierigkeit, das vormals Gewußte neu zu erlernen, nimmt immer mehr zu. Dieses wohlbekannte Prinzip aus der Lerntheorie könnte als Erklärung dienen für die Regression und Fixierung dieser Kinder auf primitive Denk- und Verhaltensweisen und für ihre scheinbare Unfähigkeit, reifere Verhaltensformen zu entwickeln.

Nach einem anderen Prinzip der Lerntheorie kann ein Individuum eine bestimmte Fähigkeit nicht erlernen, wenn ihm der Lehrer unsympathisch ist oder wenn es nicht bereit ist, sich mit ihm zu identifizieren und ihn (oder einen Teil von ihm) zu verinnerlichen. Beim deprivierten Kind fehlt entweder diese positive Einstellung zur Mutter völlig, oder aber sie ist mit Groll und Empfindlichkeit durchsetzt. Wie frühzeitig bei einem Kind durch Deprivation diese feindselige Einstellung geweckt werden kann, ist umstritten, man kann sie jedenfalls vom zweiten Jahr an zweifelsfrei beobachten. Die Tatsache, daß ein Kind, das im zweiten, dritten oder vierten Lebensjahr für einige Wochen oder Monate von der Mutter getrennt wurde, diese bei dem Wiedersehen nicht erkennt, ist allgemein bekannt. Wahrscheinlich handelt es sich oft um echtes Nichterkennen, verursacht durch eine Regression der Abstraktions- und Identifikationsfähigkeit. In anderen Fällen aber liegt bestimmt eine Weigerung vor, da die Kinder ihre Eltern nicht wie Fremde behandeln, sondern ihnen ausweichen. Die Eltern sind Haßobjekte geworden. Die Feindseligkeit zeigt sich in verschiedener Weise. Sie kann sich in Form von Launen und Wutausbrüchen äußern; ältere Kinder sprechen sie auch ganz deutlich aus. Alle Kinderpsychologen kennen die heftigen Rachephantasien gegen Eltern, von denen die Kinder sich verlassen fühlen. Diese Haltung ist nicht nur unvereinbar mit dem kindlichen Verlangen nach Liebe und Geborgenheit und führt daher zu aktuellen Konflikten wie Angst und Depression; sie beeinträchtigt auch die künftige soziale Anpassung. Weit entfernt davon, die Eltern als Vorbilder zu betrachten und ihnen nachzueifern, fangen die Kinder an, sie mit einem Teil ihres Wesens zu hassen, und gehen ihnen aus dem Weg. Dies ist die Dynamik, die aggressiv kriminellem Verhalten und vielleicht auch dem Selbstmord zugrunde liegt, denn dieser ist ein Ergebnis des gleichen Konflikts zwischen verschiedenen Instanzen des Selbst.

In anderen Fällen hat das Kind so sehr darunter gelitten, daß einmal hergestellte Beziehungen abgebrochen wurden, daß es sein Herz nicht wieder verschenken will, um nicht erneut enttäuscht zu werden. Es fürchtet diese Enttäuschung nicht nur für sich. Es hat auch Angst, es könnte Menschen, die es liebgewinnt, enttäuschen, weil es möglicherweise seine Wut an ihnen auslassen würde. Ältere Kinder sind sich darüber durchaus im klaren und pflegen dann dem Therapeuten zu sagen: »Es ist besser, wenn wir uns nicht allzusehr anfreunden, denn ich habe Angst, ich könnte dann böse auf dich werden« (zitiert von Tibout[141]). Derartige Empfindungen führen dann zu den Ausweichreaktionen. Durch Vermeidung aller menschlichen Kontakte soll weitere Frustration und die intensive Depression vermieden werden, die Menschen erfahren, wenn sie denjenigen, den sie lieben und brauchen, hassen. Sie halten das Ausweichen für die bessere von zwei schlechten Alternativen. Unglücklicherweise führt dieses Verhalten in eine Sackgasse, in der eine weitere Entwicklung nicht mehr möglich ist. Fortschritte in menschlichen Beziehungen erfordern, daß das Individuum den anderen Weg beschreitet, daß es lernt, seine ambivalenten Gefühle zu ertragen und auch die damit verbundene Angst und Depression. Aber die Erfahrung lehrt, daß ein Mensch, der sich erst einmal in die relativ schmerzlose Kontaktlosigkeit geflüchtet hat, nur zögernd wieder umkehrt, um den Aufstand der Gefühle und all den Jammer zu riskieren, den neue Kontakte mit sich bringen können. Das hat zur Folge, daß seine Fähigkeit, herzliche Beziehungen zu pflegen und sich mit geliebten Menschen zu identifizieren, immer mehr abnimmt und daß er sich jeder Therapie entzieht. Infolgedessen wird er zum Einzelgänger und verfolgt seine eigenen Ziele ohne Rücksicht auf andere Menschen. Aber so sehr es auch verdrängt sein mag – sein Liebebedürfnis besteht weiter und führt in dieser Form zu Verhaltensweisen wie Promiskuität und Diebstahl. Auch die Rachegelüste dauern fort und führen zu antisozialen Handlungen, manchmal sehr gewalttätiger Natur.

Deprivation in der dritten Phase, im Alter von drei bis vier Jahren, hat nicht die gleichen destruktiven Auswirkungen auf die Entwicklung von Ich und Über-Ich und die Fähigkeit zu abstraktem Denken. Sie führt jedoch immer noch zu übertriebenem Liebebedürfnis einerseits und übersteigerten Rachegelüsten andererseits, deren Zusammenprall akute innere Konflikte und Unbehagen auslöst und zu äußerst negativen sozialen Haltungen führt.

In der zweiten und dritten Phase tragen der eingeschränkte Zeitbegriff des Kindes und seine Neigung, eine Situation mißzuverstehen, viel zu seinen Schwierigkeiten bei. Erwachsenen fällt es schwer, immer zu bedenken, daß das Kind noch kein ausgeprägtes Zeitgefühl besitzt. Ein Dreijähriger kann sich auf Ereignisse besinnen, die wenige Tage zurückliegen, und vielleicht ein bis zwei Tage vorausdenken. Zeitbegriffe wie »letzte Woche« oder »letzter Monat«, »nächste Woche«, »nächster Monat« sind ihm unverständlich. Selbst für ein Kind von fünf oder sechs Jahren sind Wochen unendlich lang und Monate fast endlos. Dieser sehr begrenzte Zeitbegriff muß erkannt werden, wenn man sich über das ganze Ausmaß der Verzweiflung eines Kindes klarwerden will, das das Gefühl hat, an einem fremden Ort allein gelassen zu werden. Was der Mutter als begrenzte und relativ kurze Zeitspanne erscheint, ist für das Kind eine ganze Ewigkeit. Es kann sich einfach nicht vorstellen, daß eine Zeit der Befreiung kommt, und das trägt – im Verein mit dem Gefühl der Hilflosigkeit – viel zu seiner überwältigenden Angst und Verzweiflung bei. Ein Erwachsener kann Ähnliches nur bei der Vorstellung empfinden, auf unbegrenzte Zeit im Gefängnis eingesperrt zu sein.

Dieser Vergleich ist überhaupt ganz treffend, denn viele Kinder fassen die Trennung als Strafe auf. Alle Kliniker haben schon Patienten gehabt, die ernsthaft überzeugt waren, man habe sie zur Strafe für Unarten von zu Hause fortgeschickt, eine Auffassung, die um so bedrückender wirkt, wenn sie unausgesprochen bleibt. Andere Kinder wieder stellen sich vor, es sei ihre Schuld, daß die Familie zerrüttet wurde. Verwirrung und Verstörung führen dazu, daß das Kind sich nicht auf die neue Umgebung und die fremden Menschen, die nun seine Fürsorge übernehmen, einstellen kann. Natürlich wird ein Kind, das bereits sehr früh unter Deprivation gelitten hat oder das aus anderen Gründen kontaktunfähig ist, nicht in dieser Weise reagieren, sondern jeder Veränderung mit derselben gelassenen Gleichgültigkeit begegnen, die Levy anhand des zitierten Falles geschildert hat. Aber dem Kind, das gute Beziehungen herstellen konnte, wird es weniger leichtfallen, seine Zuneigung auf andere zu übertragen. Tatsächlich entstehen viele der Probleme, die sich bei der Unterbringung eines älteren Kindes in einer Pflegestelle ergeben, aus dem Unterschätzen der engen Bindung des Kindes an seine Eltern, mögen diese auch noch so schlecht und lieblos gewesen sein. Solange die kindliche Verstörung nicht behoben ist und solange diese Bindungen nicht respektiert werden, wird das Kind immer seiner unbefriedigenden Vergangenheit verhaftet bleiben und sich auch weiterhin bemühen, seine Mutter wiederzufinden. Es weigert sich dann natürlich, sich der neuen Situation anzupassen und das Beste daraus zu machen. Das führt letzten Endes zu einem ruhelosen, unzufriedenen Charaktertyp, der weder sich selbst noch einen anderen Menschen glücklich machen kann.

Im großen und ganzen scheint also das theoretische Rahmenwerk, scheinen die Konzeptionen von den Entwicklungsphasen der Ich-Funktionen, von der Fähigkeit zu Objektbeziehungen und von den Perioden im Lebenszyklus, innerhalb deren sie hergestellt sein müssen, mit den klinischen Erfahrungen übereinzustimmen. Bei zunehmender Einsicht in diese Zusammenhänge werden die hier beschriebenen drei Entwicklungsphasen zweifellos noch genauer unterteilt werden, und wir werden dann auch die besonderen psychischen Triebkräfte namhaft machen können, die durch Deprivation in jeder einzelnen Phase in Gang gesetzt werden.

In diesem skizzenhaften Abriß haben wir nicht den Versuch unternommen, in die Einzelheiten zu gehen oder die Ansichten der vielen Psychoanalytiker und Psychologen miteinander zu vergleichen, die Beiträge zum Verständnis der Probleme geleistet haben. Kenner der einschlägigen Literatur werden ermessen können, wem der Verfasser zu Dank verpflichtet ist.

SECHSTES KAPITEL

Erforschung der Deprivationsfolgen

Es ist nunmehr erwiesen, daß mütterliche Zuwendung im Säuglings- und Kleinkindalter unerläßlich für die geistige Gesundheit ist. Diese Feststellung reicht in ihrer Tragweite an die Entdeckung der Vitamine und ihrer Bedeutung für die körperliche Gesundheit heran. Sie hat weitreichende Konsequenzen für alle Programme geistiger Präventiv-Hygiene. Auf dieser neuen Einsicht werden soziale Maßnahmen von größter Bedeutung für die Zukunft beruhen. Diese können sinnvoll aber nur geplant werden, wenn unser Wissen über Einzelheiten der fraglichen Zusammenhänge weiter zunimmt.

Nicht nur ist weitere Forschungsarbeit auf diesem Gebiet unerläßlich, um geeignete Präventivmaßnahmen einzuleiten, sondern sie dürfte auch einige fundamentale Probleme der Persönlichkeitsentwicklung erhellen, Probleme von deren Lösung Entscheidendes für die gesamte Sozialwissenschaft abhängt. Persönlichkeitswachstum ist das Ergebnis einer Interaktion zwischen dem heranwachsenden Organismus und anderen Menschen. In gewisser Weise assimiliert sich der heranwachsende Organismus die Eigenschaften seiner sozialen Umwelt, er gleicht sich dadurch mehr und mehr dem ihn umgebenden kulturellen Medium an, wiewohl die Synthese, die das kulturelle Material in ihm eingeht, einzigartig bleibt. Wie dieser psychische Assimilationsprozeß verläuft, wissen wir noch nicht. Er kann durch Deprivation im Säuglings- und Kleinkindalter erheblich gestört werden, und in der Geschichte der Medizin war es oft gerade die Untersuchung einer Funktionsstörung, die das bessere Verständnis der gesunden Funktion ermöglichte. So ist es auch durchaus möglich, daß sich bei Untersuchungen schwerer Störungen des Sozialisierungsprozesses neue Einblicke in die zentralen Vorgänge des Persönlichkeitswachstums ergeben werden.

Ganz gleich, ob Forschungen in diesem Bereich darauf abzielen, bessere Präventivmaßnahmen zu ermöglichen oder neue, wichtige Erkenntnisse zu erlangen: man sollte jedenfalls keine Zeit mehr darauf verschwenden, die Gültigkeit der These von den Deprivationsschäden zu beweisen. Statt dessen gilt es nun, einen Schritt weiter zu tun und sowohl den Mechanismus der grundlegenden Prozesse zu erforschen, als auch die zahlreichen veränderlichen Einzelfaktoren und deren Wirkungsweise zu beschreiben. Obwohl wir einige der variablen Faktoren – wie Alter und emotionale Entwicklung des Kindes, Dauer der Deprivation, Art der Mutterbeziehung vor und nach der Deprivation – bereits kennen, gibt es zweifellos noch andere, bisher noch unbekannte. Wir benötigen weitere Informationen über Faktoren von unmittelbar praktischer Bedeutung, so z. B. über die obere und untere Grenze der Sicherheitsmargen, innerhalb deren a) Deprivation, wenn sie wirklich unvermeidlich ist, zugelassen oder b) bereits angerichteter Schaden noch behoben werden kann. Wie wir im letzten Kapitel dargelegt haben, sind auf theoretischem Feld die Forscher noch weit entfernt von genauer Kenntnis der Prinzipien des psychischen Metabolismus, ohne die der Verlauf der psychischen Prozesse nicht eingesehen werden kann. Man kann jedoch Arbeitshypothesen aufstellen und diese in Zukunft so präzise und detailliert formulieren, daß sie experimentell überprüfbar werden. Ohne explizit formulierte wegweisende Hypothesen kann systematische Forschungsarbeit nicht auskommen.

Zu den Problemen der theoretischen Explikation gesellen sich solche der praktischen Durchführung. Zunächst einmal kann man nicht einfach kaltblütig Kinder verschiedensten Alters verschieden lange der Deprivation von mütterlicher Zuwendung aussetzen. Der Forscher hängt bei seinen Experimenten weitgehend von gegebenen Möglichkeiten ab. Er kann nur Gruppen von Kindern untersuchen, die aus diesem oder jenem Grund entsprechende Erfahrungen gemacht haben. Im Idealfall sollten alle anderen Ursachen, die psychische Störungen auslösen, fehlen, damit die Folgen der Deprivation klar ermittelt werden können. Die ideale Stichprobe müßte aus gesunden Kindern guter Eltern bestehen, die ein gutes Verhältnis zur Mutter hatten, solange sie bei ihr waren. Die Trennungsursache selbst dürfte nicht traumatischer Natur sein, und die Lebensumstände während der Trennungszeit müßten sorgfältig gesteuert werden. In der Praxis wird man solche Idealbedingungen nur höchst selten vorfinden. Deprivierte Kinder sind oft krank, und viele haben labile oder schlechte Eltern. Bestehen überhaupt noch Bindungen an die

Familie, lassen diese meist zu wünschen übrig, und die Familienverhältnisse sind durch Armut, Nachlässigkeit oder Tod oft zerrüttet. Viele der Kinder sind unehelich und werden abgelehnt. Psychologische Bedingungen, die den Wünschen der Forscher entsprechen, lassen sich in Heimen oder Pflegestellen kaum herstellen.

Eine weitere große Schwierigkeit liegt darin, den richtigen Zugang zu dem beobachteten Personenkreis zu finden. Genaue Untersuchungen von Kindern und ihrer Mutterbeziehungen in der Familie setzen einen engen Kontakt voraus, den der professionelle Beobachter nur selten erreicht. Sogar in Heimen kann die Empfindlichkeit der Pflegerinnen objektive Untersuchungen unterbinden. Schließlich haben auch viele Eltern, die sich wegen der späteren Entwicklung ihrer Kinder schuldig fühlen und ängstlich sind, oft etwas gegen entsprechende Nachforschungen einzuwenden.

Diese Schwierigkeiten zu überwinden ist nicht einfach, und es gibt kein Patentrezept dafür. Man kann jedoch die Stichproben sorgfältiger auswählen als früher. Heute, wo wir den Aussagewert kleiner Stichproben schätzen gelernt haben, sollten wir uns nicht länger mit großen, heterogenen Stichproben befassen. Die Anhäufung von statistischen Analysen kann inkohärente und ungenaue Daten nicht wettmachen. Kleine, homogene und sorgfältig ausgewählte Stichproben – wie Goldfarb sie zusammenstellte – führen viel eher zu unzweideutigen Erkenntnissen. Man sollte also jede Stichprobe aus den vorhandenen deprivierten Kindern nach ganz bestimmten vorgegebenen Kriterien zusammenstellen. Es ist z. B. möglich, Kinder mit schlechten Erbanlagen oder unglücklichen Familienerfahrungen auszusieben. Auch das Alter, in dem ein Kind zum ersten Mal Deprivation erfahren hat, kann konstant gehalten werden. Manchmal muß man dann eben warten, bis genügend Fälle beisammen sind, die den Kriterien entsprechen. Schwieriger ist es schon, die Heimerfahrungen der Kinder zu regulieren, aber an sich sollte es möglich sein, einmal Heime auszuwählen, in denen einsichtige Versuche unternommen werden, für Ersatzzuwendung zu sorgen, und ein andermal solche, in denen das nicht der Fall ist. Schwer zu kontrollierende Variablen sind ferner die Zeitspanne des Heimaufenthalts und die Erfahrungen, die ein Kind nach seiner Heimentlassung gemacht hat. Wir wollen hier nur darauf hinweisen, daß die Auswirkungen all dieser Variablen nur festgestellt werden können, wenn systematisch geplante Untersuchungen an einer großen Zahl sorgfältig ausgewählter Einzelfälle stattfinden.

Das Problem des richtigen Zugangs, der die Ermittlung relevanter Daten erlaubt, stellt sich bei allen psychologischen Untersuchungen, die sich nicht mit oberflächlichen Schilderungen begnügen, sondern Motivationen zu verstehen suchen, denn alle Menschen verbergen ihre Gefühle, und zwar besonders solche, die mit Scham oder Angst verknüpft sind. Bisher liegt der einzige Schlüssel zu diesen Geheimnissen in einer Form therapeutischer Annäherung, bei welcher der Untersucher auch bereit ist, seinen Probanden zu helfen, wenn diese Hilfe wünschen. Natürlich werden nicht alle reagieren, aber es gibt immer einige, die spüren, daß der Therapeut sie nicht nur ausfragen, sondern ihnen auch helfen will.

Glücklicherweise haben wir keine Zugangs- und Auswahlschwierigkeiten, wenn wir, wie z. B. Liddell, Tiere im Experiment verwenden. Zur Zeit beobachtet Liddell Ziegen, aber es könnte sein, daß Hunde lohnendere Objekte sind, da viele praktische Tatsachen ihrer sozialen Entwicklung bereits bekannt sind. Es ist z. B. schon ein Gemeinplatz, daß ein Jagdhund von einem Herrn abgerichtet werden muß, der ihm auch selbst das Futter gibt; und daß es Schwierigkeiten gibt, wenn man ihm einen neuen Herrn aufzwingen will. Von dem bereits Bekannten ausgehend, sollte es nicht allzu schwer sein, eine Serie von Experimenten zu planen, die Einsichten liefern, die dann an Menschen getestet werden können.

Ein Forscherteam, das in diesem Bereich arbeitet – sei es nun mit Tieren oder Menschen oder bestenfalls sogar mit beiden –, muß viele verschiedene Beobachtungstechniken beherrschen, da jede noch so erprobte Methode ihre Grenzen hat. Nur wenn sichergestellt ist, daß Daten eines Experiments durch die eines anderen bestätigt wurden, kann man sicher sein, erschöpfende Information erhalten zu haben. Es ist besonders wichtig, experimentelle, psychometrische und klinische Ansätze zu kombinieren, da jede dieser Methode uns Informationen verschafft, die wir durch die andere nicht erlangen können. Früher bestand bei Experimentatoren eine bedauerliche Neigung, den Mangel an Präzision bei den Klinikern zu bekritteln, und der Kliniker seinerseits warf den Experimentatoren Mangel an Menschenkenntnis vor. Jeder beharrte dickköpfig darauf, daß seine Methode die einzig richtige sei. Das ist absurd; jede Forschungsmethode ist nützlich und notwendig. Meist hat der Kliniker die ersten Einsichten; er definiert das Problem und formuliert eine vorläufige Hypothese. Durch die minutiöse Beobachtung der Gefühle und Motivationen seiner Patienten sowie der komplizierten intellektuellen und emotionalen Rückwirkungen liefert der Kliniker wichtige Informationen über den Zusammenhang zwischen psychischen Vorgängen und Umwelteinflüssen, die anders nicht zu erhalten sind. Das ist die erste Rohskizze, die, so unzutreffend sie auch in vielen Einzelheiten sein mag, einen unschätzbaren Überblick über den Gesamtbereich vermittelt. (Es war kein Zufall, daß bei der Ermittlung der Schädigungen durch maternelle Deprivation Psychoanalytiker und eng mit ihnen zusammenarbeitende Kliniker eine führende Rolle gespielt haben.) Der Kliniker ist jedoch nur selten in der Lage und zumeist auch wissenschaftlich gar nicht qualifiziert, die von ihm aufgestellte Hypothese zu überprüfen: Der nächste Schritt muß unter besser kontrollierten Bedingungen von Wissenschaftlern mit anderer Ausbildung unternommen werden. Eine planmäßige experimentelle und psychometrische Studie statistisch signifikanter Stichproben vermittelt Informationen über die Gültigkeit einer Hypothese, die aus keiner noch so umfangreichen klinischen Arbeit hervorgehen können. Umgekehrt kann systematische Forschung zu Hypothesen führen, die mit großem Nutzen unter klinischen Bedingungen überprüft werden können, ehe weitere Schritte unternommen werden. Künftige Fortschritte lassen sich nur durch die Kombination klinischer und experimenteller Techniken erzielen, weil die Arbeit des einen dazu dient, die Befunde des anderen zu vervollständigen und zu bestätigen. Das heißt aber, daß ein jeder die Verdienste des anderen und die Grenzen der eigenen Möglichkeiten kennen muß. Experimente und statistische Messungen sollen unter Berücksichtigung aller klinischen Einsichten geplant und durchgeführt werden. Gleichermaßen sollte auch der Kliniker zur Beobachtung nur jene Fälle wählen, die der statistisch erfahrene Mitarbeiter als die wahrscheinlich geeignetsten zur Erhellung eines bestimmten Problems bezeichnet, und er sollte sich auch bemühen, verläßliche Daten zusammenzustellen – ein Punkt, der nicht immer zu seinen Stärken gehört. Nur in Teamarbeit werden der

Experimentalpsychologe, der Statistiker, der Psychoanalytiker, der Psychometriker und andere Spezialisten lernen, sich gegenseitig zu achten und alle nur verfügbaren Fähigkeiten zu mobilisieren.

Es gibt gute Gründe, über die psychologischen Techniken hinaus auch physiologische Meßwerte zu verwenden. Auf den Wert des Wetzel-Grid haben wir schon hingewiesen. Auch elektroenzephalographische Messungen können von Interesse sein. Man weiß z. B., daß die (abnormen) Elektroenzephalogramme aggressiver, psychopathischer Jugendlicher Ähnlichkeit mit denen von (normalen) Kindern zwischen drei und fünf Jahren aufweisen. Obgleich allgemein angenommen wird, daß diese abnormen Gehirnströme auf physische Faktoren zurückzuführen sind (z. B. genetische Defekte oder Geburtsverletzungen), gibt es keine Daten, um diese Annahme zu belegen, und es ist durchaus möglich, daß sie psychogen erzeugt sind und einer Fixierung auf eine frühere Funktionsstufe entsprechen. Sollten weitere Untersuchungen bestätigen, daß das zutrifft, würde ein wertvolles Bindeglied zwischen Psychopathologie und Neurophysiologie hergestellt sein.

Es ist ganz deutlich, daß die Embryologie der Persönlichkeit dem Forscher ungeahnte Möglichkeiten bietet und daß dieser Bereich erschlossen werden sollte, ehe zunehmende Präventivmaßnahmen das klinische Material kleiner werden lassen. Das Wachstum eines Individuums schreitet auf dem Weg der Differenzierung von »weitgehend diffusen, ungezielten Reaktionen zu zielgerichteten, begrenzten, präzisen und infolgedessen effizienten Reaktionsweisen« fort (Goldfarb[62]). In seinen Anstrengungen, zu besserer Erkenntnis und besser angepaßtem praktischen Handeln zu gelangen, geht auch der Wissenschaftler zunächst aus von der Wahrnehmung gewisser Allgemeinvorgänge, um dann zu einer immer differenzierteren Beobachtung und Bewertung der wirkenden Kräfte und ihrer Interaktion überzugehen. Was die geistige Gesundheit und deren Abhängigkeit von elterlicher Zuwendung betrifft, so haben die Forscher bisher nur die groben Umrisse der Allgemeinvorgänge erkannt. Die Forschungsarbeiter der kommenden Jahrzehnte müssen nun Wahrnehmungen verfeinern, komplexe Zusammenhänge entwirren und Möglichkeiten ermitteln, seelischen Erkrankungen vorzubeugen.

Zweiter Teil

Verhütung der mütterlichen Deprivation

SIEBENTES KAPITEL

Die Rolle der Familie

Die vorliegenden Beweise für die Schädigung des Persönlichkeitswachstums durch maternelle Deprivation in früher Kindheit sind eine Herausforderung, nicht länger untätig zuzusehen. Wie kann diese Deprivation verhindert werden, damit Kinder geistig gesund heranwachsen?

Im ersten Kapitel haben wir es als unerläßliche Voraussetzung geistiger Gesundheit bezeichnet, daß Säugling und Kleinkind in einer herzlichen, intimen und dauerhaften Beziehung zur Mutter (oder einem Mutterersatz) Glück und Befriedigung finden. Das Kind braucht das Gefühl, für seine Mutter Anlaß zur Freude und zum Stolz zu sein; die Mutter aber sollte das Kind als Teil und Erweiterung ihrer eigenen Persönlichkeit empfinden: Beide brauchen dieses Gefühl der engen Verbundenheit mit dem anderen. Ein Kind kann man nicht nach Dienstvorschrift bemuttern. Hier handelt es sich um eine lebendige zwischenmenschliche Beziehung, die den Charakter beider Partner verändert. Eine Diät ist erst gut, wenn sie mehr bietet als nur Kalorien und Vitamine – wir müssen unsere Nahrung genießen, wenn sie bekömmlich sein soll. Ebenso läßt sich mütterliche Zuwendung nicht nach den täglich abgeleisteten Stunden bewerten, sondern nur danach, wieviel Freude Mutter und Kind an dem Zusammensein empfinden.

Solche Freude und enge Gefühlsidentifikation ist beiden aber nur in einer dauerhaften Beziehung möglich. Es ist immer wieder ausdrücklich auf die Bedeutung der Kontinuität beim Persönlichkeitswachstum des Kindes hingewiesen worden. Man sollte jedoch nicht vergessen, daß Kontinuität auch nötig ist, um die Rolle der Mutter zu erlernen. So wie der Säugling das Gefühl der Zugehörigkeit zur Mutter braucht, so braucht umgekehrt die Mutter das Gefühl, daß sie zu ihrem Kind gehört; und nur wenn dieses befriedigende Gefühl vorhanden ist, fällt es der Mutter leicht, sich ganz dem Kind zu widmen. Die ständige Fürsorge bei Tag und Nacht, sieben Tage in der Woche und 365 Tage im Jahr, kann nur eine Frau leisten, die eine tiefe Befriedigung dabei empfindet, ihr Kind vom Säuglingsalter an die vielen Phasen der Kindheit und Jugend durchlaufen und zu einem selbständigen Menschen heranwachsen zu sehen und zu wissen, daß ihre Fürsorge dies ermöglicht hat.

Aus diesem Grund kann ein kleines Kind die Mutterliebe, die es braucht, so leicht in seiner Familie erhalten und so außerordentlich selten außerhalb des eigenen Familienkreises. Was Vater und Mutter für ihre Kinder tun, wird als so selbstverständlich betrachtet, daß das Ausmaß ihrer Dienstbarkeit leicht vergessen wird. Nirgends sonst stellen sich Menschen anderen Menschen so anhaltend und rückhaltlos zur Verfügung. Das trifft sogar auf schlechte Eltern zu – eine Tatsache, die von Tadlern nur zu leicht vergessen wird, besonders wenn die Tadler keine eigenen Kinder haben. Man sollte nie vergessen, daß auch schlechte Eltern, Eltern, die ihre Kinder vernachlässigen, immer noch viel für sie tun. Abgesehen von den traurigsten Fällen, gewähren sie Unterkunft und Nahrung, sie trösten das Kind, wenn es traurig ist, lehren es einfache Dinge und geben ihm vor allem jene dauerhafte menschliche Zuwendung, auf der sein Gefühl der Sicherheit beruht. Ein Kind kann unterernährt und schlecht gehalten sein, aber solange es von seinen Eltern nicht ganz abgelehnt wird, fühlt es sich sicher in dem Wissen, daß es Menschen gibt, denen es etwas bedeutet und die – wenn auch unzureichend – versuchen werden, so lange für das Kind zu sorgen, bis es sich selber weiterhelfen kann.

Wenn man dies bedenkt, wird man verstehen, weshalb Kinder in schlechten Familienverhältnissen besser gedeihen als in guten Heimen und weshalb Kinder schlechter Eltern – scheinbar unvernünftigerweise – so sehr an diesen hängen. Die für die Heimunterbringung Verantwortlichen haben oft nicht eingestehen wollen, daß Kinder in schlechten Verhältnissen oft besser gedeihen als im Heim. Erfahrene Sozialfürsorger, die etwas von seelischer Hygiene verstehen, wissen das aus Erfahrung, und es ist auch durch die bereits zitierten Studien von Simonsen und Theis belegt worden. Simonsen[130] hat, wie bekannt, eine Gruppe von Kindern im Alter von eins bis vier, die im Heim aufgewachsen sind, mit einer ähnlichen Gruppe von Kindern verglichen, die in meist sehr unbefriedigenden Familienverhältnissen lebten und tagsüber im Kinderhort waren, weil die Mütter arbeiteten. In ihrer Entwicklungsstudie verglich Theis[139] die spätere soziale Anpassung von Kindern, die fünf und mehr Jahre im Heim waren, mit der von Kindern, die zu Hause aufgewachsen waren – 8 Prozent in schlechten Verhältnissen. Die Befunde (s. Tabelle 8) sprechen deutlich zugunsten der schlechten Familienverhältnisse. Als Erwachsene hatten nur halb so viele Familienkinder (18%) Anpassungsschwierigkeiten wie Heimkinder (34,5%).

Es ist alarmierend, daß ein Drittel all jener, die fünf und mehr Jahre ihres Lebens in Heimen verbracht hatten, als Erwachsene später »sozial nicht angepaßt« waren, und dies um so mehr, als eine der wichtigsten Sozialfunktionen des Erwachsenen die Elternschaft ist. Man kann ziemlich sicher sein, daß alle 34 Prozent der Theisschen Heimkinder, die als Erwachsene »sozial nicht angepaßt« waren, auch unfähige Eltern wurden, und zusätzlich besteht der Verdacht, daß auch diejenigen mit einer gewissen sozialen Anpassung nicht gerade gute Eltern wurden. Hingegen ist es unwahrscheinlich, daß diese zur Elternschaft unfähigen Menschen kinderlos geblieben sind. Wahrscheinlich haben sie sogar viele Kinder gehabt, und viele davon sind dann vernachlässigt und depriviert worden. So werden aus deprivierten Kindern Eltern, die unfähig sind, für ihre Kinder zu sorgen, weil Erwachsene, denen diese Fähigkeit fehlt, meist in ihrer Kindheit selber depriviert waren. Dieser Teufelskreis ist einer der ernstesten Aspekte des ganzen Problems, auf den wir immer wieder stoßen.

Natürlich gilt der von Theis und Simonsen geführte Nachweis – daß schlechte Familien besser sind als gute Heime – nicht unumschränkt, und es wird in jedem Fall immer darauf ankommen, wie schlecht die Familienverhältnisse sind und wie gut das Heim ist. Und wir sollten nicht vergessen, daß es etwas Schlimmeres gibt als eine schlechte Familie – nämlich gar keine Familie. Wie Spencer[131] in seiner anregenden Studie nachwies, findet die Familie ihren Sinn und Zweck vor allem auch in der Erhaltung der Fähigkeit zu guter Elternschaft. Wird diese Fähigkeit nicht gefördert, kann es dazu kommen, daß eine Funktion versagt, die für den Weiterbestand der Gesellschaft so nötig ist wie die Versorgung mit Nahrung. Und doch werden Erziehungsmethoden nur selten danach beurteilt, was für Eltern sie aus den Kindern machen, auf die sie angewandt werden. Zumindest scheint das nie als Kriterium benutzt worden zu sein, um Erfolg oder Mißerfolg der Methoden zu beurteilen, nach denen z. Zt. die Kinder versorgt werden, die ein normales Familienleben entbehren müssen.

Die Anhänglichkeit von Kindern selbst an Eltern, die nach üblichen Maßstäben außerordentlich schlecht beurteilt werden, löst immer wieder neue Überraschung bei all jenen aus, die diesen Kindern helfen wollen. Selbst wenn sie zu freundlichen Pflegeeltern kommen, fühlen sich diese Kinder in der eigenen Familie verwurzelt und nehmen jede Kritik an den leiblichen Eltern übel. Anstrengungen, die unternommen werden, um Kinder aus dieser schlechten Umgebung zu »retten« und ihnen neue Maßstäbe zu geben, sind meist vergeblich, da es immer die eigenen Eltern sind, die das Kind schätzt – seien sie nun gut oder schlecht – und mit denen es sich identifiziert. (Daran sollte man denken, wenn man Überlegungen anstellt, wie Kindern aus unerträglichen Familienverhältnissen am besten zu helfen ist.) Die Gefühle des Kindes sind nicht weiter überraschend, wenn man bedenkt, daß es trotz aller Vernachlässigung vom einen oder anderen Elternteil von Geburt an versorgt wurde; denn wenn auch Außenstehende noch soviel Grund zur Kritik haben – das Kind ist für vieles dankbar. Schließlich haben die Eltern das Kind sein Leben lang – vielleicht mehr schlecht als recht, aber doch irgendwie – versorgt, und ehe ein anderer nicht das gleiche oder mehr getan hat, sieht das Kind keinen Anlaß, ihm zu trauen. Unglücklicherweise behält es auch meist noch recht. Hat das Kind das Elternhaus erst einmal verlassen, muß es schon großes Glück haben, um einen Menschen zu finden, der sich um es kümmert, bis es erwachsen ist. Selbst bei den besten Vermittlungen für Pflegestellen ist der Wechsel der einzelnen Pflegefamilien ziemlich groß; und auch in guten Heimen ist der Personalwechsel ein Dauerproblem. So freundlich Pflegeeltern oder Heimmütter auch sein mögen, sie können dem Kind gegenüber nicht das gleiche Gefühl absoluter Verpflichtung haben, das alle Eltern – bis auf die ganz schlechten – besitzen. Wenn andere Interessen oder Pflichten rufen, kommt das Pflegekind erst an zweiter Stelle. Das Kind hat also recht, wenn es ihnen nicht traut – aus seiner Sicht kann niemand die Eltern ersetzen.

Zu dieser Schlußfolgerung gelangte auch das englische Gesundheitsministerium in seiner Rückschau auf die Erfahrungen bei der Evakuation von Kindern aus bombenkriegsgefährdeten Gebieten im Zweiten Weltkrieg:

»Eine durch die Evakuation allgemein bestätigte Erfahrung ist die

Bedeutung der eigenen Familie für die Entwicklung des Kindes und das Unvermögen, dem Kind irgendeinen völlig adäquaten Ersatz für die Zuwendung der eigenen Eltern zu bieten. Das hat uns in vieler Hinsicht in der Einsicht bestärkt, daß es viel besser ist, häusliche Verhältnisse zu bessern, um Familien zu erhalten, anstatt Kinder aus unbefriedigenden Familienverhältnissen herauszunehmen.«

Eine Warnung vor dem folgenschweren Entschluß, ein Kind aus seiner Familie herauszulösen, wurde bereits vor 20 Jahren von einer Gruppe angesehener amerikanischer Psychiater und Sozialfürsorger abgegeben[77]:

»Der Entschluß, ein Kind – aus welchen Gründen auch immer – von seiner Familie zu trennen, ist sehr schwerwiegend; er löst Vorgänge aus, die in größerem oder kleinerem Umfang sein ganzes künftiges Leben verändern. Ganz gleich, ob die Trennung wegen Krankheit, Vernachlässigung, Verlassen, Unfähigkeit oder Tod auf seiten der Eltern oder wegen des Verhaltens des Kindes in oder außerhalb der Familie erfolgen soll: Jeder Wechsel, durch den die Erziehung des Kindes Fremden übertragen wird, sollte nur nach langer Überlegung vorgenommen werden . . . Nur allzuoft werden Kinder aus ihren Familien herausgerissen, ohne daß überhaupt die Ursachen der mißlichen Situation untersucht worden sind, oder man hat sich mit einer oberflächlichen Prüfung zufriedengegeben. Viele Fürsorgestellen gehen das Problem auch mit vorgefaßten Meinungen über die Gründe an, die für eine Trennung sprechen, ohne sich die Frage vorzulegen, ob das Elternhaus nicht doch so weit zu verbessern ist, daß das Kind in seiner Familie bleiben kann.«

Vielleicht ist es ganz nützlich, hier noch einmal zu betonen, daß diese vor 20 Jahren niedergeschriebene Feststellung inzwischen immer noch nichts von ihrer Gültigkeit eingebüßt hat. Noch immer ist es in westlichen Ländern üblich, die Lösung vieler Probleme in der Trennung des Kindes von seinen Eltern zu sehen, ohne die schwerwiegende Bedeutung eines solchen Schrittes zu erwägen, und zumeist auch noch ohne eine feste Vorstellung von der Zukunft des Kindes zu haben. Nur zu oft wird vergessen, daß man durch die Trennung eines fünfjährigen Kindes von seiner Familie eine direkte Verantwortung für sein künftiges Glück und Wohlbefinden für die nächsten zehn Jahre übernimmt und daß man bei der Trennung eines Säuglings von seiner Familie riskiert, seine Persönlichkeit zu verkrüppeln.

All das belegt noch einmal die banale Aussage, daß nichts über das Familienleben geht und daß es »nichts Besseres als ein

Zuhause« gibt. So banal er auch klingen mag: die Wahrheit des Satzes wird nur zu oft verkannt, und nach der konfusen, spärlichen Literatur zu diesem Thema zu urteilen, wird den Umständen, unter denen eine Familie aufblüht oder zerrüttet wird, viel zu wenig Aufmerksamkeit geschenkt. Maternelle Deprivation läßt sich aber am ehesten verhindern, wenn man dafür sorgt, daß ein Kind in seiner eigenen Familie die nötige Fürsorge und Zuwendung erhält. Darum sollten wir uns die Bedingungen dafür etwas näher ansehen. Wir weichen damit von der klassischen Berichterstattung über deprivierte Kinder ab. Denn diese hat die Methoden, mit denen Familienverhältnisse verändert und gebessert werden können, so daß die Familie erhalten und zusammenbleibt, nur wenig beachtet und statt dessen eher untersucht, wie man Kinder an anderen Orten am besten versorgen kann. Zu unserem Thema gibt es eine umfangreiche Literatur; aber alle Autoren gehen davon aus, daß Kinder ohne Elternhaus ein unvermeidlicher Bestandteil unserer Gesellschaft sind, und die meisten von ihnen erörtern Fürsorgemöglichkeiten, ohne sich um die Ursachen zu kümmern, die solche Fürsorge erforderlich machen. Natürlich muß man zugeben, daß Kinder gelegentlich außerhalb des eigenen Elternhauses versorgt werden müssen, aber dies sollte immer die letzte aller Möglichkeiten sein, die erst dann erwogen wird, wenn es ganz unmöglich ist, das Elternhaus so zu verändern, daß das Kind dort bleiben kann.

Bei dem Bemühen, die Ursachen dafür zu ergründen, daß die Familienerziehung in gewissen Fällen versagt oder zu versagen scheint, wird der Untersucher sich auf weitgehend unerforschtem Gebiet befinden, das eigentlich nur von einem Team von Fachleuten mit mehr als psychiatrischen Fähigkeiten erkundet werden kann. Trotzdem wird sich zeigen, daß auch und gerade psychiatrische Kenntnisse erforderlich sind, wenn die aufgedeckten Probleme verstanden werden sollen. Der Untersucher neigt daher zu der Schlußfolgerung: Wenn bisher so wenig Fortschritte auf diesem Gebiet erzielt worden sind, so liegt das zum großen Teil daran, daß psychiatrische Erkenntnisse nicht konsequent genug in die Praxis umgesetzt werden.

Die Umstände, unter denen maternelle Deprivation eintritt, lassen sich in drei miteinander zusammenhängende Kategorien einteilen:

a) teilweise Deprivation beim Zusammenleben mit einer Mutter (oder einem ständigen Mutterersatz), die eine ablehnende Haltung dem Kind gegenüber einnimmt;

b) vollständige Deprivation durch den Verlust der Mutter (oder des ständigen Mutterersatzes) durch Tod, Krankheit oder Verlassen, wenn gleichzeitig keine dem Kind vertrauten Verwandten vorhanden sind, die an ihre Stelle treten könnten;

c) vollständige Deprivation durch Trennung von der Mutter (oder vom ständigen Mutterersatz) aufgrund medizinischer oder sozialfürsorgerischer Gutachten.

Natürlich sind die unter a) erwähnten Fälle sehr zahlreich und treten in allen Variationen auf, angefangen bei der Mutter, die den Säugling stundenlang schreien läßt, weil ihr das in einem Buch über Kindererziehung empfohlen wird, bis zur völligen Ablehnung von Säuglingen gleich nach der Geburt. Die teilweise maternelle Deprivation – die manchmal auf Unwissenheit, häufiger aber auf Feindseligkeit der Mutter zurückgeht, die in ihrer eigenen Kindheit Ähnliches erfahren hat – würde ausreichendes Material für ein selbständiges Buch liefern. Viele Erziehungsberater glauben, daß sie für einen Großteil aller Fälle, in denen sie zu Rate gezogen werden, zutrifft und daß ein wichtiger Teil ihrer Behandlung darin besteht, der Mutter zu helfen, sich über ihre eigenen Gefühle dem Kind gegenüber klarzuwerden und deren Ursprung in der eigenen Kindheit zu erkennen. Mit anderen Worten: Die Behandlung der Eltern ist ein wichtiger Bestandteil der Erziehungsberatung. Wir wollen in diesem Bericht aber auf die schwereren Formen von Deprivation eingehen und dabei unsere Aufmerksamkeit vor allem auf Vorbeugungsmaßnahmen richten. In der überwiegenden Mehrzahl der Fälle ist schwere Deprivation eine Folge des Ausfalls der Familie, und deshalb wollen wir uns besonders auf jene Fälle konzentrieren, wo das Kind nie eine Familie hatte, wo die Familie zerrüttet war oder wo Sozialfürsorger das Kind aus einer Familie herausgenommen haben, die angeblich versagt hat. Darüber hinaus gibt es die Fälle, in denen Kinder aufgrund von Fehlanpassung oder physischer Krankheit unter medizinischen oder legalen Vorzeichen aus dem Elternhaus entfernt und damit mütterlicher Zuwendung beraubt worden sind. Sie treten so zahlreich auf, daß wir gesondert auf sie eingehen müssen, auch wenn sie häufig im Ausfall der Familie ihren Grund haben.

ACHTES KAPITEL

Ursachen für den Ausfall der Familie in westlichen Ländern, unter besonderer Berücksichtigung psychopathologischer Faktoren

Alle Versuche, das »normale Familienleben« in Kategorien der Familienstruktur zu definieren, haben sich als unzulänglich erwiesen. Aus der Studie von Curtis[72] und aus dem Bericht des Völkerbunds[90] geht nicht nur deutlich hervor, daß ein Kind auch mit anderen Verwandten als den Eltern ein normales Familienleben führen kann, sondern auch, daß ein Kind bei den eigenen Eltern nicht unbedingt ein normales Familienleben hat. Eine zutreffende Definition wird sich also funktionaler Kategorien bedienen müssen.

Da ein Kleinkind als Organismus nicht zu einem selbständigen Dasein fähig ist, bedarf es einer besonderen sozialen Institution, um ihm während der Zeit seiner Unreife zu helfen. Diese soziale Institution muß ihm zweifache Unterstützung gewähren: zunächst durch die Befriedigung seiner unmittelbaren biologischen Bedürfnisse wie Nahrung, Wärme, Unterkunft und Schutz vor Gefahr; und weiter durch ein Klima, in dem es seine physischen, geistigen und sozialen Fähigkeiten zu voller Entfaltung bringen kann, so daß es als Erwachsener in der Lage ist, in eine erfolgreiche Wechselbeziehung mit seiner äußeren, sozialen Umgebung einzutreten. Dazu ist eine Atmosphäre der Liebe und Sicherheit nötig.

Die Traditionsregeln, die vorschreiben, wer diese unerläßlichen Funktionen der Kinderfürsorge zu erfüllen hat, sind von Gesellschaft zu Gesellschaft verschieden. In den meisten spielen die natürlichen Eltern des Kindes die führende Rolle, obzwar selbst das nicht ausnahmslos der Fall ist. Groß sind die Unterschiede vor allem im Hinblick darauf, in welchem Ausmaß Ersatzpersonen an die Stelle der Eltern treten können, wenn die Eltern noch vorhanden sind. In vielen nicht sehr hochentwickelten Gemeinschaften leben die Menschen in Familienverbänden zusammen, die drei bis vier Generationen einschließen. Nahe und vertraute Verwandte – Großmütter, Tanten, ältere Schwestern – sind hier immer zur Stelle, um in einem Notfall die Mutterrolle zu übernehmen. Wenn der Versorger der Familie ausfällt, wird wirtschaftliche Unterstützung geleistet. Die an einem Ort zusammenlebende Großfamilie stellt ein höchst nutzbringendes System der Sozialversicherung dar. Sogar in westlichen Ländern gibt es noch viele Gegenden, in denen eng zusammenhaltende und durch Heirat eng miteinander verwandte Dorfgruppen ähnliche Sozialleistungen für ihre Mitglieder erbringen. In größerem Ausmaß tritt das Problem der Deprivation wahrscheinlich nur in Gemeinschaften auf, in denen es keine Großfamilien mehr gibt. Das trifft für viele Gemeinschaften der westlichen Industriekulturen zu, weil es hier üblich ist, daß junge Männer und Frauen ihren Geburtsort verlassen und im Lauf ihrer Ehe nicht selten mehrfach den Wohnsitz wechseln. Das Resultat dieser Fluktuation ist, daß viele Familien nur mehr lose Bindungen an ihre Wohngemeinden haben, so daß manchenorts die Tradition, dem Nachbarn in Not zu helfen, völlig versiegt ist. Aus dieser sozialen Aufsplitterung, die von Mumford[107] und anderen beschrieben wurde, ergibt sich die Konsequenz, daß Vater und Mutter nunmehr mit weit größerer Verantwortung für ihre Kinder belastet sind als in primitiveren Gemeinschaften mit engem Zusammenhalt. In zersplitterten Gemeinschaften mangelt es nicht nur an Ersatzpersonen für den Fall, daß Mutter oder Vater zeitwilig oder völlig ausfallen, hier wird eine Familie auch eher zerrüttet, die unter günstigeren Voraussetzungen vielleicht noch zu erhalten gewesen wäre.

In westlichen Ländern ist es heute üblich, daß »normales Familienleben« von Mutter und Vater des Kindes gestaltet wird, und deshalb bezeichnet man die Eltern als »natürliche Primärgruppe« des Kindes. Trotz aller sozialen Zersplitterung ist es noch immer Tradition (wenn auch weniger stark als früher), daß nahe Verwandte die Verantwortung für das Kind übernehmen, wenn diese Primärgruppe aus irgendeinem Grund ausfällt. In jeder Analyse der Ursachen einer Deprivation des Kindes muß deshalb nicht nur geprüft werden, weshalb die natürliche Primärgruppe ausgefallen ist, sondern auch, weshalb Verwandte nicht als Ersatz eingesprungen sind.

Man kann diese Ursachen – nach dem Zustand der natürlichen Primärgruppe – in drei Klassen einteilen:

1. Natürliche Primärgruppe nie zustande gekommen: Illegitimität.
2. Natürliche Primärgruppe intakt, aber nicht effektiv funktionierend:
   Allgemeine Wirtschaftslage – die zu Arbeitslosigkeit des Versorgers und wirtschaftlicher Notlage führt;
   chronische Erkrankung oder Behinderung eines Elternteils;
   Charakterschwäche oder Psychopathie eines Elternteils.
3. Natürliche Primärgruppe zerstört und deshalb außer Funktion:
   allgemeine gesellschaftliche Notlage – Krieg, Hungersnot;
   Tod eines Elternteils;
   Erkrankung mit längerem Krankenhausaufenthalt eines Elternteils;
   Gefängnisstrafe für ein Elternteil;
   Weggang (Verlassen) von einem Elternteil oder von beiden;
   Trennung oder Scheidung;
   Anstellung des Vaters an entferntem Ort;
   Ganztagsbeschäftigung der Mutter.

Jede Familiensituation, auf die eine oder mehrere der oben angeführten Bedingungen zutreffen, muß als potentielle Ursache kindlicher Deprivation betrachtet werden. Ob die Kinder tatsächlich depriviert werden, hängt davon ab, a) ob beide Elternteile oder nur einer betroffen sind, b) ob – wenn ein Elternteil betroffen ist – dem anderen geholfen wird, und c) ob Nachbarn oder Verwandte in der Lage und fähig sind, als Ersatz einzuspringen. In jedem Einzelfall können die Deprivationsursachen erst dann als adäquat erforscht gelten, wenn alle diese Informationen vorliegen.

Zur Zeit ist es nicht möglich, auch nur einigermaßen befriedigende Daten über die Menge der Kinder zu erhalten, die aufgrund der genannten Umstände ein normales Familienleben entbehren müssen. Besonders auffallend ist die Unklarheit bei der zweiten Gruppe, wo die natürliche Primärgruppe noch existiert, aber aus vielfachen Gründen nicht mehr funktioniert. Dann wird von Trägheit, Vernachlässigung, Not, fehlender elterlicher Aufsicht und Grausamkeit geredet, obwohl damit nur die Symptome des Ausfalls und nicht seine Ursachen bezeichnet sind. Es fehlen in auffallender Weise die Angaben über Faktoren, die für derartige Umstände verantwortlich zu machen sind, vor allem über Krankheit und seelische Labilität, die beide doch sehr wesentlichen Einfluß haben können. Ähnlich wird auch bei Fällen der dritten Kategorie die Angabe von Tod oder Weggang eines Elternteils als hinlängliche Information angesehen, ohne daß näher untersucht wurde, ob es der Vater oder die Mutter war, der (die) gestorben oder weggegangen ist, und welche Umstände andere Menschen von der Fürsorge für das Kind abhalten. Es ist nur zu hoffen, daß dieser Bericht dazu führt, daß die Ursache der Deprivation und des Ausfalls von Verwandten als Ersatzpersonen in adäquateren Kategorien erfaßt werden und daß man so zu Daten gelangt, die informativ und mit anderen zu vergleichen sind.

Wir können hier nicht einmal versuchsweise einen vollständigen Überblick über alle vorhandenen Statistiken geben. Um eine Vorstellung von dem Ausmaß des Problems zu vermitteln, bringen wir jedoch einige Daten, die zufällig leicht zu erhalten waren, in Anhang 4: vier Stichproben aus Großbritannien[24, 29, 109, 110], zwei (davon eine unveröffentlicht) aus den USA[100] und eine aus Schweden[140]. Und hier die wichtigsten Schlüsse, die sich daraus und aus Gesprächen mit Sozialarbeitern ziehen lassen:

a) Der Tod eines oder beider Elternteile ist nicht länger von überwältigender Bedeutung. Das ist weitgehend auf die geringe Sterblichkeit von Erwachsenen im zeugungsfähigen Alter und auf die Sozialfürsorge für Witwen mit Kindern zurückzuführen. Weniger als 25 Prozent aller Fälle sind betroffen. In zwei der umfangreichsten Stichproben (einer britischen und einer amerikanischen) lag diese Ursache bei 10 bzw. 6 Prozent.

b) Illegitimität steht in allen Erhebungen an hervorragender Stelle und schwankt zwischen 10 und 40 Prozent. In Säuglingsheimen und Kinderheimen für Kinder bis zu sechs Jahren lag in Dänemark der Prozentsatz etwa bei 80[130].

c) Die nicht mehr funktionierende natürliche Primärgruppe, die zu »Vernachlässigung«, »Not«, »mangelnder elterlicher Aufsicht« oder »Mißratenheit des Kindes« führt, nimmt in allen Untersuchungen außer einer eine hervorragende Stelle ein, und es ist anzunehmen, daß es sich hier um die heute bedeutendste Einzelursache handelt. In einer großen britischen Stichprobe enfallen 60 Prozent auf Not, Vernachlässigung und mangelnde elterliche Aufsicht, während in 26 Prozent der Fälle bei einer New Yorker Untersuchung Fehlanpassung des Kindes beobachtet wurde.

d) Trennung und Scheidung sind verbreitete Ursachen für den Zerfall der natürlichen Primärgruppe: die Angaben decken zwischen 5 und 25 Prozent aller beobachteten Fälle.

e) Eine andere wichtige Ursache für den Zerfall der natürlichen Primärgruppe ist längere Krankheit eines Elternteils mit entsprechendem Krankenhausaufenthalt oder (bei Geisteskranken) Anstaltseinweisung. Geisteskrankheiten und geistige Defekte herrschen vor und decken wahrscheinlich 5 bis 10 Prozent der Fälle.

f) In Großbritannien ist es gesetzlich möglich, daß Eltern, die wegen Mietschulden aus der Wohnung gesetzt werden, die Kinder in der Obhut der Lokalbehörden lassen und sich selbst eine Unterkunft suchen, in der Kinder nicht aufgenommen werden. In einem Distrikt trifft das für etwa 33 Prozent aller Fürsorgekinder zu.

Die meisten dieser Situationen, die Kinder fürsorgebedürftig werden lassen, sind bisher mit unvorstellbarer Gelassenheit als unvermeidliche Gegebenheiten unseres Gemeinschaftslebens akzeptiert worden, und erst in den letzten Jahren hat man den Versuch unternommen, nach den tieferliegenden Ursachen zu forschen. Müssen Illegitimität, Vernachlässigung, Mißratenheit der Kinder und fehlendes Verantwortungsbewußtsein der Eltern als unvermeidliche soziale Mißstände hingenommen werden, oder besteht eine gewisse Aussicht, die Ursachen zu verstehen und zu beseitigen? Wir sind der Auffassung, daß unsere gegenwärtige bessere Kenntnis der menschlichen Natur und das Wissen um die Bedeutung des Familienlebens viele wertvolle Anhaltspunkte bieten. Die Kräfte, die diese bedauerlichen Situationen verursachen, lassen sich ganz allgemein in drei Kategorien einordnen: wirtschaftliche, soziale und medizinische. Unter die erste, die wirtschaftliche Kategorie, fallen die Möglichkeiten oder vielmehr der Mangel an Möglichkeiten, einen ausreichenden Unterhalt für die Familie zu verdienen; unter die soziale Kategorie fällt das Gesellschaftssystem, in dem die Familie lebt und das mehr oder minder große Unterstützung gewährt; unter die letzteKategorie, die medizinische, fallen geistige und körperliche Gesundheit der Eltern, die den Ausschlag dafür geben, welchen Gebrauch man von gegebenen Möglichkeiten machen kann. Manchmal herrschen wirtschaftliche Probleme vor, manchmal soziale oder medizinische, aber meist werden sie zusammenwirken. Wir wollen hier nicht auf die wirtschaftlichen Bedingungen eingehen. Im Folgenden haben wir vielmehr versucht, Art und Wirkung der sozialen und medizinischen Kräfte zu erforschen, und haben uns dabei besonders für psychiatrische Faktoren interessiert.

Keine andere Gruppe von Kindern ist so sehr durch Deprivation aufgrund psychiatrischer Faktoren gefährdet wie die unehelichen. Aus diesem Grund und auch weil die Fürsorge für uneheliche Kinder Sonderprobleme aufwirft, haben wir dieser Gruppe ein ganzes Kapitel gewidmet. Im Vorliegenden beschäftigen wir uns mit den psychiatrischen Faktoren, die den Zusammenbruch der natürlichen Primärgruppe auslösen oder bei einer noch intakten Einheit deren wirksame Funktion verhindern. Wenn man bedenkt, daß Persönlichkeitsstörungen, vor allem bei Müttern, heute fast sicher eine Hauptrolle bei der Mehrzahl der Fürsorgefälle in westlichen Ländern spielen, ist es erstaunlich, daß man diesem Problem bisher so wenig Beachtung geschenkt hat. Diese Störungen tragen ganz besonders zu Vernachlässigung, Grausamkeit, längerer Krankheit eines Elternteils, mangelnder elterlicher Aufsicht, unglücklichen Ehen, Verlassen, Trennung und Scheidung bei. Wir werden uns mit jedem dieser Probleme einzeln befassen und feststellen, wieweit es durch psychische Störungen der Eltern verursacht wurde und wie viele Eltern in einer unglücklichen Kindheit selbst unter Deprivation gelitten haben.

Vernachlässigung: Fälle, in denen die Eltern beschuldigt werden, ihre Kinder vernachlässigt zu haben, sind ganz unterschiedlicher Art. Oft mangelt es nur an äußerer Pflege, und viele erfahrene Sozialarbeiter haben bezeugt, daß es häufig vorkommt, daß scheinbar vernachlässigte Kinder, die schmutzig und schlecht ernährt waren, sich ausgezeichneter seelischer Gesundheit erfreuten und bestimmt nicht unter einem Mangel an Liebe litten. Unglücklicherweise achten manche Fürsorger nur auf den äußeren Gesundheitszustand und – schlimmer noch – andere Äußerlichkeiten, so daß man paradoxerweise erleben kann, wie unter Einsatz großer Sozialmittel ein äußerlich vernachlässigtes, aber psychologisch gut versorgtes Kind in ein äußerlich versorgtes, aber emotional verkümmertes Kind verwandelt wird.

Man kann zumindest zwei Formen der Vernachlässigung unterscheiden: äußerliche und emotionale. Obgleich sie oft gemeinsam vorkommen, kommt es zunächst darauf an, hier gut zu unterscheiden, weil sie ganz verschiedene Behandlung erfordern. Im allgemeinen ist zu erwarten, daß äußerliche Vernachlässigung auf wirtschaftliche Faktoren, Krankheit der Mutter oder Unwissenheit zurückzuführen ist, während emotionale Vernachlässigung das Resultat von Charakterstörungen oder Psychopathie der Eltern ist. Geistige Defekte können bei beiden mitwirken.

Die Gründe, die zusammenlebende Eltern veranlaßten, ihre Kinder zu vernachlässigen, waren Gegenstand einer Untersuchung, die 1948 von einer Gruppe von Engländerinnen unter dem Vorsitz der inzwischen verstorbenen Eva Hubback[110] veröffentlicht wurde. Darin wird zwar betont, daß äußere und wirtschaftliche Faktoren im England von 1946 und 1947 keine so wesentliche Rolle spielten und daß der persönlichen Haltung der Eltern größere Bedeutung beizumessen sei, aber leider wird diese persönliche Haltung im einzelnen nicht untersucht. Wenn auch die Daten, aus denen die Schlüsse gezogen werden, keineswegs befriedigend sind, gibt es doch kein Indiz für eine Überbewertung psychologischer Faktoren – tatsächlich trifft eher das Gegenteil zu.

Äußere und wirtschaftliche Bedingungen sind nach vier Gesichtspunkten unterteilt, und die wesentlichen Ergebnisse lauten: Armut: »Unzureichendes Einkommen kann nicht als direkte Ursache der Vernachlässigung in der Mehrheit der Fälle betrachtet werden«, obgleich »absolute Unfähigkeit, das Haushaltsgeld gut einzuteilen ... deutlich ein Grund dafür sein mag ... Es gab viele Beispiele sinnloser Verschwendung.«

Größe der Familie: »Die meisten Beobachter waren der Meinung, daß die Vernachlässigung der Kinder in großen Familien nicht häufiger vorkommt als in kleinen«, aber »es gibt ausreichende Beweise ... daß zu schnell aufeinanderfolgende Schwangerschaften die Gesundheit der Mutter untergraben können.«

Schlechte Wohnverhältnisse: Obgleich »kein Zweifel daran

bestehen kann, daß schlechte Wohnverhältnisse bereits bestehende Schwierigkeiten noch vergrößern können«, wurde ebenso häufig berichtet, daß »Familien, in denen die Kinder öfter vernachlässigt wurden, nicht in den Slums oder in armseligen Behausungen wohnten«.

Normale Berufstätigkeit der Mutter: Man fand »keinen schlüssigen Beweis, daß das eine Ursache der Vernachlässigung sein könnte« (S. 55–59).

In anderen westlichen Ländern mag es durchaus vorkommen, daß Arbeitslosigkeit bei unzureichender Sozialunterstützung und daraus hervorgehender wirtschaftlicher Notlage einer der wesentlichsten Gründe dafür ist, daß es mit Familien bergab geht und diese schließlich die Kinder vernachlässigen. Aber im England der Jahre, in denen dieser Bericht entstand, war das kaum zutreffend. Dagegen werden die körperlichen und geistigen Krankheiten betont, weil deren Bedeutung nach Ansicht der Verfasser in der Vergangenheit weit unterschätzt worden sei:

»Es besteht Anlaß zu der Annahme, daß eine umfangreichere Untersuchung der Mütter, die ihre Kinder vernachlässigen, bestätigen würde, daß sie nicht nur die für ihre schwere Aufgabe erforderliche Gesundheit nicht besitzen, sondern daß der Gesamtzustand bei vielen sehr zu wünschen übrig läßt . . . es besteht eine weit verbreitete Neigung, psychologische Faktoren zu mißachten. Man erklärt die Vernachlässigung mit schlechten Wohnverhältnissen, Armut und Übervölkerung, aber Gefühlskonflikte oder Abnormität werden nur selten beachtet« (S. 60).

Zu diesem Ergebnis sind also verschiedene Beamtinnen des öffentlichen Gesundheitsdienstes gelangt, nachdem sie »Problemfamilien« untersucht haben. Es handelte sich dabei um Familien, die eine Vielfalt von Sozialproblemen hatten – bei denen dauernde Vernachlässigung der Kinder vorherrschte – und die auf normale Sozialhilfe nicht reagierten. Blacker[21] hat eine sehr brauchbare Zusammenstellung der einschlägigen englischen Literatur veröffentlicht und bezieht auch Queridos Arbeiten in den Niederlanden mit ein. In Problemfamilien sind die Eltern, vor allem aber die Mütter, meist schwer lenkbar und charakterlich haltlos. Geistige Defekte sind zwar nicht selten (sowohl Wofinden[153] wie Savage[128] – der eine in einem städtischen, der

andere in einem ländlichen Distrikt Englands – stellten bei etwa
25 Prozent der Mütter in Problemfamilien geistige Defekte oder
Debilität fest), aber man ist sich einig, daß dies nicht das größte
Problem ist. Sowohl Blacker wie Eva Hubback mit ihrer Gruppe
haben festgestellt, daß fast Schwachsinnige ganz gute Eltern sein
können, wenn die äußeren Umstände nicht allzu belastend sind
und wenn sie nicht zu viele Kinder haben. »Von Schwachsinn
deutlich zu trennen«, schreibt Blacker, »sind oft bei einem oder
beiden Elternteilen, zumeist aber bei der Mutter, Stimmungs-
schwankungen und Haltlosigkeit, die sich in Unzulänglichkeit,
Unverantwortlichkeit, mangelnder Voraussicht und Disziplin
innerhalb der Familie äußern.« Noch theoretischer könnte man
es so ausdrücken, daß es hier an der Fähigkeit zur abstraktiven
Einstellung mangelt. Querido beschreibt das sehr deutlich: »Im
Haus gibt es weder Zeitungen noch Bücher, noch Uhren, noch
Kalender, noch irgendwelche anderen Dinge, die bestimmten
Gesetzen der Ordnung folgen ... Nie wird auch nur der Versuch, zu planen oder zu sparen, unternommen. Kommt Geld
herein, wird es sofort wieder ausgegeben, oft für teure Delikates-
sen.« Diese absolute Unfähigkeit zu logischem Handeln sowie
dazu, andere Dinge als die des Augenblicks zu bedenken, erklärt
weitgehend die Haltlosigkeit und Psychopathie und ist auch für
die geringe Reaktion auf Umerziehungsversuche und andere
Hilfsmaßnahmen verantwortlich. Sowohl Querido wie Wofinden[154] erklären, daß nach ihrer Erfahrung schlechte Wohnverhältnisse nur wenig mit dem eigentlichen Problem zusammenhängen – Kernproblem ist die unerziehbare, psychopathische
Persönlichkeit.

Derartige Persönlichkeitsstörungen, die zu grober Vernachlässigung der Kinder führen können, sind kaum zu beseitigen.
Daneben bestehen aber die vorübergehenden Angst- und De-
pressionszustände, die, wenn sie eine Mutter betreffen, durchaus
dazu führen können, daß sie ihren Haushalt vernachlässigt und
allmählich verkommen läßt. Ihre liebevolle Zuneigung zu den
Kindern erlischt oder mischt sich mit Unduldsamkeit und Bit-
terkeit. Obgleich es sich hier tatsächlich um eine Erkrankung
handelt, die ärztliche Behandlung erfordert, wird das Übel oft
erst erkannt, wenn der Haushalt völlig verwahrlost ist, und man
neigt dann eher dazu, das Ganze als öffentliches Ärgernis anzu-
sehen.

Gespräche mit Sozialarbeitern in den USA, die vor allem in der Kinderfürsorge tätig waren, haben wieder und wieder bestätigt, daß eine Hauptursache der Fürsorgebedürftigkeit von Kindern in emotionalen Störungen der Eltern zu suchen ist, und sie haben betont, in welchem Außmaß eine deprivierte und unglückliche Kindheit der Eltern Ursache ihrer aktuellen Probleme war. Psychopathische und charakterschwache Eltern, die ihre Kinder vernachlässigen, sind in der Hälfte der Fälle nichts anderes als die mittlerweile herangewachsenen gefühlskalten kindlichen Psychopathen, die im Vorstehenden als das typische Produkt materneller Deprivation beschrieben wurden. Sie weisen die gleiche Launenhaftigkeit auf, die gleiche Verantwortungslosigkeit, Unfähigkeit zum abstrakten Denken, mangelnde Lernfähigkeit, Unzulänglichkeit für alle Arten von Hilfe, die gleiche Art von oberflächlichen Beziehungen und die Neigung zu sexueller Promiskuität, die dem Leser inzwischen schon vertraut sind. Gewiß, nicht alle Problemeltern zeigen alle diese Eigenheiten – bei einigen mag die Unfähigkeit nur partiell sein –, aber an dem tieferen Zusammenhang kann kein Zweifel mehr bestehen. Dieser soziale Ablauf: das vernachlässigte, psychopathische Kind wächst heran zum vernachlässigenden, psychopathischen Elternteil, ist bisher nicht genügend beachtet worden. Man hat vielmehr den Eindruck, daß man sich bei Untersuchungen der Problemfamilien viel eher auf schlechte Erbanlagen der psychopathischen Eltern konzentriert hat als auf Ereignisse in deren früher Kindheit. Da die Untersucher diesen Aspekt kaum beachtet haben, sind authentische Daten rar. Im wesentlichen stützt sich unsere These auf die Analyse von 234 Elternpaaren[110], deren Kinder – insgesamt 346 – von 1937 bis 1939 in das Heim von Dr. Barnardo eingewiesen wurden. Leider waren für 60 Prozent der Mütter und 76 Prozent der Väter keinerlei Informationen über ihre Herkunft zu erhalten. Das ist an sich aber schon ein wichtiges Indiz, denn – wie die Untersucher bemerken –: »Wir haben den Eindruck, daß dieser Typ von Eltern ein unstetes Leben führt, daß es ihnen an dauerhaften Bindungen fehlt, was eine vollständige Falldarstellung nicht ermöglicht« (S. 49). Die Fälle, in denen einige Informationen geliefert wurden, sind in Tabelle 11 verzeichnet.

Tabelle 11: Kindheitsumstände der Eltern fürsorgebedürftiger Kinder (in den Heimen von Dr. Barnardo)

Kindheitsumstände	Mütter (%)	Väter (%)
Unehelichkeit	3	4
Heimaufenthalt	6	2
Abnormale Kindheit	49	25
Normale Kindheit	42	69
	100	100
Zahl der Fälle	97	53

Eine »abnormale Kindheit« hatten – laut Definition – »Eltern, die in einer der gesunden Entwicklung wenig förderlichen Atmosphäre, z. B. in einer zerrütteten Familie oder in äußerster Armut, aufwuchsen. Im allgemeinen würden sie unter unsere Kategorien der Vernachlässigung, Ablehnung oder Grausamkeit in früher Kindheit fallen. Die Mehrzahl von ihnen ist körperlich oder geistig behindert« (S. 49). So sind 58 Prozent der Mütter und 31 Prozent der Väter, von denen wir Näheres wissen, nicht in der eigenen Familie aufgewachsen. Diese Daten sind zwar nicht absolut zuverlässig, aber es besteht wenig Anlaß zu der Annahme, daß psychiatrische Fakten hier überbewertet worden sind. Es ist nur zu hoffen, daß man diesem Gesichtspunkt bei weiteren Untersuchungen an Problemeltern mehr Aufmerksamkeit widmen wird.

Physische Grausamkeit: Sie kommt glücklicherweise selten vor und trifft nur in 3–5 Prozent der Fürsorgefälle zu. Es gibt zwar keine psychiatrische Untersuchung der Charaktere und Kindheitserfahrungen grausamer Eltern, jedoch zeigt die klinische Erfahrung bei Schulkindern, die wegen Grausamkeit im Umgang mit anderen zur Behandlung eingewiesen wurden, daß sie unter ernsthafter Fehlanpassung leiden, die fast immer durch schwere Deprivation oder Ablehnung verursacht wurde. Grausamkeit im Umgang mit Tieren und anderen Kindern ist ein charakteristischer, aber nicht allgemeiner Zug des gefühlskalten Psychopathen, und auch von Schizophrenen und Prä-Schizophrenen sind gelegentliche Ausbrüche sinnloser Grausamkeit bekannt. Deswegen kann man wahrscheinlich voraussagen, daß bei einer Untersuchung von Eltern, die ihre Kinder körperlich mißhandelt haben, Persönlichkeitsstörungen vorliegen, die entweder aus Deprivation oder Ablehnung in der Kindheit entstanden oder auf eine schizoide Erkrankung zurückzuführen sind.

Längere Krankheit eines Elternteils: Chronische Erkrankung eines Elternteils, vor allem der Mutter, ist früher als Ursache der Deprivation des Kindes sehr unterschätzt worden. Außerdem müssen wir wieder einmal auf psychologische Faktoren hinweisen. Eine führende amerikanische Autorität, Hopkirk[78], erklärt: »Geistige Erkrankung eines Elternteils ist einer der häufigsten Ursachen der kindlichen Fürsorgebedürftigkeit« (S. 8) – gleichgültig, ob die Mutter in einer Nervenheilanstalt ist oder nicht. Bei der Fürsorgebedürftigkeit der Kinder spielen Geisteskrankheiten wegen ihrer Häufigkeit und langen Dauer eine noch größere Rolle als physische Erkrankungen. Außer der Vernachlässigung des Kindes im Elternhaus, die durch nicht erkannte Neurose und Psychopathie entstehen kann, erfordert auch der längere Anstaltsaufenthalt und die langsame Konvaleszenz richtig erkannter Geisteskrankheit Sondermaßnahmen für die Unterbringung und Versorgung der Kinder außerhalb des Elternhauses.

Unnötig, hier wieder zu betonen, daß hinreichende Beweise auf unglückliche Kindheitserfahrungen als Hauptursache in der Ätiologie der Neurosen und bis zu gewissem Grade auch der Psychosen hindeuten. Zusammenhänge mit zerrütteten Familienverhältnissen weisen wir im Anhang 1 nach.

Mangelnde elterliche Aufsicht: In vielen Ländern sind gesetzliche Maßnahmen vorgesehen, um Kinder mit oder ohne Zustimmung der Eltern deren Erziehungsgewalt zu entziehen, wenn der Verdacht besteht, daß die Eltern »ihre Aufsichtspflicht versäumen«. Viele dieser Kinder sind vernachlässigt oder fehlangepaßt, in manchen Fällen sind sie beides. Da es immer ein Zufall ist, wie die Situation beurteilt wird, und da Fehlanpassung und mangelnde elterliche Aufsicht nur zwei Seiten der gleichen Medalle sind, wollen wir hier nicht weiter darauf eingehen. Mit Fehlanpassung beschäftigen wir uns im vierzehnten Kapitel.

Unglückliche Ehe, Verlassen, Trennung, Scheidung Obgleich eine gleichbleibend glückliche Ehe Voraussetzung jeder guten Familienfürsorge der Kinder ist, hat man sich verhältnismäßig wenig mit den Faktoren beschäftigt, die dazu beitragen. Die beiden gründlichsten Untersuchungen wurden in den dreißiger Jahren in den USA durchgeführt. Da in keinem Fall ein Psychiater oder Psychoanalytiker mitgewirkt hat, gibt es keine Aussagen über die Persönlichkeit oder die geistige Gesundheit der Paare. Andererseits sind die Befunde hinsichtlich der Bedeutung der Kindheitserfahrungen um so auffallender, als sie von gänzlich unerwarteter Seite kommen. Terman[138] führte eine statistische Fragebogenaktion an 792 Paaren in Kalifornien durch. Die drei Faktoren, die die höchste positive Korrelation zu ehelichem Glück hatten, waren: glückliche Ehen der Eltern der Befragten; eigene glückliche Kindheit; keine Konflikte mit der Mutter. Natürlich ist die Verläßlichkeit jeder Fragebogenuntersuchung, die von den Angaben der Befragten ausgeht, Zweifeln ausgesetzt. In diesem Fall werden sie aber entkräftet durch die unabhängige Studie von Burgess & Cottrell[36], die zu fast identischen Resultaten gelangen. Auch sie haben Fragebogen ausgewertet, in ihrem Fall sind es 526 Paare, meist junge Amerikaner der Mittelklasse aus Illinois. Aus dem entsprechenden Teil der Befragung schließen sie:

»Der wichtigste Zusammenhang zwischen irgendeiner Kindheitserfahrung und ehelicher Harmonie bzw. Zwistigkeit, der in dieser Studie hergestellt werden konnte, ist der zwischen Eheglück der Eltern und dem eigenen. Der nächste wichtige Faktor ist die enge Bindung von Ehemann und Ehefrau an die Eltern.«

(Sowohl bei der Frau wie bei dem Mann zeigte die Mutterbindung eine größere positive Entsprechung zu ehelichem Glück als die an den Vater.) Auf die Identität dieser Ergebnisse mit den Befunden von Terman wird ausdrücklich hingewiesen.

Burgess & Cottrell gingen jedoch noch weiter und ergänzten ihre Statistik durch eine detaillierte klinische Studie von hundert Paaren. Danach folgern sie:

»Die affektiven Beziehungen in der Kindheit konditionieren das Liebesleben des Erwachsenen. In der Kindheit geprägte Verhaltensmuster scheinen als dynamischer Faktor über den Ausdruck der Zuneigung des Erwachsenen zu entscheiden. Dieses Ergebnis . . . entspricht mehr oder weniger genau den Befunden, die andere Untersucher durch klinische Studien von Material erreicht haben, das sie in einem längeren Zeitraum durch intensive psychiatrische Befragungen erhalten hatten.«

Diese Erkenntnisse, die bedeutende Psychologen und Soziologen unabhängig voneinander gewonnen haben, sollten als wichtige Bestätigung unserer Hypothese ganz allgemein und auch der besonderen Ausführungen in diesem Kapitel gewertet werden – nämlich, daß deprivierte und unglückliche Kinder auch wieder schlechte Eltern werden.

Ursachen für den Ausfall von Verwandten als Ersatzpersonen

Wir haben bereits betont, daß es in westlichen Ländern immer noch Tradition ist, daß nahe Verwandte die Sorge für die Kinder übernehmen, wenn die natürliche Primärgruppe aus irgendeinem Grund ausfällt. Kein Bericht über die Ursachen der Fürsorgebedürftigkeit eines Kindes ist vollständig, wenn die Frage der Verwandtenhilfe nicht geklärt ist. Ursachen der mangelnden Unterstützung durch Verwandte sind normalerweise:

a) Die Verwandten sind tot, alt oder krank;

b) die Verwandten leben weit entfernt;

c) die Verwandten sind aus wirtschaftlichen Gründen nicht in der Lage zu helfen;

d) die Verwandten lehnen es ab zu helfen;

e) die Eltern hatten nie Verwandte (d. h. sie wuchsen von klein auf in Heimen oder Pflegestellen auf).

Es kann durchaus sein, daß heute in westlichen Gemeinschaften Verwandte weniger zahlreich, älter und für schnelle Hilfe weniger erreichbar sind als früher. Das sind wahrscheinlich Folgen von niedrigerer Geburtenrate, höherem Heiratsalter, Berufstätigkeit der Frau und Zerfall der Gemeinschaft. Aber es gibt gewiß nur wenige Familien, die gar keine Verwandten mehr haben, und fehlende Unterstützung ist eher auf Entfernung, Wohnraummangel oder andere wirtschaftliche Schwierigkeiten zurückzuführen. Wenn das der Fall ist, könnte man oft durch sachgemäße materielle Hilfe erreichen, daß das Kind im weiteren Familienverband bleibt.

Am meisten Schwierigkeiten machen die Situationen d) und e), wo Verwandte entweder ihre Hilfe versagen oder nicht existieren.

Nicht selten bewirken die gleichen Umstände, die weitere elterliche Fürsorge verhindern, auch, daß Verwandte nicht helfen wollen. So hat die unverheiratete Mutter nicht nur wirtschaftliche Sorgen, sondern sie wird auch von ihren Angehörigen verstoßen. Charakterschwäche und Psychopathie, die häufig zu Armut und Vernachlässigung oder zum Aufgeben des Partners führen, stehen in enger Beziehung zu schlechtem Kontakt mit Nachbarn und Verwandten. Brill, zuständiger Beamter der Kinderfürsorge von Croydon, schreibt (persönliche Mitteilung): »Ich stelle in jedem Fall fest, weshalb der Antragsteller keine Unterstützung von Nachbarn oder Verwandten erhält. Sie wird ihm fast immer versagt, weil auch sein Verhalten unnachbarschaftlich ist und weil er sich die Hilfsbereitschaft aller anderen verscherzt hat.« So können Charaktereigenschaften eine wichtige Rolle bei der Zerstörung der ersten und der zweiten Verteidigungslinie gegen »Heimatlosigkeit« spielen.

Wer so glücklich ist, einer großen Familie mit engem Zusammenhalt zuzugehören, weiß meist, welche Sicherheit man aus dem Wissen bezieht, daß im Fall eines überraschenden Todes Verwandte für die Kinder sorgen werden. Das Fehlen einer solchen Großfamilie ist einer der vielen Nachteile, unter denen ein Kind, das kein normales Familienleben kennt, auch dann noch leidet, wenn es erwachsen ist und selber Kinder hat.

Aus diesen Ausführungen geht hervor, daß in einer Gesellschaft mit so niedrigen Sterberaten, einem so hohen Beschäftigungsstand und so adäquaten sozialfürsorgerischen Maßnahmen wie der unseren, die wesentliche Ursache dafür, daß ein Kind kein normales Familienleben kennt, bei den Eltern zu suchen ist. In den meisten Fällen liegt das an der emotionalen Haltlosigkeit und der Unfähigkeit der Eltern, gute Beziehungen in ihrer Familie herzustellen. Das ist an sich schon eine wichtige Erkenntnis. Noch wichtiger ist es aber, festzuhalten, daß diese Kontaktunfähigkeit der Erwachsenen nicht selten darauf zurückzuführen ist, daß ihnen in der eigenen Kindheit ein normales Familienleben vorenthalten wurde. Hier steht der Untersucher vor dem sich ständig aus sich selbst erneuernden sozialen Teufelskreis, durch den Kinder, die ein normales Familienleben nicht gekannt haben, heranwachsen zu Eltern, die ihren Kindern dieses Familienleben nicht schaffen können. Fast alle in der Kinderfürsorge Tätigen sehen in diesem ›circulus vitiosus‹ ein großes, wenn nicht das größte Problem. Hier liegt ein weites Feld, das dringend eingehender Untersuchung bedarf.

Neuntes Kapitel

Verhütung des Ausfalls der Familie

Bei allen Maßnahmen, die getroffen werden, um ein Kind vor materneller Deprivation zu bewahren, sollte man davon ausgehen, daß es keine bessere Methode gibt, als ihm die Fürsorge der eigenen Familie zu sichern. Deshalb sollten alle diesbezüglichen Maßnahmen gefördert werden. Nach dem Bericht des Völkerbunds von 1938[90] haben solche Anstrengungen ermutigende Aussichten auf Erfolg. Darin heißt es nach einem Überblick über alle Möglichkeiten, die sich dem erfahrenen Sozialarbeiter in der Einzelfallhilfe bieten: »In der überwiegenden Mehrheit der Fälle sichert die umsichtige Nutzung aller Hilfsquellen und die Anwendung entsprechender Methoden eine ausreichende Qualität der Kinderfürsorge, die den minimalen Anforderungen der Gemeinschaft entspricht, und es besteht kein Anlaß, das Kind dann von der eigenen Familie zu trennen« (Bd. 1, S. 9). Unter geeigneten Maßnahmen ist im allgemeinen praktische Unterstützung der Eltern in wirtschaftlicher, sozialer und medizinischer Hinsicht zu verstehen.

Im allgemeinen werden drei Einwände dagegen erhoben, daß die Gesellschaft diese Aufgaben übernimmt. Der erste ist rein wirtschaftlich. Gegen den hohen Aufwand sollte man jedoch die immensen Kosten stellen, die durch Krankheit, schlechte Arbeitsleistung, Kriminalität und durch die Zunahme der Zahl deprivierter Kinder entstehen, wenn nicht rechtzeitig geeignete Gegenmaßnahmen ergriffen werden. Weiter heißt es, daß jede Unterstützung die Eigeninitiative der Eltern und deren Selbstbehauptungswillen untergräbt und sie so zu Sozialfällen, zu gewohnheitsmäßigen Fürsorgeempfängern macht. Das ist natürlich möglich, wenn Hilfe gewährt wird, ohne aktive Mitarbeit der Empfänger zu verlangen. Aber das muß ja nicht sein. Fähige, erfahrene Sozialfürsorger werden mit ihren Schützlingen arbeiten und dabei deren Fähigkeiten ausbilden, sich selber zu helfen. Nur wenn der Fürsorger Abhängigkeit gestattet und vielleicht fördert, indem er seinen Schützlingen alles abnimmt und auf deren Mitwirkung ganz verzichtet, kommt es zur Abhängigkeit von der Sozialfürsorge. Schließlich bleibt noch der Einwand, daß der Staat sich nicht in Familienangelegenheiten einmischen solle. Das ist weitgehend richtig, aber man sollte doch bedenken, daß, genau wie Kinder völlig von der Fürsorge ihrer Eltern abhängen, auch die Eltern, besonders aber die Mütter, in wirtschaftlicher Beziehung sich nicht aus dem Rahmen der größeren Gesellschaft lösen können. Das ist nur in den primitivsten Gemeinschaften möglich. Wenn eine Gesellschaft an Nachwuchs interessiert ist, muß sie die Eltern pflegen.

Präventivmaßnahmen gegen den Ausfall der Familie kann man im allgemeinen in die drei Kategorien unterteilen, die sich schon bei der Untersuchung der Ursachen ergeben haben – wirtschaftliche, soziale und medizinische. Da jede Einzelmaßnahme ein Vorgehen in mehrfacher Hinsicht verlangt, wäre es vorzuziehen, wenn man sich auf zwei Kategorien – sozio-ökonomische und sozio-medizinische – beschränken könnte. Diese sollte man aber wiederum unterteilen in Sofortmaßnahmen für bedürftige Familien und Planungen auf lange Sicht, um die Gesellschaft so zu verändern, daß einer jungen Familie die besten Möglichkeiten geboten werden, sich zu entfalten. Damit hätten wir folgende Einteilung:

Direkthilfe für bedürftige Familien
    sozio-ökonomisch,
    sozio-medizinisch, einschließlich psychiatrischer Hilfe.
Auf lange Sicht geplante Gemeinschaftsprogramme
    sozio-ökonomisch,
    sozio-medizinisch, einschließlich psychiatrischer Hilfe.

Direkthilfe für bedürftige Familien

Sozio-ökonomische Hilfe Im Bericht des Völkerbunds[90] ist zwar festgestellt worden, daß

>es zu den unumstößlichen Grundsätzen der Kinderfürsorge gehören sollte, kein Kind der Fürsorge eines sonst kompetenten Elternteils zu entziehen, wenn durch das Gewähren materieller Unterstützung eine Trennung grundlos werden würde« (Bd. 1, S. 8).

Aber es ist klar, daß dieses Prinzip in den meisten Ländern noch nicht befolgt wird. Noch heute gibt es Regierungen, die bereitwillig Beträge im Gegenwert von bis zu 30 Dollar pro Woche für die Heimunterbringung von Kindern aufwenden, die aber davor zurückschrecken würden, einer Witwe, ledigen Mutter oder einer Großmutter auch nur die Hälfte dieses Betrages zu geben, damit sie das Kind zu Hause versorgen kann. Nichts ist typischer für die Einstellung von Staaten und Wohltätigkeitsorganisationen als die Bereitschaft, große Beträge für Kinderfürsorge außerhalb der Familie auszugeben, und eine erschreckende Knausrigkeit, wenn es darum geht, der Familie selber zu helfen. Es ließen sich viele Beispiele anführen, angefangen von den Kosten, die für Krankenhauspflege von Kindern aufgewendet werden, die mit weitaus kleineren Unkosten auch daheim gepflegt werden könnten, bis zu den fünf Pfund, die eine Stadtverwaltung in England wöchentlich für den Krankenhausaufenthalt eines Kindes zahlen darf, während es ihr untersagt ist, die 30 Shilling auszugeben, die es kosten würde, das Kind zu Hause zu betten und zu pflegen. Natürlich wird es immer Schwierigkeiten geben, wenn Familien unterschiedlich behandelt werden – Frau Smith bekommt Decken, warum dann nicht auch Frau Jones? –, aber diese Schwierigkeiten lassen sich anders überwinden als durch Heimeinweisung der Kinder. Insbesondere hat man sich bisher viel zu wenig um die Bedürfnisse von Familien gekümmert, in denen ein Elternteil durch Krankheit, Tod oder aus anderen Gründen fehlt, obwohl das bei einem Viertel aller Fürsorgekinder der Fall ist. Man sollte jede nur erdenkliche Anstrengung unternehmen, um dem verbleibenden Elternteil die Sorge für die Kinder zu erleichtern.

Ledige Mütter von Kindern unter fünf und besonders unter drei Jahren haben in den meisten Ländern die größten Schwierigkeiten, ihren Lebensunterhalt zu verdienen und gleichzeitig für ihr Kind zu sorgen, weil die Kinder noch zu klein für den Kindergarten oder eine andere Form der Gemeinschaft sind. Die Direkthilfe für die Mutter ist zwar nur sehr mager, aber in vielen Fällen werden öffentliche Mittel und Spenden für Tagesheime ausgegeben, die in bestimmten Gebieten von England mehr als drei Pfund pro Kopf und Woche in Rechnung stellen. Diese Ausgabenpolitik ist weder medizinisch noch wirtschaftlich sinnvoll. Tagesheime sind berüchtigt für die zahlreichen Fälle von Infektionskrankheiten, und außerdem nimmt man an, daß sie einen schädlichen Einfluß auf das Persönlichkeitswachstum der

Kinder haben. In wirtschaftlicher Beziehung gewinnt man nur wenig an weiblicher Arbeitskraft, weil auf hundert berufstätige Mütter fünfzig Pflegerinnen entfallen, und außerdem weiß jeder Industrielle, daß Mütter von Kleinkindern oft fehlen, weil die Kinder häufig leicht erkranken. Aus all diesen Gründen sollten Tagesheime nur als Hilfe für ledige Mütter mit Kindern über drei Jahren betrachtet werden, denn erst in diesem Alter können sich die Kinder in einen Kindergarten einfügen. Bis das Kind dieses Alter erreicht hat, sollte man der Mutter direkte finanzielle Unterstützung gewähren.

Im Fall alleinstehender Väter mit mutterlosen Kindern – sei es nun auf Zeit, weil die Mutter im Krankenhaus ist, oder ständig – ist eine Hauspflegerin der Heimunterbringung der Kinder bei weitem vorzuziehen. Diese Hilfen, die in Kanada und den USA über Agenturen vermittelt werden, werden von Baylor & Monachesi[12] genau beschrieben:

»Die Zeit, die eine Hauspflegerin in der Familie verbringt, schwankt zwischen zwei Stunden am Tag und Daueraufenthalt. In manchen Fällen ist eine Hauspflegerin jahrelang im Haus geblieben. Soll eine Hauspflegerin gestellt werden, verlangt die Vermittlung zunächst, daß es ein zuverlässiges Mitglied in der Familie geben muß, dies ist entweder der Vater oder ein älteres Kind . . . Man hat die Hauspflegerinnen ›umgekehrte Stiefmütter‹ genannt. Bei einer Stiefmutter ist Jugend ein Vorzug, bei einer Hauspflegerin ein Nachteil. Der andere große Unterschied zwischen beiden besteht darin, daß die Stiefmutter ihr eigenes Geld ausgibt, während die Hauspflegerin fremdes Geld verwaltet . . .

Die Vorteile dieses Hauspflegerinnendienstes sind von dem ›Protestant Children's Home of Toronto‹ folgendermaßen zusammengefaßt worden:

Hält Interesse und Verantwortungsgefühl des Vaters wach.

Vermittelt den Kindern größere Sicherheit in den Familienbeziehungen.

Durch das Erhalten von Heim und Einrichtung wird der langanhaltende Zusammenbruch vermieden, der bei fast allen Heimkindern zu beobachten ist, ganz gleichgültig, wie sehr der Vater sich um sie bemüht.

Bei großen Familien weniger aufwendig als Heimpflege.

Beziehungen und Status des Kindes innerhalb der Gemeinschaft sind normaler als bei Heimunterbringung.

Vermeidet seelische Belastungen, die eintreten, wenn ein Kind in eine Pflegefamilie hineingewachsen ist und sich wieder von ihr trennen muß« (S. 38, 39).

Es ist nicht zu übersehen, daß diese Art der Fürsorge zumindest im Falle größerer Familien tatsächlich billiger kommt als die auswärtige Unterbringung der Kinder; aber wie es scheint, ist sie (von Hauspflegeprogrammen in England und Schweden einmal abgesehen) zum gegenwärtigen Zeitpunkt in Europa nicht sehr verbreitet.

Aus Gründen der Wirtschaftlichkeit sowohl als auch aus solchen der geistigen Gesundheit betroffener Kinder wäre es sehr zu wünschen, daß Regierungen und karitative Verbände, ehe sie weitere Mittel für die auswärtige Pflege von Kindern ausgeben, doch erst einmal die Frage prüfen, ob alles Mögliche getan wurde, um den Eltern durch finanzielle Unterstützung die Pflege zu Hause zu ermöglichen. Spence[131] trifft den Nagel auf den Kopf, wenn er sagt: »Vieles von dem, was unter dem Namen Sozialhilfe läuft, ist so angelegt, daß es bei den betroffenen Müttern Furcht und Mißtrauen auslöst. Statt ihnen die Hausarbeit abzunehmen, wie es angebracht wäre, nimmt man ihnen die Kinder weg« (S. 50).

Sozio-medizinische Hilfe So wichtig sozio-ökonomische Unterstützung auch häufig sein mag, sie bleibt meist nutzlos, wenn nicht auch eine sozio-medizinische Betreuung erfolgt. In vielen Fällen würden wirtschaftliche Probleme gar nicht erst auftreten, wenn nicht eine körperliche oder seelische Erkrankung, psychopathische Charakterzüge oder häusliche Konflikte aufträten.

Die Gesundheitsfürsorge für die Eltern, insbesondere für die Mütter von Kleinkindern, ist zwar ein äußerst wichtiges Thema, aber in den meisten westlichen Ländern ist sie doch schon allgemeine Praxis, so daß wir hier nicht näher darauf eingehen müssen. Eine besondere Hilfeleistung, die noch immer nicht die verdiente Beachtung erhält, ist die Einrichtung von Erholungsheimen für junge Mütter mit kleineren Kindern. Seit dem Ende des letzten Krieges ist ein solches Heim in der Nähe von Manchester in Betrieb und wird im Bericht der Gruppe von Eva Hubback[110] ausführlich beschrieben. Mütter, die am Rande des körperlichen oder seelischen Zusammenbruchs stehen, können sich hier wochen- oder monatelang erholen, ohne sich sorgen zu müssen, wer sich wohl um die Kinder kümmern mag und was diese anstellen könnten – letzteres eine ebenso verständliche wie unvermeidliche Überlegung bei Müttern von kleineren Kindern. Darüber hinaus kann ein solches Heim für Mütter und Kinder, das mit Einsicht und mit Kenntnis der emotionalen Probleme geführt wird, den Müttern unauffällig dabei helfen, Sicherheit des Gefühls und gegenseitige Zuneigung in die Mutter-Kind-Beziehung zu bringen; wovon ja – wie wir wissen – die zukünftige seelische Gesundheit des Kindes abhängt.

Eine weitere Hilfeleistung, die sich bisher in den meisten Ländern noch im Anfangsstadium befindet, ist die Eheberatung. Bevor man einem Ehepaar, das in Schwierigkeiten geraten ist, wirklich helfen kann, müssen zunächst die Ursachen der Eheprobleme erkannt werden. In vielen Ländern hat man großes Gewicht auf die physische Seite der ehelichen Beziehungen und vor allem auf Sex-Techniken gelegt, aber nach einiger Erfahrung sehen nun alle ein, daß es sich hier nur um einen kleinen, leicht zu erledigenden Teil des Gesamtproblems handelt. Viel wichtiger sind die Charaktereigenschaften der Partner. Burgess & Cottrell[36] haben – wie wir uns erinnern – in ihrer Untersuchung festgestellt, daß die affektiven Beziehungen in früher Kindheit das Liebesleben des Erwachsenen konditionieren. Auf dieser Grundwahrheit beruhen moderne Behandlungsformen. Berkowitz[54] bemerkte in seinem Beitrag zu einem interessanten Sammelwerk amerikanischer Sozialarbeiter zur Diagnose und Behandlung von Eheproblemen: »Wir sehen, daß Menschen, die wegen ihrer Eheschwierigkeiten zu uns kommen, in großem Ausmaß ungelöste Kindheitsprobleme mit sich herumgeschleppt und in die Ehe hineingetragen haben.« Bevor diese nicht klar erkannt und entsprechend behandelt worden sind, wird es kaum zu einer besseren Anpassung kommen. Ganz besonders wichtig ist es, daß der Sozialarbeiter die starken unbewußten Antriebe erkennt, die Mann und Frau motivieren, die Probleme, unter denen sie leiden, überhaupt erst zu schaffen, und daß er bemerkt, wie verzerrt das Verhalten des Ehepartners jeweils gesehen wird. Männer wie Frauen können ihren Ehepartner nicht nur zu unfreundlichem Verhalten provozieren, sie mögen oft ehrlich überzeugt sein, daß dieses Verhalten schlimmer ist, als tatsächlich der Fall. So beruhen denn die Schwierigkeiten auf der Unfähigkeit eines oder beider Partner, befriedigende Beziehungen zu anderen Menschen herzustellen, und das kann nur in psychiatrischer oder psychoanalytischer Sicht erkannt werden. Obgleich diese persönlichen Schwierigkeiten, die noch aus der Kindheit herrühren, die häufigste und schwerwiegendste Ursache ehelicher Zwistigkeiten sind, darf man Mängel in der sozialen Umwelt des Paares nicht übersehen. Wir haben bereits auf die soziale Zersplitterung, die so typisch für viele westliche Gemeinschaften von heute ist, hingewiesen; und diese veranlaßt – wie Wilson[149] nachweist – Männer und Frauen dazu,

»innerhalb der Familie die Befriedigung persönlicher und sozialer Bedürfnisse zu suchen, die schon wegen ihrer Beschaffenheit dort nicht befriedigt werden können. Unter diesen Umständen sind Familienbeziehungen mit einer Art ›Strom‹ geladen, für den sie nicht geeignet sind, und es ist nicht überraschend, wenn die ›Sicherungen‹ häufig durchbrennen.«

Ein guter Eheberater muß deshalb sowohl die allgemeinen soziologischen Faktoren als auch die internen psychologischen Konstellationen beachten. Der Praktiker muß so ausgebildet werden, daß er bei dem speziellen Eheproblem, das er nur als Symptom einer sozio-psychologischen Fehlanpassung kennenlernt, nicht das Symptom behandelt, sondern auf den pathologischen Prozeß, der allem zugrunde liegt, eingeht.

Gleiche Überlegungen treffen auch zu, wenn es zu Reibungen zwischen Eltern und Kindern kommt – ein nicht seltener Anlaß, Kinder aus dem Elternhaus zu entfernen. Das Problem im Einzelfall – Bettnässen, Stehlen, Aggressivität oder was es sonst sein mag – sollte nur als das sichtbare Symptom eines weitaus größeren Komplexes und einer teilweise überdeckten Situation betrachtet werden, in der Psychopathie der Eltern meist eine große Rolle spielt. Erziehungsberater wissen das und verwenden ebensoviel Zeit auf die Behandlung der Eltern wie die der Kinder. Es trifft zu, daß gerade Erziehungsberater eine Zeitlang häufig den Anstoß für die Trennung des Kindes von seinen Eltern gaben, aber inzwischen halten die bedeutenden Kliniker in Europa und Amerika das längst nicht mehr für eine empfehlenswerte Lösung. Natürlich gibt es immer wieder Fälle, in denen eine zeitweilige Trennung nützlich sein kann, und andere, in denen das Elternhaus des Kindes nicht zu verbessern ist, z. B. wenn die Mutter Prostituierte ist. Durch größere Therapieerfahrung und bessere Kenntnis der Psychodynamik von Familienbeziehungen ist man immer mehr geneigt, eine Verbesserung der Familienverhältnisse statt einer Trennung von der Familie anzustreben. Viele anscheinend unlösbare Probleme erweisen sich als gar nicht so schwierig, wenn man sie richtig angeht. In fast allen Familien besteht doch der Wunsch, in größerer Eintracht zusammenzuleben, und das bietet einen guten Ansatzpunkt für positive Veränderungen. Sache des Therapeuten ist es, alle Voraussetzungen dafür zu schaffen, daß dieser Wunsch nach Eintracht zunehmen kann, so daß schließlich der Familienzusammenhalt wiederhergestellt wird, wenn er auch nicht immer vollkommen sein mag. So ist die Einrichtung möglichst zahlreicher Erziehungsberatungsstellen als wichtiger Beitrag zur Sicherung des Familienlebens und damit zur Förderung der seelischen Gesundheit zu bewerten. Darüber hinaus hat man jetzt erkannt, daß diese Arbeit besonders wichtig für Mütter mit kleinen Kindern ist, da in den ersten Lebensjahren das Verhaltensmuster späterer Eltern-Kind-Beziehungen festgelegt wird. Schwierigkeiten heranwachsender Jugendlicher sind nur Wiederholungen von Konflikten, die in frühen Jahren entstanden sind. Probleme, die bei Dreizehnjährigen oft nicht mehr zu lösen sind, können beim Dreijährigen leicht ausgeräumt werden. Der Erfolg von Präventivmaßnahmen hängt weitgehend von der Priorität ab, die wir den ersten Lebensjahren bei der Behandlung einräumen.

Als nützlich haben sich auch besondere Erziehungseinrichtungen für fehlangepaßte Kinder erwiesen. Seit 1939 hat die Stadt Amsterdam ein oder zwei mit Spezialisten besetzte Tagesschulen eingerichtet, in die Kinder nach gründlicher psychiatrischer Untersuchung und entsprechender Diagnose eingewiesen werden. Zwischen Lehrern und Psychiatern besteht ein enger Kontakt, und zudem werden besondere Anstrengungen unternommen, mit den Eltern dieser Kinder zusammenzuarbeiten sowie berufliche Beratung und Nachbehandlung zu garantieren. In London ist man kürzlich dem Amsterdamer Beispiel gefolgt.

Bei älteren Kindern – acht und mehr Jahre – sind manchmal Internate anzuraten. Ist ein Kind fehlangepaßt, mag es ganz nützlich sein, wenn es einen Teil des Jahres fern von den Spannungen ist, die seine Schwierigkeiten bewirkt haben. Wenn das Elternhaus in anderer Beziehung ungünstigen Einfluß ausübt, trifft das gleiche zu. Ein Internat hat den großen Vorteil, daß die überaus wichtigen Bindungen des Kindes an sein Elternhaus – wenn auch leicht vermindert – erhalten werden, und da Internatsleben heute zum allgemeinen sozialen Verhaltensmuster fast aller westlichen Gemeinschaften gehört, fühlt sich das Kind im Internat auch nicht anders als andere Kinder. Außerdem gelingt es den Eltern, wenn die Kinder einen Teil des Jahres nicht bei ihnen sind, vielleicht eher, in der verbleibenden Zeit ein besseres Verhältnis zu ihren Kindern zu gewinnen.

Schließlich ist da noch die Frage der Problemfamilien. Querido[118] hat sie in drei Gruppen eingeteilt:

a) jene, die mit wirtschaftlicher und ärztlicher Unterstützung wieder zu einer effektiven sozialen Einheit werden können;

b) jene, die bis zu einem gewissen Grad immer Hilfe brauchen werden, aber gut darauf reagieren;

c) jene, denen mit allen Fürsorgemaßnahmen nicht mehr geholfen werden kann.

Die zur Rehabilitation der ersten beiden Gruppen nötige Arbeit ist von Eva Hubback[110] gut beschrieben worden. Die Erfahrung hat bewiesen, daß eine Kombination von Ursachenerkenntnis, mitfühlendem Kontakt, harter manueller Arbeit sowie finanzieller und ärztlicher Hilfe manche Familie retten kann, die bei anderer Behandlung und Einstellung moralisch verurteilt worden wäre, keine Sozialunterstützung erhalten hätte und schließlich völlig zerrüttet worden wäre. Verständnisvolle Einsicht ist besonders nötig, wo Unbildung, Armut und schlechter Gesundheitszustand zu der Familienzerrüttung geführt haben. Sind die Hauptursachen Haltlosigkeit und Psychopathie, werden derartige Maßnahmen meist versagen. Aus diesem Grund brauchen Sozialarbeiter psychologische Kenntnisse, damit sie sich nicht in aussichtslosen Fällen unnütz aufreiben.

Es gibt noch keinen festen Plan zur Behandlung von Familien, bei denen Psychopathie der Eltern Ursache der Zerrüttung ist. Der realistischste und konstruktivste Vorschlag, der zur Zeit diskutiert wird, stammt von Querido. Er will ganze Familien unter Aufsicht und leichten Druck stellen durch die Bereitstellung von besonderen Unterkünften, in der jeweils eine kleine Zahl von Problemfamilien unter der Leitung eines entsprechend ausgebildeten Sozialarbeiters leben können. Er argumentiert, daß man ja auch Geisteskranke um ihres eigenen Wohlergehens willen und zum Schutz der anderen unter Aufsicht stellt. So sei es nur vernünftig, auch psychopathische Familien zu beaufsichtigen, weil diese das Wohlergehen der eigenen Familienmitglieder ebenso gefährden wie das von anderen Menschen. Ein derartiges Programm würde aber in allen Ländern gesetzliche Zustimmung erfordern. In den Niederlanden werden entsprechende Gesetzvorschläge gerade erwogen. Querido gibt zu, daß sein Vorschlag »eine ernsthafte Beeinträchtigung der persönlichen Freiheit bedeutet und Möglichkeiten zu Mißbrauch bietet«, andererseits betont er aber auch, daß Problemfamilien eine ernste, sich ständig aus sich selbst erneuernde Gefahr für den sozialen Fortschritt bilden. So ist sein Vorschlag wahrscheinlich die beste Lösung, ehe nicht bessere Methoden der Rehabilitierung psychopathischer Charaktere gefunden werden oder ehe nicht auf lange Sicht geplante Maßnahmen der seelischen Hygiene derartige Entwicklungen überhaupt erfolgreich verhindern.

Langfristige Sozialprogramme

Sozio-ökonomische Entwicklungen Die Zersplitterung der Gesellschaft und der Zusammenbruch größerer Familiengruppen stellt uns in den westlichen Industrieländern vor große Probleme. Es würde den Rahmen dieses Berichts sprengen, wollten wir diskutieren, wie man diesen Tendenzen der gesellschaftlichen Entwicklung entgegenwirken oder ihre Folgen für das Familienleben mildern kann. Eine umsichtige Politik geeigneter Präventivmaßnahmen gegen Deprivation von Kindern kann an diesem Phänomen aber nicht einfach vorbeigehen. In dieser Beziehung könnten weniger entwickelte Länder den hochentwickelten einiges bieten. In diesem Zusammenhang ist eines besonders zu beachten – die größere wirtschaftliche Anfälligkeit der Familie mit Kindern. Beveridge berichtet, daß in England »die Familie immer noch die wesentlichste Einzelursache der Armut ist«, ein Umstand, der auch in allen anderen westlichen Ländern zutrifft. Das hat dazu geführt, daß viele Regierungen Familienunterstützung leisten – ein wichtiger Schritt in geeigneter Richtung. Aber trotzdem sollte man noch überlegen, ob für Kinder unter fünf oder unter drei Jahren nicht noch eine Sonderzuwendung gewährt werden sollte. Wir wissen ja, daß sie bis zu diesem Alter am abhängigsten und hinsichtlich der geistigen Gesundheit am anfälligsten sind. Eine Mutter von Kleinkindern ist viel mehr angebunden als die Mutter von Schulkindern, der eine Teilzeitbeschäftigung möglich ist. Da die Mutter von Kleinkindern nicht mitverdienen kann – oder zumindest nicht mitarbeiten sollte –, haben wir hier ein wichtiges Argument für eine erhöhte Familienbeihilfe, solange die Kinder klein sind.

Sozio-medizinische Entwicklungen   Es gibt noch mehr gute Gründe für eine abgestufte Familienbeihilfe: Bedürftigkeit, die meist Überarbeitung und Unterernährung zur Folge hat, ist eine wichtige Ursache des schlechten körperlichen und manchmal auch seelischen Gesundheitszustandes der Eltern, der – wie wir wissen – Hauptursache für die Deprivation der Kinder ist. Aber auch wenn wir eine Gesundheitsfürsorge auf der Grundlage eines gerechten sozialen und wirtschaftlichen Systems hätten, kann man auf persönliche Gesundheitsfürsorge nicht verzichten. Hier sollten Eltern und vor allem Mütter von Kleinkindern bevorzugt behandelt werden, um der Familienzerrüttung vorzubeugen.

Hier ist vielleicht ein Wort zu der Bedeutung langfristiger Programme zum Schutz der psychischen Hygiene nötig. Bisher war es kaum möglich, solche Planungen überhaupt zu erstellen, weil man sich über die Ursachen mangelnder geistiger Gesundheit nicht einig war. Man weiß seit langem, daß verhältnismäßig wenig geistige Störungen durch Infektion verursacht werden und daß wenige andere erblich sind. Der Ursprung der großen Mehrheit aller Leiden – darunter Neurosen und sogenannte Charakterstörungen – ist jedoch ein Geheimnis und Gegenstand ständiger Kontroversen geblieben. Das ändert sich allmählich, da sich die Beweise mehren, daß die kindliche Erfahrung in der Familie während der ersten Lebensjahre eine wichtige Voraussetzung für die gesunde seelische Entwicklung ist. Das auffälligste Merkmal von Menschen, die unter psychischen Störungen leiden, ist – wie inzwischen festgestellt – deren Unfähigkeit, freundliche, vertrauensvolle und kooperative Beziehungen zu anderen Menschen herzustellen und zu erhalten. Die Fähigkeit dazu ist potentiell von Natur aus genauso vorhanden wie die Fähigkeit, zu verdauen oder zu sehen. Und ebenso wie wir Verdauungs- und Sehstörungen als Krankheitssymptome und Folgen eines Traumas werten, betrachten wir auch die Unfähigkeit zu vernünftigen menschlichen Kontakten als Krankheitserscheinung. Die Entwicklung dieser Fähigkeit hängt – wie wir wissen – in hohem Maß von der Beschaffenheit der Eltern-Kind-Beziehung in den ersten Lebensjahren ab. Aufgrund dieser ätiologischen Theorie hat die Expertenkommission für geistige Gesundheit bei der Weltgesundheitsorganisation in dem Bericht über ihre erste Sitzung[157] mit besonderem Nachdruck hingewiesen auf »die wünschenswerte Konzentration aller therapeutischen und präventiven Maßnahmen vor allem auf dem Gebiet der Kinderpsychiatrie«.

In der Praxis bedeutet das nicht nur Behandlung der Kinder, sondern auch psychiatrische Hilfe für die Eltern, insbesondere für Eltern von Kleinkindern, da Kleinkinder ja in einer besonders empfindlichen Phase ihrer emotionalen Entwicklung stehen und schnell reagieren. Da der Bedarf an Psychotherapie bei weitem die vorhandenen Möglichkeiten übersteigt und eine Prioritätenordnung unvermeidlich ist, wenn wir das Vorhandene richtig nutzen wollen, sollten zunächst Patienten behandelt werden, die sowohl Schlüsselfiguren sind als auch schnell und anhaltend auf die Behandlung ansprechen. Wer bereits mit Eltern, vor allem mit Müttern von Kleinkindern, gearbeitet hat, ist überzeugt, daß es keine fruchtbarere psychische Hygieneleistung gibt als diese.

Eine psychische Präventiv-Hygiene erfordert zusätzlich frühe und wirksame Hilfe für Familien, die bereits in Schwierigkeiten geraten sind, darunter auch Maßnahmen, die eine Entfernung der Kinder aus dem Elternhaus verhindern helfen, und schließlich die bestmögliche Fürsorge für Kinder, die aus irgendeinem Grund nicht in ihrem Elternhaus bleiben konnten. Mit derartigen Maßnahmen könnte man im Verlauf von zwei oder drei Generationen erreichen, daß alle Jungen und Mädchen sich zu Männern und Frauen entwickeln, die, wenn man ihre Gesundheit und wirtschaftliche Stellung gesichert hat, ihren Kindern ein stabiles, glückliches Familienleben schaffen können. Nur so kann man hoffen, die geistige Gesundheit zu fördern und viele der Faktoren zu eliminieren, die heute noch dazu beitragen, daß Kinder an Deprivation mütterlicher Zuwendung leiden müssen.

Langfristige Programme der psychischen Hygiene müssen also als psychiatrische Fürsorge von Einzelfamilien auf breiter Basis geplant werden.

Ein derartiges Präventivprogramm gegen den Ausfall der Familie verlangt – das geben wir zu – ungeheure Anstrengungen. Für die praktischen sozialen und psychologischen Dienstleistungen, die in der Eheberatung, Erziehungsberatung und in der

Arbeit mit den Eltern von Kleinkindern bestehen, ist eine große Zahl fähiger Sozialarbeiter erforderlich. Ihre Ausbildung kostet Geld und Zeit, ist aber auf die Dauer weitaus billiger und wirksamer, um das Problem der »heimatlosen Kinder« zu lösen, als die Einrichtung von Heimen und Pflegestellen.

Hier ergibt sich nun die Frage: Wo stehen in diesem Programm fachlich qualifizierte Mitarbeiter ohne psychiatrische Ausbildung wie Ärzte, Schwestern, Sozialarbeiter u. a. m.? Soll ihre Mitarbeit hier ausgeschlossen werden? Nein, im Gegenteil – die Antwort ist einfach und deutlich: Nur wenn alle diese Mitarbeiter entsprechend geschult sind, kann die Arbeit mit dem nötigen Effizienzgrad erfolgen. In der Präventivmedizin westlicher Länder haben wir inzwischen einen Stand erreicht, wo durch Infektion und schlechte Ernährung verursachte Krankheiten überwunden sind und wo der Gesundheitsfürsorger Zeit und Energie auf den Schutz der seelischen Gesundheit verwenden kann. So begrüßenswert das ist: ehe die Fürsorger entsprechend eingesetzt werden können, ist eine Umschulung und eine radikale Veränderung ihrer bisherigen Ansichten und Haltungen erforderlich. Grundsätze und Praxis psychologischer Behandlung und präventiver Maßnahmen zum Schutz seelischer Gesundheit lassen sich nicht in wenigen Wochen und Monaten erlernen, ebensowenig wie die Prinzipien und Pflege der körperlichen Gesundheit. Ehe Umfang der Umschulung und Veränderung der Anschauungen, die hier erforderlich sind, nicht deutlich erkannt und vollzogen worden sind, wird der nichtqualifizierte Sozialarbeiter trotz allen Eifers in diesem Bereich scheitern. Wer hier wirksam arbeiten will, muß mit der Psychologie und Psychopathologie menschlicher Beziehungen durch und durch vertraut sein, wach und empfänglich für unbewußte Motivationen und fähig, diese zu beeinflussen. Eine entsprechend weit gefächerte Berufsausbildung und Umschulung ist heute erstes Erfordernis sowohl für die psychische Hygiene als auch zum Schutz und zur Erhaltung der Familie.

ZEHNTES KAPITEL

Uneheliche Geburt und Deprivation

In westlichen Gemeinschaften existieren zwei Spielarten der Illegitimität: Illegitimität, die sozial gebilligt wird, und solche, die auf Ablehnung stößt. Zu der Illegitimität, die in einigen westlichen Gemeinschaften weitgehend sozial akzeptiert wird, gehört die Konvention, die von einem Mädchen fordert, daß es vor der Eheschließung seine Fruchtbarkeit beweise. Ferner ist die Übereinkunft eines Paares, das zusammenlebt, als sei es verheiratet, dessen Bindung aber nicht legalisiert ist, dazuzurechnen. Und schließlich gibt es noch Subkulturen, meist in ärmeren Schichten, wo ein uneheliches Kind die Mutter nicht belastet und beide in der Großfamilie Unterstützung finden.

Leider werden diese wichtigen Unterscheidungen in den offiziellen Illegitimitäts-Statistiken nicht berücksichtigt, und so können sie uns nur wenig nützen. Will man verhindern, daß Kinder ohne normales Familienleben aufwachsen, ist es unbedingt erforderlich, genaue Daten über die sozial nicht akzeptierte Illegitimität zu erhalten, da nur diese Kinder einem Risiko ausgesetzt sind. Wir werden uns hier ausschließlich mit diesen Fällen beschäftigen.

Charakter und Familienverhältnisse der Eltern von unehelich geborenen Kindern

Bisher betrachtete man die Tatsache, daß ledige Mädchen schwanger werden, reichlich fatalistisch und erledigte das mit dem Hinweis auf die menschliche Natur. Bis auf moralische Vorhaltungen kümmerte man sich nur wenig um vorbeugende Maßnahmen. Aus amerikanischen Untersuchungen geht jedoch hervor, daß Mädchen mit einem gesellschaftlich nicht akzeptierten unehelichen Kind oft aus unbefriedigenden Familienverhältnissen kommen und neurotische Züge tragen, wobei das uneheliche Kind nur eine Art Symptom der Neurose ist.

Young[158] z. B. hat hundert ledige Mütter zwischen 18 und

40 untersucht, die zwar in der Intelligenz, Erziehung sowie der sozialen und wirtschaftlichen Stellung große Unterschiede zeigten, mit ihrer Intelligenz aber alle ziemlich weit über dem Durchschnitt lagen. Sie stellte fest, daß 40 dieser Mädchen dominierende und ablehnende Mütter, daß weitere 20 dominierende und ablehnende Väter hatten und daß die Beziehung des Mädchens zu dem dominierenden Elternteil »ein Schlachtfeld war, auf dem ein erbitterter Kampf ausgetragen wurde, und daß das Kind integraler Bestandteil dieser Auseinandersetzung war.« Nicht weniger als 43 Mädchen waren in zerrütteten Familien großgeworden, ein Befund, der durch eine Untersuchung aus Toronto[142] bestätigt wird, die an 57 ledigen Müttern durchgeführt wurde und bei 30 von ihnen zerrüttete Familienverhältnisse feststellte und in weiteren 10 Fällen eheliche Streitigkeiten der Eltern. Alle von Young untersuchten Mädchen hatten schon immer »grundsätzlich Schwierigkeiten im Umgang mit anderen Menschen gehabt. Einige von ihnen konnten nicht einmal ganz oberflächliche Beziehungen unterhalten, andere kamen mit Gelegenheitsbekanntschaften und Freunden ganz gut aus, waren aber nicht in der Lage, eine herzliche, enge Beziehung zu einem anderen Menschen einzugehen ... Diese Probleme traten auch bei ihrer Arbeit auf, und deshalb konnten nur wenige von ihnen mehr als einen geringen Teil ihrer natürlichen Intelligenz und ihrer Begabungen auswerten ... Alle diese unglücklichen, von unbewußten Bedürfnissen getriebenen Mädchen hatten blind einen Ausweg aus ihrem emotionalen Dilemma gesucht: eben durch dieses uneheliche Kind. Es ist nicht erstaunlich, daß man unter ihnen fast kein Mädchen findet, das eine echte Bindung an den Vater ihres Kindes hatte oder glücklich mit ihm war.«

Fast keines dieser Mädchen war promiskuös, und nur ein Viertel der Gruppe hatte mehr als bloß vorübergehende Beziehungen zu dem Vater des Kindes unterhalten. Bei allen zeigte sich ein starker unbewußter Wunsch, schwanger zu werden, manchmal motiviert durch das Verlangen nach einem Liebesobjekt, das sie nie gehabt hatten, und manchmal durch den Wunsch, die Schande als Waffe gegen dominierende Eltern zu benutzen. Es ist bemerkenswert, daß eine große Gruppe eigensinnig und irrational darauf bestand, daß die Mutter trotz all ihrer Einwände das Kind versorgen sollte. Neben dem Bedürfnis, das Kind als

Waffe gegen die Eltern zu verwenden, bestand aber auch das Verlangen, es als Waffe gegen sich selbst zu richten:

»In ihrem Charakterbild fand sich am häufigsten die Neigung zur Selbstbestrafung. Fast keiner dieser Fälle war ganz frei von ihr, und bei vielen war sie die treibende Kraft in ihrem Leben. Dieser Drang war so tief verwurzelt und so mächtig, daß die Mädchen es oft nicht zuließen, daß etwas oder jemand sich diesem selbstzerstörerischen Prozeß entgegenstellte.«

Obgleich man nicht sagen kann, wie weit Youngs Beispiele typisch sind, glauben auch viele erfahrene Sozialarbeiter mit psychologischer Schulung, daß es nicht zufällig, sondern neurotisch ist, wenn viele Mädchen ledige Mütter werden. In anderen Fällen sind die Mädchen psychopathisch oder zurückgeblieben. 25 von 93 ledigen Müttern, deren Kinder in den Heimen von Dr. Barnardo[110] untergebracht waren, hatten z. B. moralische Defekte und waren zweifellos promiskuös, weitere zehn waren stumpf und zurückgeblieben, geistig unterentwickelt oder geistesgestört. Über die anderen liegen keine besonderen Angaben vor, obgleich einige von ihnen zweifellos in der Anlage denen von Young geschilderten glichen.

Der Charakter des unverheirateten Vaters ist selten untersucht worden, und man weiß nicht viel über ihn. Nach Meinung vieler erfahrener Sozialarbeiter sind viele dieser Männer haltlos und versprechen völlig verantwortungslos die Ehe. Im Vergleich zu der ledigen Mutter sind sie öfter promiskuös und bringen in kurzer Zeit mehrere Mädchen in Schwierigkeiten. Die Psychologie gewohnheitsmäßig promiskuöser Männer ist im Zusammenhang mit der Verhinderung von Geschlechtskrankheiten untersucht worden. Wittkower[152], der zweihundert geschlechtskranke Soldaten und eine 861 Männer starke, nach Alter, Militärzeit und Wohnverhältnissen ähnliche Kontrollgruppe, deren Mitglieder unter Hautausschlag litten, untersuchte, stellte fest:

»Das Gesamtbild des geschlechtskranken Patienten zeigt, daß er oft emotional, sexuell und sozial unreif ist, während er physisch und intellektuell durchaus die volle Reife erreicht haben kann. Wie zu erwarten, ist der Nachweis der Unreife bei gewohnheitsmäßig Promiskuösen auffallender als bei gelegentlich promiskuösen Individuen ... 95 Prozent unserer Geschlechtskranken waren emotional unreif gegenüber 19 Prozent der Kontrollgruppe. Nur 11 Prozent der geschlechtskranken Patienten konnten als reife Persönlichkeiten bezeichnet werden, im Vergleich zu 62 Prozent der Kontrollgruppe.«

Unter den Faktoren, die zu Promiskuität führen, führt Wittkower Liebesverlangen auf, dazu Angst und Rache auslösende Situationen. »Der sogenannte biologische Sexualtrieb, so stark er auch scheinen mag, spielt in den meisten Fällen von Promiskuität nur eine kleine Rolle« – wie ja auch Durst wenig mit chronischem Alkoholismus zu tun hat.

Versucht man die Entwicklung dieser haltlosen, unreifen Persönlichkeit, deren unsoziales Verhalten soviel Elend heraufbeschwört, zu verstehen, stößt man – wie auch bei den ledigen Müttern – oft wieder auf die Kindheit und die Beziehungen zu den Eltern. In Anhang 1 bringen wir Zusammenfassungen von zwei Untersuchungen, die Promiskuität auf zerrüttete Familienverhältnisse zurückführen. Wir wollen sie hier der Vollständigkeit halber ansprechen. In ihrer Studie über 225 promiskuöse Männer haben Safier & Mitarbeiter[127] entdeckt, daß 60 Prozent von ihnen aus Familien kamen, die durch Tod, durch Scheidung oder Trennung zerrüttet worden waren. Zum Zeitpunkt der Familienzerrüttung waren die Kinder durchschnittlich sechs Jahre alt.

»Bei den Patienten, deren Familie zerrüttet war, kam es nicht selten vor, daß sie die Kindheit in Internaten, Pflegestellen, Heimen oder bei Verwandten verbracht hatten. Eine ganze Anzahl hatte häufig gewechselt. Einige Patienten hatten von Geburt an keine elterliche Fürsorge kennengelernt oder mußten sie kurz nach der Geburt entbehren. Einige waren unehelich geboren worden. In anderen Fällen hatten Vater oder Mutter oder beide wieder geheiratet, und der Patient war mit Stiefvater bzw. Stiefmutter aufgewachsen. Die Patienten berichteten von ihren Anpassungsschwierigkeiten an die sukzessiven Veränderungen innerhalb der Familie. Sprünge und Unregelmäßigkeiten in Ausbildung und Erziehung traten oft als Folge des häufigen Wechsels von einem Elternteil zum anderen ein ... Die Konflikte zeigten sich am deutlichsten in Fällen mit unregelmäßigem Familienleben und wechselnder Fürsorge« (S. 10).

Diese Schilderung wird bestätigt von Bundesen & Mitarb.[35], die bei 56 Prozent einer Gruppe von 50 Patienten den Nachweis abnormaler Kindheitsbedingungen und zerrütteter Familienverhältnisse brachte.

Vorläufige Untersuchungen wie diese demonstrieren weitgehend, daß es in westlichen Ländern emotional gestörte Männer und Frauen sind, die uneheliche Kinder der sozial nicht erwünschten Kategorie produzieren. Mehr noch, sie dokumentieren noch einmal eindringlich den sozialen Prozeß, in dem die eine Generation von Kindern ohne mütterliche Zuwendung die nächste Generation zeugt.

Fürsorge für uneheliche Kinder

Es gibt zwei Möglichkeiten, zu verhindern, daß ein uneheliches Kind Fürsorge außerhalb der eigenen Familie braucht – einmal, indem man überhaupt verhindert, daß es empfangen wird, und zweitens, indem man, wenn es einmal da ist, seine Versorgung realistisch plant. Die Senkung der Geburtenrate sozial unerwünschter unehelicher Kinder ist nur durch langfristig geplante Maßnahmen zu erreichen. Wir werden uns später damit befassen. Heute sieht es so aus, als müßten sich westliche Gemeinschaften noch viele Jahrzehnte lang mit dem Problem beschäftigen, wie diese Kinder am besten versorgt werden. Es liegt zwar auf der Hand, daß wirksame Eingriffe – wie immer – nur möglich sind, wenn echte Informationen und Erkenntnisse vorliegen, aber es fehlt jede Untersuchung, wie am besten für das uneheliche Kind gesorgt werden kann. Und das ist schon verdächtig.

In verschiedenen europäischen Ländern, so z. B. in den Niederlanden, in Schweden und Großbritannien, verfolgt man eine Politik, die ermöglichen soll, daß das Kind in der Aufsicht der ledigen Mutter bleibt. In einem Rundschreiben des britischen Gesundheitsministeriums[74] werden Sozialarbeiter im Umgang mit ledigen Müttern dazu angehalten, »wann immer nur möglich zuallererst das Mädchen zu überreden, daß es den Eltern seinen Zustand entdeckt; und – wenn Aussicht auf eine günstige Aufnahme besteht – die künftigen Großeltern zu überreden, das Kind bei sich aufzunehmen«. Sonst sei nach Alternativen zu suchen wie etwa Heimarbeit der Mutter, Tageskinderkrippe, Pflegestelle. Nur »in Sonderfällen, wenn die Mutter noch sehr jung oder mit einem Mann verheiratet ist, der nicht der Vater des Kindes ist, ist zur Adoption zu raten.« In den Niederlanden gibt es keine legale Adoption. Forscht man jedoch in all diesen Ländern nach, wie es dem unehelichen, nicht adoptierten Kind

ergangen ist, kann man nichts Gültiges erfahren. Dennoch sind
Berichte wie der des für Willesden zuständigen Gesundheitsfürsorgers[148] alles andere als beruhigend. In einer erschütternden
Schilderung der ruhelosen, sich stets verändernden Lebensweise
von Pflegekindern seiner Gemeinde schreibt er 1939:

»Die Mehrheit der Pflegekinder ist unehelich. Ihre Mütter sind meist
berufstätig und arbeiten bis zu einem Monat vor der Niederkunft. In
diesem letzten Monat sind sie dann arbeitslos und müssen sowohl für
sich selber sorgen wie auch einige Vorbereitungen für das Kind treffen.
Meist werden sie im Krankenhaus entbunden. Nach zehn bis vierzehn
Tagen werden sie entlassen. Sie haben kein Geld mehr. Sie wissen nicht,
wohin sie gehen sollen. Sie sind durch das Kind belastet. Sie müssen
möglichst schnell wieder arbeiten. Oft scheint die Mutter dann eine Frau
zu finden, die entweder aus Mitleid oder in der Hoffnung auf spätere
Entlohnung das Kind übernimmt, während die Mutter Arbeit sucht.
Das Kind wird vielleicht ganz gut versorgt – und wenn das nicht so
ist, wird die Mutter es nicht so genau nehmen. Sie ist ja froh, daß man
ihr das Kind überhaupt abgenommen hat. Wenn sie eine Arbeit findet
und die Frau bezahlen kann, mag es sein, daß das Kind eine Zeitlang
in dieser Pflege bleibt. Aber wenn die Zahlungen zu gering sind und
unregelmäßig erfolgen, wird das Kind von einer Pflegestelle zur andern
wandern und keinen festen Halt im Leben finden.«

Es gibt kaum Grund zu der Annahme, daß sich in den letzten
Jahren in dieser Beziehung in Großbritannien viel geändert hat.
Eine Londoner Institution, die sich der Fürsorge für ledige Mütter widmet, weist in einem Bericht über die Vermittlung von
tausend Säuglingen im Zeitraum 1949 bis 1950 nach, daß 22 Prozent bald nach der Geburt zu Pflegeeltern oder ins Heim gekommen sind. Die meisten anderen lebten bei ihren ledigen Müttern.
Daß viele dieser Kinder früher oder später auch den Weg in
Heime oder Pflegestellen antreten müssen, beweist der Bericht
einer anderen Londoner Vermittlung, die es sich zur Aufgabe
gemacht hat, ledige Mütter zu ermutigen, selbst für ihre Kinder
zu sorgen, und die den Müttern, wenn nötig, finanzielle und
andere Unterstützung in allen nur erdenklichen Fällen gewährt.
»Man sollte sich jedoch darüber klar sein, daß der Wohnungs-
mangel es ledigen Müttern immer mehr erschwert, das Kind von
Geburt an bei sich zu behalten, und so ist es mehr als wahrscheinlich, daß es einen Großteil seiner Kindheit bei Pflegeeltern
oder in Heimen verbringen wird« (persönliche Mitteilung).

Ein Maßstab für die Vernachlässigung des Problems ist in allen westeuropäischen Ländern das Fehlen zufriedenstellender Daten. Sind entsprechende Informationen aber erhältlich, geht daraus deutlich hervor, daß in einigen Ländern zumindest ein großer Teil der unehelichen Kinder, wahrscheinlich mehr als die Hälfte, unter gefährdenden Umständen aufwächst und unter materneller Deprivation verschiedenen Grades leidet. So werden aus diesen Kindern Persönlichkeiten, die wiederum andere der gleichen Art hervorbringen werden. Das Fehlen von Untersuchungen über den weiteren Lebensweg lediger Mütter (trotz all der verschiedenen und nachdrücklich vertretenen Auffassungen, welchen Weg sie am besten einschlagen sollen) ist gleichermaßen symptomatisch für das öffentliche Desinteresse und die wissenschaftliche Einstellung zu diesem Problem.

In Kanada und den USA sieht das ganz anders aus. Dort sind in den letzten Jahren Untersuchungen angestellt worden, was mit unehelichen Kindern geschehen ist, die nicht adoptiert worden sind. 1943 veröffentlichte der ›Welfare Council of Toronto and District‹[142] eine Untersuchung von Geschichte und Anpassung unehelicher Kinder zwischen 14 und 15 Jahren, die bei Müttern oder Verwandten aufgewachsen waren. Von den 92 befragten Kindern (49 Jungen, 43 Mädchen) waren nur 25 von Geburt an bei der gleichen Familie geblieben, doch lebten weitere 19, obzwar in wechselnden Umgebungen, ständig in der Nähe ihrer Mutter. Die restlichen 48 (52%) hatten die Mutter-Figuren gewechselt – oft zwei-, dreimal und öfter. In der Studie wird auch belegt, daß ein großer Teil dieser Kinder (47%) Zeichen von Fehlanpassung aufweist und daß das auf die vorausgegangenen Erfahrungen zurückzuführen ist. Das zeigt sich deutlich in Tabelle 12 (Seite 138), die den Zusammenhang zwischen dem Auftreten von Fehlanpassung und dem Alter, in dem das Kind ständiges Familienmitglied wurde, zeigt.

Die Tabelle zeigt deutlich, daß die Anpassung um so größer ist, je eher das Kind dauerhaft in eine Familie aufgenommen wird – ein kaum überraschender Befund. In 21 Fällen (17 Jungen, 4 Mädchen) zeigte sich die Form der Fehlanpassung in Verwahrlosung (meist Stehlen und Schuleschwänzen). Ein Mädchen war mit 15 Jahren ausgerissen und schwanger geworden – ein weiteres Beispiel für den Teufelskreis der Deprivation. Wie viele andere der 20 Kriminellen – fast ein Viertel der Gesamtgruppe

Tabelle 12: Auftreten von Fehlanpassung in Abhängigkeit von dem Alter, in dem das uneheliche Kind dauerhaft in einer Familie untergebracht wird (nach der Toronto-Studie)

Alter der Aufnahme in Familiengemeinschaft

Anpassung des Kindes	unter 3 Jahren %	4–7 %	nach 7 %	Insgesamt %
Fehlangepaßt	33	50	84	47
Angepaßt	67	50	16	53
	100	100	100	100
Zahl der Kinder	55	18	19	92
P<0,01				

– werden später wieder uneheliche oder deprivierte Kinder haben?

Wie der Bericht hervorhebt, wuchsen die kriminellen Kinder mit wenigen Ausnahmen in zerrütteten oder unglücklichen Verhältnissen auf. »Die Kinder wurden aus Familien, in denen sie glücklich waren und sich geliebt fühlten, herausgerissen und in Heime gebracht, wo sie unerwünscht waren. Andere sind praktisch von Geburt an von den Menschen, bei denen sie lebten, abgelehnt worden.« Hier haben wir – falls noch erforderlich – weitere Beweise dafür, daß Fehlanpassung aus Deprivation entsteht.

Die Toronto-Studie enthüllt einen bedauerlichen Tatbestand, den ihre Verfasser auf die Politik zurückführen, die von den Vermittlungen betrieben wurde, welche die ledigen Mütter vor der Geburt berieten – dort wurde nämlich der Standpunkt vertreten, daß die ledige Mutter selber für ihr Kind sorgen solle. Es ist klar, daß viele der Mütter durch diese relativ strengen Vorhaltungen beeinflußt wurden. So kam es dazu, daß einige derjenigen, die für ihre Kinder in der Zeit der größten Abhängigkeit gesorgt hatten, es später unmöglich fanden, sich von ihnen zu trennen, selbst wenn sie einsehen mußten, daß es auch künftig wenig Möglichkeiten geben würde, ein normales Leben zu führen, in dem das Kind sich normal entwickeln könnte. Andere hatten sich schnell gegen die Bevormundung der Fürsorgerin aufgelehnt und sich ihrer Kinder so gut wie möglich entledigt. In wieder anderen Fällen waren die Eltern der Mütter gezwungen, gebeten oder ermutigt worden, Unterkunft zu gewähren, obgleich die Beziehung zwischen der ledigen Mutter und ihren Eltern seit langem gestört war, mit dem Ergebnis, daß das Kind nun Ursache weiterer Reibungen wurde. Natürlich gab es Fälle, wo das gut ausging. Das scheint aber nur in Fällen zuzutreffen, wo die Mutter sehr ausgeglichen war, gute Beziehungen zu ihren Eltern hatte und das Kind und dessen Vater liebte – Umstände, die nicht allzu häufig anzutreffen sind.

Etwas früher hatte Rome[125] in New York 30 ledige Mütter befragt, die ihre Kinder bis zu einer endgültigen Entscheidung ins Heim gegeben hatten, und war dabei zu ähnlichen Ergebnissen gelangt. Nur acht der 30 wurden schließlich von ihren Müttern wieder heimgeholt, vier wurden adoptiert, und nach drei Jahren verblieben 15 im Heim oder bei Pflegefamilien. Die Autorin weist damit nicht nur nach, daß die Hälfte der Mütter auch nach drei Jahren noch nicht in der Lage war, einen endgültigen Entschluß zu fassen, sondern betont, daß man dieses Ergebnis mit einem hohen Wahrscheinlichkeitsgrad schon zum Zeitpunkt der Geburt hätte voraussagen können. Die Mutter wird das Kind nur zu sich nehmen, wenn wenigstens vier der folgenden Bedingungen zusammentreffen: die Mutter muß eine ausgeglichene Persönlichkeit sein, eine realistische Einstellung zu ihrem Problem haben, das Kind lieben und akzeptieren, positive Beziehungen zu dem vermeintlichen Erzeuger haben, und ihre Familie darf nicht darauf bestehen, daß sie sich des unehelichen Kindes entledigt. Wenn Youngs Ergebnisse hinsichtlich der Psychologie unverheirateter Mütter typisch sind – und das darf man nach der Toronto-Studie annehmen –, weiß man, daß diese Bedingungen nur für eine kleine Minderheit zutreffen können.

Über Kinder, deren Mütter weder auf sie verzichten noch die Verantwortung für sie übernehmen, hat Embry[53] geschrieben:

»Das Kind bleibt im Heim oder in einer, wahrscheinlich aber in mehreren Pflegestellen – ein tragisches Beispiel eines Niemandskindes. Die

Mutter besucht es gelegentlich. Sie bringt vielleicht auch Geschenke. Selten zahlt sie für die Pflege. Fragt man sie nach ihren Zukunftsplänen für das Kind, weicht sie aus, erklärt, daß sie es eines Tages zu sich nehmen werde, aber dieser Tag scheint nie zu kommen. Inzwischen ist die zuständige Fürsorgestelle überzeugt, daß man sie zur Aufgabe des Kindes zwingen sollte, aber dann ist das Kind meist aus dem Alter heraus, wo sich leicht Adoptiveltern finden.«

Morlock[105] führt in einer Broschüre des ›Children's Bureau of the US Department of Labor‹ ein Beispiel an:

»Eines dieser Kinder ist ein verwirrter, falsch erzogener Zehnjähriger mit vielen Verhaltensstörungen. Er hat in zwanzig Pflegestellen gelebt. Als er zur Welt kam, war seine Mutter ein gefügiges, leicht zu beeinflussendes Mädchen, das sich in der Klinik unschwer überzeugen ließ, sie solle ihr Kind nicht aufgeben. Die Eltern gestatteten ihr nicht, mit dem Kind nach Hause zurückzukehren. Sie arbeitete in einem Ladengeschäft, zahlte regelmäßig für die Pflege des Kindes und besuchte es in seiner Pflegestelle alle vierzehn Tage. Allmählich stellte sie jedoch die Zahlungen ein. Zweimal beging sie einen Selbstmordversuch. Hier war der Plan entweder von Anfang an für Mutter und Kind ungeeignet, oder die Mutter hatte nicht ausreichend Unterstützung durch ihren Fürsorger erhalten, um den Plan durchführen zu können« (S. 28).

Aufgrund derartiger Befunde hat sich die Fürsorge für uneheliche Kinder in den USA völlig verändert. In einer fortschrittlichen Politik kommt es jetzt zu viel mehr Adoptionen. Sozialarbeiter halten es nunmehr für ihre Pflicht, der ledigen Mutter zu helfen, ihre Situation realistisch zu sehen: daß ein unreifes Mädchen mit gestörten Beziehungen zu ihrer Familie, ohne finanzielle Sicherheit und mit geringer oder überhaupt keiner Unterstützung jahrelang ein Kind versorgen soll, dem sie durchaus gemischte Gefühle entgegenbringt. Wenn in einem solchen Fall ein Mensch, dem sie vertrauen gelernt hat, der ledigen Mutter dies mitfühlend und einsichtig darstellt, werden die meisten erkennen, daß es weder in ihrem eigenen noch im Interesse des Kindes liegt, den Versuch zu unternehmen, selber für das Kind zu sorgen. So sind sie bereit, das Kind zur Adoption freizugeben. Aus einer interessanten Veröffentlichung von Young[159] und aus der Broschüre von Morlock & Campbell[105] läßt sich entnehmen, daß amerikanische Sozialarbeiter sich von ihrer früheren Einstellung distanzieren, die Verantwortung für eine endgültige Entscheidung zu meiden und den Müttern unwissentlich zu helfen, diese Entscheidung hinauszuschieben. Das geschieht nämlich wirklich, wenn uneheliche Kinder in die öffentliche und karitative Fürsorge miteinbezogen werden und diese Institutionen nicht gleichzeitig darauf bestehen, daß die Mutter einen auf lange Sicht realistischen Plan zur Versorgung des Kindes verfolgt oder das Kind zur Adoption freigibt. In einigen Ländern, z. B. in England, werden amtliche Fürsorgestellen gesetzlich gezwungen, den zeitlich begrenzten Maßnahmen der Mutter zuzustimmen. Sie haben keine andere Wahl – sie müssen für das Kind sorgen und erlauben es der Mutter damit, die Zustimmung zur Adoption unbegrenzt lange zu verweigern. Durch diese Gesetzgebung soll in erster Linie das elterliche Recht gewahrt werden – das Wohl des Kindes kommt erst an zweiter Stelle.

Leider sind Helfer aller Art allzu häufig von ihrer strafenden oder sentimentalen Haltung der irrenden Mutter gegenüber beeinflußt, anstatt nüchtern zu erwägen, was für Mutter und Kind das Beste wäre. Eine gewisse Zeit lang äußerte sich die strafende Einstellung in der Absicht, das Kind von der Mutter zur Strafe für deren Sünden zu trennen. Heute scheint die strafende Einstellung eher zum Gegenteil zu führen – man besteht darauf, die Mutter solle für ein Kind sorgen, das sie so unverantwortlich in die Welt gesetzt hat. Sentimentalität kann ähnliche Auswirkungen haben. Nur wenn man sich ganz freimacht von diesen irrationalen Haltungen und das Problem aus neuer Sicht angeht, wird man zu realistischen Arbeitsprinzipien gelangen. Es ist dringend erforderlich, daß in vielen Ländern festgestellt wird, was tatsächlich aus den unehelichen Kindern geworden ist – wie viele ein befriedigendes Familienleben bei der Mutter oder bei nahen Verwandten haben, wie viele in Pflegestellen und Heimen aufwachsen müssen und wie viele adoptiert werden. Darüber hinaus sollte man verfolgen, wie sich das Leben der ledigen Mutter gestaltet, und Mittel und Wege suchen, ihr solche Fehlschläge in Zukunft zu ersparen, damit sie auch ein besseres Leben kennenlernt. In einigen Fällen mag die Ermutigung, die Verantwortung für ihr Kind selber zu übernehmen, dazu beitragen, die ledige Mutter in ein normales Gesellschaftsleben einzugliedern, aber von der Annahme auszugehen, daß das immer so sein muß, ist nicht nur unrealistisch, sondern sozial nicht zu verantworten. Es ist äußerst schwerwiegend, ein Kind dazu zu verurteilen, den Weg durch endlose Pflegestationen anzutreten oder in Heimen aufzuwachsen, während die Wartelisten geeigneter adoptivwilliger Eltern immer länger werden.

Bisher haben die meisten Nationen es vorgezogen, die Existenz unehelicher Kinder einfach zu vergessen, oder wenn sie geholfen haben, kam die Hilfe zu spät oder war nicht ausreichend. Sollen in einer Gemeinschaft die Ursachen der Deprivation von Kindern beseitigt werden, muß man dieses Problem realistisch sehen und der ledigen Mutter sowohl wirtschaftliche wie psychologische Unterstützung gewähren, damit sie für das Kind selber sorgen kann; und außerdem geeignete Stellen einrichten, die Adoptionen für Kinder vermitteln, die nicht von der Mutter versorgt werden können.

ELFTES KAPITEL

Ersatzfamilien
I. Adoption

»Das größte Paradox der Arbeit mit deprivierten Kindern liegt darin, daß Tausende von kinderlosen Familien gern Kinder hätten und Hunderte von Heimen voll mit Kindern sind, die dringend eine Familie brauchten.« Diese Situation, grafisch dargestellt im Jahresbericht des Fürsorgebeamten eines englischen Landkreises[47], ist in vielen westlichen Gesellschaften gegeben. Bisher hat man sich kaum ernsthaft mit dem Problem der Adoption beschäftigt. Erst ganz allmählich sieht man ein, daß es sich hier um Vorgänge handelt, deren Behandlung wissenschaftliche Kenntnisse und professionelle Methoden erfordert. Zu häufig liegt die Zukunft eines Kindes in den Händen eines wohlmeinenden Amateurs oder eines Gesundheitsfürsorgers, der von psychischer Hygiene nichts weiß. Und wieder einmal ist die Seltenheit wissenschaftlicher Untersuchungen dieses Problems verdächtig.

Der Adoptionsvorgang spielt sich zwischen Menschen aus drei verschiedenen Gruppen ab – zwischen Mutter, Kind (fast immer unehelich) und den zukünftigen Adoptiveltern. Man muß sich sorgfältig mit jeder Gruppe beschäftigen. Zunächst einmal braucht die Mutter Unterstützung, um einen realistischen Entschluß zu fassen. Das setzt voraus, daß man eine Vertrauensbeziehung zu ihr herstellen, ihre Persönlichkeit und soziale Situation erfassen und ihr helfen kann, unangenehme Tatsachen konstruktiv zu betrachten. Zweitens muß man die Anlagen des Kindes richtig einschätzen – keine leichte Aufgabe, zumal sie mit so vielen unbegründeten Vorurteilen belastet ist. Schließlich muß beurteilt werden, wie ein Ehepaar für Kinder sorgen wird – und das oft ohne Möglichkeit einer direkten Kontrolle –; und nach der Adoption muß es bei den ersten Schritten beraten werden. Das sind alles höchst verantwortungsvolle Aufgaben. Zudem müssen sie noch verhältnismäßig schnell erledigt werden, denn nach allen vorliegenden Erfahrungen sollte das Kind so früh wie möglich adoptiert werden.

Die Befunde, die wir im ersten Teil dieses Berichtes angeführt haben, weisen unmißverständlich darauf hin, daß es im Interesse der seelischen Gesundheit des adoptierten Kindes liegt, daß es gleich nach der Geburt adoptiert wird. Keine andere Regelung ermöglicht ständige mütterliche Zuwendung, und fast alle anderen Regelungen sind dieser nicht angemessen. Bleibt das Kind bei der Mutter, kann es durchaus vorkommen, daß diese es vernachläßigt oder ablehnt. Die Untersuchungen von Rheingold und Levy haben bewiesen, daß seine Entwicklung meist irgendwie beeinträchtigt wird, wenn man es in ein Heim oder in Gruppenpflege gibt. Dann kommt es zu der tragischen Erfahrung guter Adoptiveltern, die ein Kind adoptiert haben, dessen frühe Erfahrungen die Persönlichkeitsentwicklung gestört haben, und zwar so sehr, daß nichts, was die Eltern auch tun, das wieder gutmachen kann. Sehr frühzeitige Adoption liegt also auch eindeutig im Interesse der Adoptiveltern. Darüber hinaus werden sie sich einem Kind desto verbundener fühlen und es desto mehr als ihr eigenes betrachten, je eher es nach der Geburt zu ihnen kommt. Um so leichter wird es dann auch für sie sein, sich mit dem Kind zu identifizieren. Günstige Eltern-Kind-Beziehungen können sich unter diesen Umständen am ehesten entwickeln.

Es gibt drei Argumente gegen eine frühe Adoption:

a) Sie verlangt eine möglicherweise überstürzte Entscheidung der leiblichen Mutter.

b) Das Kind kann nicht gestillt werden.

c) Die Anlagen des Kindes lassen sich nur schwer beurteilen.

Das erste Argument ist am schwerwiegendsten. Natürlich ist es nicht nur äußerst wichtig, daß die Mutter zu einer richtigen Entscheidung kommt, sondern sie muß ihren Entschluß auch so treffen, daß sie ihn hinterher niemals bedauert. Das kann Zeit verlangen, obgleich – wie Rome bewiesen hat – nichts Gutes dabei herauskommt, wenn die Entscheidung immer wieder hinausgezögert wird. Wenn die Mutter sich verhältnismäßig früh um Beratung bemüht hat, sollte es dem erfahrenen Fürsorger doch möglich sein, sie zu einem vernünftigen Entschluß zu bewegen, ehe oder kurz nachdem das Kind geboren wird. Viele ausschlaggebende Faktoren – wie Ausgeglichenheit, Einstellung zu ihrer Lage und Haltung dem Erzeuger gegenüber – sind ja bereits vor der Geburt des Kindes erkennbar. Sind sie alle negativ, wird sich durch die Geburt nichts daran ändern, und die

Aussichten, daß diese Mutter erfolgreich für ihr Kind sorgen wird, sind äußerst gering. Mehr Wissen, Erfahrung und Realismus auf seiten der Einzelfallhelfer können unzweifelhaft dazu führen, daß richtige, gefühlsmäßig befriedigende Entschlüsse in der Mehrzahl aller Fälle schon sehr früh getroffen werden können.

Es liegt auch im Interesse der Mutter, die Entscheidung, ob sie das Kind behalten will oder nicht, eher früher als später zu fällen. Wenn nicht einigermaßen feststeht, daß sie in der Lage sein wird, für ihr Kind zu sorgen, erweist man ihr keinen Gefallen, wenn man ihr erlaubt, sich an das Kind zu gewöhnen. Die Trennung ist dann nur um so herzzerreißender. Manche ledigen Mütter entscheiden nach ruhiger Überlegung, daß es besser ist, wenn sie das Kind nach der Geburt gar nicht erst sehen. Man sollte diesen Entschluß achten. Strenge Ansichten, daß alle ledigen Mütter sich stellen müßten und drei oder sechs Monate lang für ihr Kind sorgen sollten, haben in einer Institution nichts zu suchen, die unehelichen Kindern und deren Müttern ein glückliches und nützliches Leben ermöglichen soll.

Das zweite Argument – fehlende Brustnahrung – trifft überhaupt nur zu, wenn das Kind wirklich gestillt wird oder gestillt werden kann. Es entfällt, wenn die Mutter es nicht kann oder nicht will und wenn das Kind in ein Heim oder eine Pflegestelle kommt. Natürlich sollte man auch die Deprivation von Brustnahrung ernstnehmen. Aber in diesem Fall muß man medizinische gegen psychische Nachteile abwägen, wenn man das günstigste Adoptionsalter ermitteln will. Realistische Entscheidungen können überhaupt nur gefällt werden, wenn weitere Forschungsergebnisse hinsichtlich beider Arten von Deprivation das erlauben. Bis dahin ist es ungerechtfertigt, von vornherein anzunehmen, daß Brustnahrung und späte Adoption dem künftigen Wohlergehen des Kindes förderlicher sind als frühe Adoption und liebevolle Flaschennahrung.

Das dritte Argument gegen frühe Adoption – die geringere Möglichkeit, die Anlagen des Kindes zu beurteilen – wird von vielen Psychologen vorgebracht, ist aber das schwächste von allen. Es beruht auf der Voraussetzung, daß die verschiedenen Tests, die im ersten Lebensjahr durchgeführt werden können, einen Aussagewert im Hinblick auf die künftige geistige Entwicklung des Kindes besitzen. Bayley[11] hat in einer ausführlichen Untersuchung bewiesen, daß diese Annahme nicht gerechtfertigt ist. Sie zeigt, daß die Korrelation der Testergebnisse im Alter von neun Monaten zu denen im Alter von vier Jahren gleich null ist und daß »Ergebnisse, die vor dem achtzehnten Monat erzielt wurden, bei der Voraussage von Fähigkeiten im Schulalter völlig wertlos sind«. Zum gleichen Resultat gelangten auch Michaels & Brenner[103] in einer der verhältnismäßig seltenen, systematischen Arbeiten zum Thema Adoption. Sie unternahmen eine Entwicklungsstudie an 50 Adoptivkindern, als diese vier Jahre und älter waren, um festzustellen, wie viele sich gut entwickelt hatten und welches die verläßlichsten Kriterien für mögliche Voraussagen waren. Dabei mußten sie feststellen, daß »die Ergebnisse der Psychologen in dieser und in anderen Studien zu der Annahme führen, daß die Auffassung der Fürsorger, Säuglingstests würden einen sicheren Hinweis auf die künftige Entwicklung geben können, nicht gerechtfertigt ist«.* Das ist zutreffend, aber es besteht – wie wir wissen – darüber hinaus noch eine ernsthafte Gefahr. Wenn man das Kind im Heim auf seine Adoption warten läßt, nur weil man hofft, in einigen Monaten genauere Voraussagen machen zu können, kann eine Entwicklungshemmung eintreten, die dann negativ für das Kind gewertet wird. Wir haben hier also die paradoxe Situation, daß eine übermäßige Vorsicht der Adoptionsvermittlung dazu führt, daß ein Kind zunächst ungeeignet scheint und schließlich ungeeignet wird.

Der beste Anhaltspunkt für eine Intelligenzschätzung des Kindes ist wahrscheinlich die Intelligenz der Eltern, obgleich auch hier die Voraussage aus vielen Gründen nur sehr vage sein kann. Adoptiveltern müssen eben genauso wie natürliche Eltern ein normales biologisches Risiko eingehen.

Man kann diesen Ausführungen entnehmen, daß Argumente gegen frühe Adoption weit weniger gewichtig sind, als es zunächst den Anschein haben mag. Aus psychologischen und sozialen Gründen sollte Adoption innerhalb der ersten beiden Le-

---

* Wenn Säuglingstests auch keine Voraussagen auf künftige Entwicklungen zulassen, so beeinträchtigt das doch nicht ihren Wert als Index des Entwicklungsstands, ein Wert, der sich etwa mit der Gewichtstabelle vergleichen läßt, die auch keine Voraussagen auf die künftige körperliche Entwicklung erlaubt, aber ein wertvoller Anhaltspunkt für die bisherige physische Entwicklung des Säuglings ist.

bensmonate zur Regel werden, obgleich eine gewisse Flexibilität immer erforderlich sein wird, um den Müttern zu erlauben, sich ihren Entschluß reiflich zu überlegen. Wird das Kind in dieser Bedenkzeit nicht von der eigenen Mutter versorgt, ist es in einer Pflegefamilie vorübergehend besser aufgehoben als in einem Heim.

Ein Kind als nicht adoptionsfähig zu bezeichnen, heißt, es zu einer deprivierten Kindheit und zu einem glücklosen Dasein zu verdammen. Nur wenige Kinder verdienen wirklich eine solche Entscheidung, weil die Prinzipien, nach denen heute in vielen westlichen Ländern geurteilt wird, zwar viel mit guter Absicht, aber wenig mit gesicherten Erkenntnissen zu tun haben. Viele Adoptionsvermittlungen sondern Kinder aus inzestuösen Verbindungen von vornherein aus, wie gut auch die Erbanlagen sein mögen. Auch naive Erbtheorien können zu einer Ablehnung des Kindes führen, weil es vielleicht ein geistesgestörtes Geschwisterkind oder Eltern hat, die an Geisteskrankheiten leiden. Früher, als die meisten Psychiater Geisteskrankheiten für erblich hielten, mag das in der Ordnung gewesen sein. Heute, wo man weiß, daß das nicht zutrifft, ist diese Haltung unverantwortlich; außer in jenen Fällen, wo Geisteskrankheiten oder psychische Störungen häufiger als normal in einer Familie aufgetreten sind. Wir haben bereits darauf hingewiesen, daß Tests innerhalb der ersten 18 Lebensmonate keine Voraussagen auf die künftige Entwicklung gestatten, so daß ein gewisses Zurückgebliebensein – auch wenn keine Deprivation eingetreten ist – nicht allzu ernst genommen werden sollte, wenn es nicht zu ausgeprägt ist. Schließlich ist auch die weitverbreitete Auffassung, daß Kinder mit physischen Behinderungen nicht zur Adoption geeignet seien, unbegründet, wie Wolkonir[155] in seiner Studie nachweist.

Aus der Diskussion um die Adoptionseignung von Kleinkindern ergeben sich drei Prinzipien:

a) Die Bewertung der Erbanlagen des Kindes erfordert die Mitwirkung eines erfahrenen Humangenetikers, und eine negative Entscheidung sollte nie ohne Zustimmung eines kompetenten Fachmannes gefällt werden.

b) Die Psychologen sollten mit dem Voraussagewert ihrer Tests ebenso vertraut sein wie mit möglicher Beeinträchtigung der Testergebnisse durch Deprivation, Krankheit und andere Umwelteinflüsse.

c) Auch wenn der Zustand des Kindes oder die Prognosen für seine Zukunft nicht ganz positiv sind, sollte der Versuch unternommen werden, zu prüfen, ob es nicht Eltern gibt, die bereit sind, dieses Kind nach voller Kenntnis der Tatsachen und mit realistischer Einschätzung seiner Möglichkeiten zu adoptieren.

Im dritten Bereich, wo ebenfalls viel Wissen, Erfahrung, Takt und Geschick verlangt werden, geht es darum, mögliche Adoptiveltern zu beurteilen und die geeigneten Paare dabei zu unterstützen, die intensive Emotion, die durch die Adoption ausgelöst wird, erfolgreich zu verkraften. Hier ist kein Platz für Amateure, deren einzige Kriterien Anzeichen äußerlicher Ehrbarkeit sind, und auch nicht für den Fürsorger, der gewohnt ist, nach Einkommen, Sauberkeit und vorhandenem Wohnraum allein zu urteilen. Das hat bisher nur zu irrelevanten und unrealistischen Maßstäben geführt. Die seelische Gesundheit des Kindes wird davon abhängen, ob es Möglichkeiten hat, gefühlsmäßige Bindungen zu entwickeln. Und eben diese Feststellung erfordert gründliche Kenntnisse in der Charakterkunde und Erfahrung in der Technik des Interviews. Hutchinson[80], deren Buch *In Quest of Foster Parents* (Auf der Suche nach Adoptiveltern) sehr zu empfehlen ist, hat die Arbeitsprinzipien der Untersucher hervorragend dargestellt. Sie weist darauf hin, wie ungeheuer wichtig es ist, die mütterliche Motivation des Adoptionswunsches kennenzulernen. (Fast immer ist die Mutter und nicht der Vater Urheber des Plans.) Diese Motivation ist oft ganz anders, als es zunächst den Anschein hat, und mag der Frau selber nicht ganz klar sein.

»Daß Adoptiveltern oft nach Liebe oder nach vermehrter Liebe oder nach einer anderen Art von Liebe verlangen, disqualifiziert sie nicht, ist aber ein wertvoller Hinweis auf ihre Motive. Im Grunde kommt es nur darauf an, wie normal und vernünftig ihr jeweiliges Liebesverlangen ist. Eine Adoptivmutter kann sehr eigensinnig und nachdrücklich auf bestimmten Eigenschaften bestehen, die sie an einem Kind liebt und die das Kind besitzen muß. So z. B. soll es ein Mädchen mit besonderer Haarfarbe, in ganz bestimmtem Alter, mit einer bestimmten Intelligenz, von ganz bestimmten Eltern einer ganz bestimmten Nation und mit einem ganz bestimmten Temperament sein. Bedenklich ist, wenn sie sich sehr an diese Bedingungen klammert, auch wenn sie erfahren muß, daß ihre Bedingungen unerfüllbar sind. So mag auch ein zukünftiger

Adoptivvater nicht bereit sein, von seinem Entschluß abzugehen, daß es ein Junge sein muß, weil dieser um jeden Preis seine eigenen frustrierten, ehrgeizigen Hoffnungen erfüllen soll. Derartig starrsinnige und narzißtische Ansprüche haben nichts mit den Wünschen von Pflegeeltern gemein, die bereitwillig eine vernünftige Wahl in Betracht ziehen und nicht mit allzu vorgefaßten Meinungen oder unwiderruflichen Bedingungen kommen.«

Eine starre, unbeugsame Haltung hängt bei Adoptionswilligen meist mit eigenen, aus der Kindheit herrührenden Gefühlskonflikten zusammen. Sie wollen das Kind dann nicht um seiner selbst willen, sondern betrachten es als Lösung persönlicher Probleme. In den meisten Fällen wird es aber – wie zu erwarten – diese Lösung nicht bringen. Die Frau, die sich immer ungeliebt gefühlt hat und nun Liebe und Zuneigung vom Kind erwartet, will im Grunde nicht, daß es größer wird, Freundschaften schließt, heiratet. Eine Frau, die ein kleines Mädchen sucht, das alles erreichen soll, was sie selber versäumt hat, wird früher oder später enttäuscht werden und sich dann gegen das Kind stellen. Es gibt noch viele andere unzulängliche Motive für den Wunsch nach einem Kind. Aber ebenso können sich auch die besseren Motive hinter wenig ansprechenden Äußerlichkeiten verbergen. Die Frau mit der linkischen, brüsken Art oder das leichtlebige, unordentliche und nicht allzu gepflegte Paar können trotzdem ein gutes Herz haben und sich als liebende, gute Eltern erweisen. Wenn die Motive stimmen, kann man bei vielem andereren die Augen zudrücken.

Wie aber soll der Sozialarbeiter die wahren Motive erkennen? Teilweise, indem er fragt, was denn zuerst den Gedanken an Adoption ausgelöst hat, und teilweise, indem er versucht, mehr über die menschlichen Eigenheiten der Bewerber und vor allem über ihre Beziehungen zu anderen Menschen in Erfahrung zu bringen. Das ergibt sich vor allem daraus, wie sie über andere Menschen reden, wie sie von Verwandten sprechen, die Art, wie sie miteinander umgehen und wie sie dem Sozialarbeiter begegnen. In der Studie von Michaels & Brenner[103] wird der Wert der beiden letztgenannten Kriterien belegt: »Der fruchtbarste Explorationsbereich bei diesen Untersuchungen der häuslichen Verhältnisse war die Ehe: die Bedürfnisse, die sie in beiden Partnern befriedigte; die Art, wie die Partner durch die Ehe eigene Ansprüche erfüllten und wie sie den Wünschen des Partners entgegenkamen.« Aber – wie Hutchinson ausführte – das ist meist der Bereich, der von dem Untersucher nicht angesprochen wird, weil dieser – wenn er nicht entsprechend geschult ist – nicht in der Lage ist, Fragen zu stellen, die nützliche Information erbringen und dabei doch jede Peinlichkeit vermeiden. Michaels & Brenner führen weiter aus:

»Die Beziehung zwischen Anwärter und Sozialarbeiter hatte auch diagnostische Bedeutung. Familien, die sich gegen das Interesse des Fürsorgers an ihrem Privatleben sperrten oder glaubten, ihre Referenzen, Stellung und das echte Bedürfnis nach Elternschaft müßten ihnen ohne weitere Untersuchung das Anrecht auf ein Kind geben, verraten oft unterschwellige Probleme, die ihre Befähigung zu guter Elternschaft beeinträchtigen können. Meist haben die Familien, die leicht eine Beziehung zum Fürsorger finden, die anerkennen, daß die Vermittlungsstelle gute Eltern für die Kinder suchen sollte, und die bereit waren, menschliche Fehler, Schwächen und Mängel einzugestehen, auch die besten Voraussetzungen, gute Eltern zu werden.«

Bei Adoptiveltern ist die Fähigkeit, nüchtern und beherzt zu überlegen, wie man am besten Schwierigkeiten überwindet, unerläßlich, denn »die Bereitschaft, gewisse Risiken einzugehen, ist für Adoptiveltern sehr wesentlich« – wie auch für leibliche Eltern.

»Hier geht es nicht darum, ein kleines Kind zu liefern, das alle Wünsche befriedigt; das gibt es ganz einfach nicht. Es geht vielmehr darum, was die Eltern im Fall einer Enttäuschung tun werden, ob sie dann noch immer liebende Eltern bleiben und mit ihrer Elternschaft zufrieden sein werden. Leider gibt es keine ›Adoptionsgarantie‹. Keine Vermittlung kann einen Garantieschein für Kinder ausstellen. Deswegen ist es so unerhört wichtig, daß Eltern ein Kind akzeptieren können, auch wenn es nicht ihren Hoffnungen und Wünschen entspricht« (Hutchinson[80]).

Flexibilität und die Bereitschaft, der Wahrheit ins Gesicht zu sehen, sind auch nötig, wenn die Eltern mit dem Kind über seine Adoption sprechen. Diese Aussprache ist nach allgemeiner Überzeugung sehr wichtig, weil die Wahrheit früher oder später doch bekannt wird. Wenn die Eltern nicht sich selber etwas vormachen und nicht an der Illusion festhalten wollen, daß dieses Kind ihr eigener Sprößling ist, sollte es nicht schwierig sein, das Kind von klein auf wissen zu lassen, daß es adoptiert worden ist. Komplikationen können sich nur ergeben, wenn die natürlichen und die Adoptiveltern einander bekannt sind. Angesehene

Vermittlungen halten diese Dinge deshalb streng geheim, und es scheint kein Zweifel daran zu bestehen, daß dies ratsam ist, wenn die Adoption nicht gefährdet werden soll.

Die intensive Gefühlsbelastung der Adoptiveltern wird oft übersehen. Hutchinson hat von »Aufregung, Bedrängung und tiefen Empfindungen« gesprochen, die oft die Haltung der Adoptivmutter charakterisieren. Für sie bedeutet das nicht nur, Besitz von einem menschlichen Leben für alle Zeit zu ergreifen und damit auch in den Besitz all der Dinge zu gelangen, die ein kleines Kind einer Frau geben kann – es mag oft auch für sie und ihren Mann die endgültige Ergebung in die Tatsache bedeuten, daß sie niemals ein eigenes Kind haben werden. Das sind aufwühlende und konfliktreiche Gefühle, die – wenn sie nicht entsprechend verarbeitet werden – überdauern und die Gefühle der Eltern für das Adoptivkind beeinträchtigen können. Und wieder einmal ist kenntnisreiche Einsicht und geschulte Erfahrung erforderlich. Noch mehr Kenntnis und Erfahrung braucht die Sozialfürsorgerin aber, wenn sie adoptivwilligen Eltern erklären muß, daß sie nicht geeignet sind. Natürlich wird sie sich bemühen, das möglichst taktvoll zu tun, wird vermeiden, sie mehr als nötig zu kränken, aber ihr eigentliches Anliegen muß dabei doch sein, ihnen beizustehen, die Wahrheit zu erkennen. Wenn sie dieses Ziel nicht erreicht, werden die Enttäuschten weiter nach einem Adoptivkind suchen.

Man weiß nicht viel über den Schwarzmarkt für Kinder – eine Möglichkeit für Adoptionswillige, die von den offiziellen Vermittlungen abgelehnt worden sind, sich ein Kind zu sichern, manchmal durch Zahlung bedeutender Summen an Dritte. Das kann nach allgemeiner Ansicht in den meisten Ländern geschehen, und meist wird diese Möglichkeit von Menschen genutzt, die nicht richtig für ein Kind sorgen können. Es ist ein soziales und legales Problem, das eines Tages noch gelöst werden muß, aber es wäre töricht, sich auf ein so schwieriges Unterfangen einzulassen, ehe nicht alle anerkannten Adoptionsvermittlungen ausschließlich mit qualifizierten Fachleuten besetzt sind. Man muß sich darauf verlassen können, daß sie realistische Beurteilungen der Adoptionswilligen abgeben. Das braucht noch viel Zeit.

Tabelle 13: Häufigkeit positiver Einstellung bei Eltern von Adoptivkindern, die vier Jahre und älter sind (nach Michaels & Brenner)

| | Kinder | |
Einstellung der Eltern	Zahl	%
Positiv	26	52
Ziemlich positiv	18	36
Negativ	6	12
Insgesamt	50	100

Wir haben bereits bemerkt, wie außerordentlich schwierig es ist, vorauszusagen, wie ein Kleinkind sich entwickeln wird, und daß aus diesem Grund die Wahl der richtigen Eltern für ein bestimmtes Kind eher gewünscht als erreicht wird. Außerdem werden die Eltern dankbar sein, wenn sie überhaupt ein Kind bekommen, solange es lange Listen von Adoptionswilligen und nur wenige Kinder gibt. Man kann ziemlich leicht Wünsche hinsichtlich Rasse und Hautfarbe befriedigen, und bei Berücksichtigung der sozialen Herkunft kann man auch die Intelligenz des Kindes der der Eltern anpassen. Ehe aber Voraussagen über andere Charakteristika mit einiger Gültigkeit erfolgen können, ist alle Zeit, die man auf Anpassung von Kind und Eltern in dieser Beziehung verwendet, nur verschwendet, und die ganze Mühe ist reine Augenauswischerei.

Schließlich sollten wir uns fragen, wie groß der Anteil erfolgreicher Adoptionen ist. Die Frage ist natürlich relativ, denn dieser Erfolg hängt weitgehend von den Fähigkeiten der Adoptionsvermittlung ab. Man müßte wissen, wie erfolgreich Adoptionen sind, die durch Fachleute vermittelt wurden. Derartige Untersuchungen scheint es nicht zu geben, denn auch die von Michaels & Brenner bezieht sich auf das Ergebnis von Adoptionen, die in einer Zeit vermittelt wurden, in der die Vermittlung von freiwilligen auf fachlich geschulte Mitarbeiter umgestellt wurde. Ergebnisse dieser Studie stehen in Tabelle 13. In den negativen Fällen heißt es: »Kein Kind ist schlecht untergebracht, gekleidet oder ernährt. Es wird auch nicht grausam oder

unverantwortlich von den Adoptiveltern behandelt. In dieser
Beziehung ist keine Familie schlecht. Die sechs als negativ bezeichneten Fälle sind eher Familien, in denen das Kind gefühlsmäßig abgelehnt, verhätschelt und zu lange als Baby behandelt
wird.« Bei der Deutung dieser Daten müssen Variablen wie das
Adoptionsalter der Kinder und die von den Untersuchern benutzten Erfolgskriterien in Betracht gezogen werden. Sie müßten
außerdem mit ähnlichen Bewertungen von Eltern, die für eigene
Kinder sorgen, verglichen werden. Urteilt man vom letzteren
Gesichtspunkt aus, scheint der Prozentsatz der erfolgreichen
Adoptionen nicht unbefriedigend zu sein. Dieses Ergebnis entspricht der klinischen Erfahrung, die zeigt, daß kein ungebühr-
lich hoher Anteil von Adoptivkindern unter den Fällen der Erziehungsberatung ist. Diesen mageren Angaben mögen wir
versuchsweise entnehmen, daß Adoption durch geschulte Ver-
mittler einem Kind eine ebenso gute Aussicht auf glückliches
Familienleben bietet wie die eigene Familie. Trotzdem sind die
vorhandenen Daten beklagenswert unzureichend, und wenn
man sich ernsthaft mit diesem Problem beschäftigen will, muß
noch sehr viel getan werden.

ZWÖLFTES KAPITEL

Ersatzfamilien
II. Pflegestellen*

Wir haben in diesem Bericht immer wieder betont, daß der geeignetste Platz für ein Kind in seiner eigenen Familie oder – wenn es unehelich geboren wurde – bei Adoptiveltern ist. Deswegen haben wir uns ausführlich mit Maßnahmen beschäftigt, die den Ausfall der Familie verhindern oder eine rechtzeitige Adoption sichern. Diese müssen erst ganz erschöpft sein, ehe man an andere Familiensubstitute denken darf. Es wird jedoch immer Kinder geben, die schnelle oder langfristige Pflege außerhalb ihrer Familie brauchen, und wir sollten alle Anstrengungen machen, ihnen die bestmögliche Unterstützung zu gewährleisten. Zunächst einmal wollen wir uns mit den dringenden Notfällen beschäftigen.

Pflege im Dringlichkeitsfall

Bei unvorhergesehenen Ereignissen wie Tod oder plötzlicher Erkrankung der Mutter kann ein schnelles Eingreifen zugunsten der Kinder erforderlich sein. In anderen Fällen, z. B. wenn die Mutter ein Kind erwartet oder sich einer Operation unterziehen muß, ist vorauszusehen, daß für befristete Zeit Hilfe geleistet werden muß. Das trifft für einen sehr hohen Prozentsatz aller Fürsorgebedürftigen zu. Nach dem Curtis-Bericht[72] fallen in England über 60 Prozent aller fürsorgebedürftigen Kinder in diese Kategorie, und im Nyboda-Heim in Stockholm, das alle Kinder durchlaufen, die im Alter von mehr als zwölf Monaten der Fürsorge anheimfallen, bleiben 70 Prozent nur 1–8 Wochen lang (persönliche Mitteilung). Da die Lebensverhältnisse dieser Kinder gut bekannt sein sollten und ihre Zukunft bereits geregelt

---

* Mit »Pflegestelle« wird hier der Terminus *boarding-home* übersetzt. Dazu merkt die Originalausgabe an: »Dies ist der in Amerika gebräuchliche und in dem Bericht des Völkerbunds verwandte Begriff für Privatfamilien, die gegen Unterhaltszahlung für Kinder sorgen, aber nicht die gesetzlichen Vertreter der Kinder sind. Pflegestellen unterscheiden sich also in zweifacher Hinsicht von Adoptiveltern.

ist oder geregelt wird, sollten sie eindeutig von Fällen getrennt werden, bei denen Familienstreitigkeiten, Verwahrlosung oder Vernachlässigung zu komplexen sozialen und psychiatrischen Problemen geführt haben und deren Zukunft noch im dunkeln liegt. Die Einrichtung großer Auffangheime, in denen fürsorgebedürftige Kinder aller Art beobachtet und beurteilt werden, ist nicht zu empfehlen, obwohl man im Nyboda-Heim in Stockholm so verfährt und obwohl diese Regelung in zwei neueren britischen Studien (Blacker[22] und Curtis[2]) empfohlen wird. Hauptargumente gegen derartige Institutionen sind:

a) daß zwei grundsätzlich verschiedene Probleme durcheinandergebracht werden;

b) daß es bessere Alternativen für Kinder gibt, die nur kurzfristig versorgt werden müssen;

c) daß Beobachtung und Diagnose potentieller Dauerfälle am besten ambulant stattfinden (s. das folgende Kapitel) und

d) daß ein Heim, in dem sowohl kurzfristige wie Beobachtungsfälle zusammen versorgt werden, so groß sein muß, daß es unübersichtlich wird.

Dagegen sollte ein kleines Empfangszentrum für Kinder über fünf Jahren vorhanden sein, wenn diese unerwartet plötzlich versorgt werden müssen. Sie sollten nicht länger als wenige Tage bleiben.

Es gibt verschiedene Möglichkeiten, diese kurzfristigen Dringlichkeitsfälle zu regeln, und man sollte für die verschiedenen Altersgruppen auch verschiedene Methoden anwenden. Für Kinder von mehr als sechs, sieben Jahren, vor allem aber für Jugendliche ist Gruppenfürsorge in kleinen Heimen, wie wir sie im nächsten Kapitel beschreiben, ausreichend. Kinder dieses Alters können sich in einer solchen Atmosphäre kurzfristig behaupten, und man unterzieht sie besser nicht der Belastung, für kurze Zeit eine Beziehung zu Mitgliedern einer unbekannten Pflegefamilie entwickeln zu müssen. Diese Überlegung trifft jedoch nicht für Säuglinge und Kleinkinder zu, die sich nach allen Erfahrungen an Gruppen nicht anpassen können. Für sie mag der Plan, den verschiedene amerikanische Fürsorgevermittlungen ausgearbeitet haben, am besten sein: Sie führen eine Kartei von Pflegemüttern, die bereit und auch geeignet sind, mehrere Säuglinge und Kleinkinder vorübergehend zu versorgen. Sie erhalten ständig ein kleines Entgelt, um zu sichern, daß immer einige Pflegeplätze verfügbar sind. Diese Einrichtung könnte auch viele wirtschaftliche Probleme von jungen Witwen mit kleinen Kindern lösen helfen.

Es kann aber durchaus sein, daß für alle Altersgruppen noch eine bessere Lösung gefunden werden kann, wenn man Verwandte und Nachbarn mobilisiert. Wir haben schon bemerkt, daß staatliche und freiwillige Fürsorgeeinrichtungen nur zögernd Kinder innerhalb der eigenen Familie unterstützen, aber daß sie relativ schnell bereit sind, Geld für Heimpflege auszugeben. Eine ähnliche kurzsichtige Haltung zeigt sich auch, wenn Kinder in Fürsorgepflege genommen werden, ohne daß irgendein Versuch gemacht wurde, Verwandte zu bewegen, für die Kinder zu sorgen. Es kann sein, daß diese weit entfernt leben oder finanziell nicht gut gestellt sind. Aber die Kosten auch für eine längere Reise stehen in keinem Verhältnis zu dem Aufwand, den die Heimunterbringung eines Kindes erfordert. Das englische Gesetz sieht deshalb vor, daß eine Verwandte offiziell als Pflegemutter eingetragen und wie diese bezahlt werden kann – eine sehr begrüßenswerte Regelung. Natürlich ist auch gewisse Vorsicht bei der Verwandtenfürsorge geboten. Sind die Verwandten dem Kind völlig fremd, mindert sich der Wert der Fürsorge beträchlich, und auch wenn einer der Ehepartner nicht mit der Aufnahme einverstanden ist, könnte das Kind in der neuen Familie Streitigkeiten auslösen. Trotzdem haben dem Kind vertraute, nahe Verwandte ihm gegenüber wahrscheinlich mehr Verantwortungsgefühl als Fremde, und für das Kind ist dieses Vertrautsein unschätzbar wichtig.

Aus dem gleichen Grund sind auch Nachbarn als Pflegeeltern auf Zeit besonders wertvoll. Das Kind bleibt so nicht nur unter bekannten Menschen in einer ihm vertrauten Umgebung; auch die Nachbarn selber werden dem Kind, dessen Eltern sie ja kennen, einen freundlicheren Empfang bereiten und größere Sicherheit vermitteln, als Fremde es könnten. Deswegen sollte ein Kinderfürsorger keine Mühe scheuen, in jeder kleinen Gemeinde den Sinn für Nachbarschaftshilfe zu entwickeln, um zu sichern, daß Kinder vorübergehend versorgt werden. Man sollte den Eltern klarmachen, daß es in ihrem Interesse liegt, wenn das Kind im Notfall bei Freunden bleiben kann und daß es selbstverständlich sein sollte, daß alle Haushalte sich in dringenden Fällen gegenseitig helfen. Wenn ein solches Gemeinschaftsgefühl vorhanden ist, sollten amtliche Stellen realistische Vorstellungen von allgemeiner Hygiene haben. Manchmal ist es an bestimmten Orten schwer, Häuser zu finden, die in dieser Beziehung den durchschnittlichen Anforderungen genügen. Da das Kind aber wahrscheinlich aus einer ähnlichen Umgebung kommt, wird bestimmt kein großer Schaden eintreten, wenn es einige Wochen weiter unter diesen Bedingungen lebt. Wenn man in Fällen vorübergehender Fürsorgebedürftigkeit sich zufriedengeben würde, sofern die Pflegestelle in hygienischer Hinsicht nur nicht hinter dem Elternhaus des Kindes zurücksteht, und es dabei bewenden ließe, gäbe es weitaus mehr Nachbarschaftshilfe, und viele Kinder könnten in der Nähe des eigenen Elternhauses versorgt werden.

Mehr noch: Die Fürsorge der Nachbarn schließt auch eine der größten Gefahren aus, die bei einer Entfernung des Kindes aus seiner Familie entstehen – nämlich daß das Kind auf unbestimmte Zeit in der Fürsorgestelle bleibt. Wer das Problem nicht näher kennt, wird nur schwer verstehen können, was hier gemeint ist. Viele Sozialfürsorger in Europa und Amerika kennen aber diese echte Gefahr. Eine Überprüfung von Kindern in Heimen und Pflegestellen hat schon oft gezeigt, daß viele dieser Kinder als Dringlichkeitsfall eingewiesen wurden und dann Monate und Jahre im Heim geblieben sind, obwohl sie längst zu ihrer Familie hätten zurückkehren können. Derartige Unterlassungssünden sind sowohl den Eltern wie den Fürsorgestellen anzulasten. Einige wenig verantwortungsbewußte Eltern sind froh, wenn sie nichts unternehmen müssen, und nach einer gewissen Zeit richten sie sich auf ein Leben ohne Kinder ein. Vergeht darüber allzuviel Zeit, wird die Rückkehr der Kinder ins Elternhaus zum Problem. Andere Eltern wiederum – meist schlichte Gemüter – lassen sich von den besseren äußeren Umständen der Heime beeindrucken und meinen in aller Bescheidenheit, den Kindern ginge es dort besser als zu Hause. Darin – auch das sollte man wissen – werden sie manchmal von Fürsorgestellen noch bestärkt, weil der Stolz auf geleistete Hilfe manche Menschen blind macht. Sie sehen nicht, wie sehr ein Kind ständige innige Beziehungen braucht, die es nur schwer außerhalb der eigenen Familie herstellen kann. Wird diese Blindheit noch durch Unerfahrenheit eines Einzelfallhelfers bestärkt, kann es leicht geschehen, daß die Fürsorge selbst zu dem Problem beiträgt, das sie doch lösen wollte. Um es mit den Worten eines englischen Kinderfürsorgers[47] zu sagen: »Ein Dauerfürsorgefall ist meist ein kurzfristiger Fall, der schlecht geregelt worden ist.«

Inzwischen haben alle kompetenten Fürsorgestellen erkannt, daß es äußerst wichtig ist, daß die Kinder so schnell wie möglich in ihr Elternhaus zurückkehren. Damit das auch geschieht, konzentriert sich ein großer Teil ihrer Fürsorgetätigkeit auf die Eltern, deren Kinder in Heimen und Pflegestellen sind. Das ist besonders wichtig, wenn die Kinder aus Familien kommen, die für Streitigkeiten und Vernachlässigung bekannt sind und wo wohlgemeinte, aber unzureichende Methoden den Eltern nur ein Ausweichen vor der eigenen Verantwortung ermöglichen würden.

Einige Grundsätze der Kinderfürsorge

Auch heute kommt es noch vor, was früher allgemein verbreitet war, daß ein Teil der zuständigen Stellen nur zögernd folgende Prinzipien anerkennt:

a) Es gibt keine klare Trennung zwischen Kind und Elternhaus.

b) Weder in Heimen noch in Pflegestellen können Kinder die Liebe und Sicherheit erhalten, die sie so nötig brauchen. Deshalb werden diese Einrichtungen immer nur Notbehelf sein.

c) Ad-hoc-Regelungen von einem Tag zum andern schaffen nur Unsicherheit beim Kind und Unzufriedenheit bei der Pflegemutter; soll ein Kind nicht leiden, müssen entsprechende realistische Regelungen von Anfang an geplant werden.

Es ist ein außerordentlich weit verbreiteter Irrtum, daß ein Kind, das man von seinen Eltern trennt, vergessen und neu beginnen könnte. Je schlechter das Elternhaus war – so glaubt man –, um so leichter wird es dem Kind fallen zu vergessen. Das hat in der Praxis dazu geführt, daß man den Eltern jeden Besuch bei dem Kind untersagte, in der Annahme, das Kind würde sich dann eher anpassen. Dieses Verhalten spricht allen unseren Kenntnissen hohn. Wir wollen hier zwei entsprechende Untersuchungen zitieren. Isaacs und andere[81] haben in einer Untersuchung von während des Zweiten Weltkriegs nach Cambridge evakuierten Kindern festgestellt, daß Elternbesuche keineswegs die befriedigende Anpassung an die Pflegefamilie störten. Das Gegenteil schien eher zuzutreffen. Noch früher hatten Cowan & Stout[46] eine systematische Studie unternommen. Sie verglichen die Sicherheit im Verhalten von Kindern, denen man Kontakte mit der Familie (der eigenen oder einer Pflegefamilie) gestattet hatte, mit dem Verhalten von Kindern, denen diese Kontakte nicht erlaubt wurden. Die Befunde sind den Berichten der für Hausbesuche zuständigen Sozialfürsorger entnommen und in Tabelle 14 aufgeführt.

Tabelle 14: Verhalten von 100 Kindern nach Wechsel der Pflegefamilie mit und ohne Kontakte zur vorhergehenden Pflegestelle (nach Cowan & Stout)

Verhaltensweise	Kontakt zur vorhergehenden Pflegestelle	
	einige Kontakte	kein Kontakt
	%	%
Unsicher	46	67
Sicher	54	33
	100	100
Zahl der Pflegewechsel	117	430
$P < 0,01$		

Hier ist zu betonen, daß der Verhaltensunterschied der Kinder, je nachdem sie Kontakt zu ihrer Familie hatten oder nicht, deutlich ausgeprägt und statistisch signifikant ist. Das ist um so auffallender, als der Kontakt in vielen Fällen sehr dürftig war und keineswegs der ständigen Beziehung entsprach, die man heute empfiehlt. Besonders interessant ist eine Untergruppe von 30 Kindern, die beides erlebt hatten, d. h. einen Pflegewechsel, wo der Kontakt zur vorhergehenden Stelle erhalten blieb, und mindestens einen, wo er völlig abgerissen war. Die Befunde stehen in Tabelle 15.

Das bestätigt, daß das Verhalten von Kindern teilweise davon abhängt, ob sie noch Kontakt zu ihrer früheren Umwelt haben,

und daß es nicht nur auf Persönlichkeitsunterschiede zurückzuführen ist. Das zeigt sich auch in den Falldarstellungen von Kindern, deren unsicheres Verhalten sich besserte, als man ihnen
wieder Kontakte zu ihrer früheren Umwelt ermöglichte.

Diese Ergebnisse bestätigen nur, was wir ohnehin schon wissen – nämlich, daß Kinder keine Schiefertafeln sind, von denen
die Vergangenheit mit einem nassen Schwamm gelöscht werden
kann, sondern menschliche Wesen, die frühe Erfahrungen mit
sich tragen und deren Verhalten in der Gegenwart weitgehend
davon abhängt, was sie früher erlebten. Sie bestätigen ferner die
große emotionale Bedeutung der Eltern-Kind-Beziehung, die
zwar verzerrt werden kann, aber auch durch äußere Trennung
nie ganz unterbrochen wird. Und schließlich geben sie uns die
Bestätigung, daß ein Mensch sich immer eher an etwas anpassen
kann, das er aus direkter Erfahrung kennt, als an etwas Nicht-
Vorhandenes, nur Gedachtes.

*Tabelle 15: Verhalten von 30 Kindern a) nach Wechsel der Fami-
lie, aber mit weiterem Kontakt, b) nach Wechsel und Abbruch
aller Kontakte (nach Cowan & Stout)*

Verhaltensweise	Kontakt zur Familie	
	einige	keinen
	%	%
Unsicher	55	72
Sicher	45	28
	100	100
Zahl der Pflegewechsel	66	112

$0,02 > P < 0,05$

Die Feststellung, daß das Kind in einer Pflegestelle (und im
Heim) in zwei Welten lebt – in der Pflegestelle (Heim) und in
seiner eigenen Familie –, hat zu einer neuen Auffassung in der
Kinderfürsorge geführt. Der Sozialarbeiter weiß nun, daß er
keine Pflegestelle finden kann, die vom Kind als voller Ersatz
der eigenen Familie betrachtet wird. Wie gut die Pflege- oder
Heimmutter auch sein kann, das Kind wird sie immer nur als

Notbehelf ansehen und so schnell wie möglich zur eigenen Mutter zurückkehren wollen. Nur wenn das Kind noch nicht zwei Jahre alt war, als es von seiner Familie getrennt wurde, könnte es anders empfinden. Weil der Sozialarbeiter nun aber weiß, wie einem Kind zumute ist, kann er der Pflegemutter eher begreiflich machen, daß es sich nur um eine vorübergehende Situation handelt, und ihr helfen, sich dem anzupassen. Eine Pflegemutter in der Hoffnung zu bestärken, sie würde in der Beziehung zum Kind gleiche Befriedigung erlangen wie die leibliche Mutter, heißt nur, eine sichere Enttäuschung vorbereiten. Da der Sozialarbeiter aber auch um die Bedeutung der Eltern weiß, wird er auch ihnen helfen, die Zukunft des Kindes zu sichern. Deshalb wollen wir uns zunächst einmal der wichtigen Arbeit zuwenden, die den Eltern gelten muß, wenn die vorübergehende Fürsorge für das Kind außerhalb seiner Familie ein konstruktiver Schritt sein und zu seinem künftigen Glück beitragen soll. Spielen die Eltern nicht mit, wird das Kind eine scheinbar endlose Ungewißheit erleiden müssen, in der sein Elend und seine zunehmende Unsicherheit schließlich dazu führen, daß es sich in sich selber wie in ein Schneckenhaus verkriecht und zum aggressiven Störenfried wird.

Sozialarbeit mit den Eltern

Keine Praxis der Kinderfürsorge war weiter verbreitet und schädlicher als die von Vermittlungen, die Kinder von »schlechten« Eltern vorübergehend aufnahmen, ohne Pläne für die Zukunft dieser Kinder zu machen. Gordon[71] hat sich mit diesem System zielloser Fürsorge und unklarer Verantwortung beschäftigt. Er hat Fragebogen ausgewertet, die von amerikanischen Vermittlungen ausgefüllt worden waren.

»Dieses Verhalten beruht auf der Überzeugung, daß Eltern, die dem Kind kein Heim schaffen können, auch nichts für sein Wohlergehen tun können. So glaubten die Fürsorgestellen ihre Pflicht erfüllt zu haben, wenn sie für Unterkunft, Nahrung und ›Erziehung‹ sorgten. Aus dieser Einstellung ergab es sich, daß vorübergehende Pflege verlängert, Beziehungen zwischen Eltern und Kindern unterbunden und das kindliche Bedürfnis, geliebt zu werden und in einer Familie tief verwurzelt zu sein, ignoriert wurde ... Die Berichte zeigen, wie wenig Unterstützung

Eltern, die um langfristige Fürsorge baten, im Einzelfall erhielten. In einem Fragebogen heißt es: ›Wir haben nur in ganz wenigen Fällen bei der Aufnahme die Gründe untersucht und gefragt, wie lange die Fürsorge dauern solle. In vielen Fällen sah es einfach so aus, als sei es das richtige, Pflegestellen anzubieten. Über die Dauer dieser Pflege wurde nicht gesprochen.‹«

Natürlich ist nichts geeigneter, zögernde Eltern zu entmutigen und sie von einem ohnehin nicht sehr ausgeprägten Verantwortungsbewußtsein zu befreien, als diese Möglichkeit, sich vor der Entscheidung zu drücken. Von der unmittelbaren Sorge um die Kinder sind die Eltern ja zunächst einmal befreit. Dieses Verfahren hat eine fatale Ähnlichkeit mit der kurzsichtigen Behandlung von unehelichen Kindern.

Fürsorgestellen sollten aber nicht – auch nicht unwissentlich – dazu beitragen, die Zukunft eines Kindes zu gefährden. Ob sie nun staatlich oder privat sind, sollten sie ihre vornehmste Aufgabe darin sehen, den Eltern beizustehen, die Ursachen des Problems zu erkennen und realistische Zukunftspläne zu entwickeln. Das bedeutet in der Praxis, daß die Fürsorge von bestimmten Bedingungen abhängig gemacht wird – vor allem davon, daß die Eltern weitgehend die Verantwortung für die Zukunft des Kindes übernehmen. Das sollte bei jeder Einzelfallhilfe schon bei der ersten Begegnung klargestellt werden, wenn die Notlage der Eltern sie am ehesten dazu zwingt, sich unangenehmen Wahrheiten zu stellen.

»Die Eltern müssen dazu gebracht werden, die Art der Vernachlässigung genau zu überprüfen, zu entscheiden, was sie dagegen tun können und ob das den Bedürfnissen des Kindes entsprechen würde. Sie sollen wissen, daß die Fürsorge bereit ist, ihnen zu helfen, dem Kind die nötige Sorge und Sicherheit zu gewähren ... Sie sollten Grenzen und Vorteile der Kinderfürsorge in Pflegestellen genausogut kennen wie der Sozialarbeiter« (Gordon[71]).

Hier kommen wir – wahrscheinlich – auf den wunden Punkt: »wie der Sozialarbeiter«. Solange Fürsorger die Grenzen außerfamiliärer Fürsorge nicht kennen und – wie immer noch einige – sich in dem sentimentalen Gefühl sonnen, vernachlässigte Kinder aus den Händen verkommener Eltern zu retten, ist nichts zu erreichen. Sie werden immer allzu schnell bereit sein, Eltern von ihrer Verantwortung zu befreien, und sie durch ihr Handeln in der Auffassung bestärken, daß das Kind in anderen Händen viel besser aufgehoben sei. Nur wenn der Einzelfallhelfer geschult und erfahren genug ist, auch schlechte Eltern anzuerkennen und weniger erkennbare langfristige Auswirkungen gegen die aktuelle, vielleicht dringliche Situation abzuwägen, kann er den Eltern helfen und so dem Kind einen guten Dienst erweisen.

Natürlich sind die Verhältnisse der Eltern, die bereit sind, ihre Kinder der Fürsorge anzuvertrauen, oder die von Fürsorgestellen dazu verurteilt werden, meist schon sehr schlecht. Daher werden unmittelbare, realistische Entscheidungen über die zukünftigen Pläne nicht möglich sein. Aber der Sozialarbeiter sollte darauf bestehen, daß alle Unterstützung davon abhängt, daß in angemessener Zeit eine langfristige Lösung gefunden werden muß. Für diese Lösung gibt es nur zwei Alternativen – entweder sorgen die Eltern wieder selbst für ihr Kind, oder sie überlassen es der Vermittlung ganz. Wenn der Sozialarbeiter die Eltern davon überzeugen kann, daß sie für das Kind ungeheuer wichtig sind und deshalb auch über seine Zukunft mitentscheiden sollten, werden alle – bis auf psychopathische – Eltern sich dem nicht entziehen.

Nur wenn man Eltern so behandelt, werden sie einen nützlichen Beitrag zu allen Fürsorgemaßnahmen leisten. Schließt man sie von der Planung ganz aus, werden sie entweder alle Verantwortung ablehnen und sich gar nicht mehr um das Kind kümmern, oder sie werden unvorhergesehen eingreifen – nicht immer zum Nutzen des Kindes. Das geschieht sehr häufig, und es wird viel darüber geklagt; aber es ist unvermeidlich, solange die Fürsorgestellen die Eltern nicht an der Zukunftsplanung beteiligen und sie statt dessen mit ihren Gefühlskonflikten allein lassen. Manchmal werden die emotionalen Probleme der Eltern, die zur Fürsorgebedürftigkeit geführt haben, noch durch das Schuldgefühl verstärkt, das Kind verlassen zu haben und als schlechte Eltern sozial minderwertig zu sein. In den Berichten aller Fürsorgestellen stößt man immer wieder auf die Schwierigkeiten, die daraus entstehen, daß die Eltern es nicht ertragen können, daß ihre Kinder sich in der neuen Pflegefamilie wohlfühlen und Bindungen an diese entwickeln. Die Eltern sind eifersüchtig auf die Pflegeeltern und machen Ärger, oder sie grollen und lehnen jeden Besuch bei ihnen ab. Damit stürzen sie die Kinder in Gefühlskonflikte. Pollock & Rose[116] haben berichtet, daß es sich bei den schwierigsten Fällen in ihrer Erziehungsberatung um Pflegekinder handelte, deren Eltern die Pflegestellen mit gemischten Gefühlen betrachteten und »ihrerseits lebhafte aber unregelmäßige Bindungen zu dem Kind erhalten wollten«. 17 von 50 gestörten Pflegekindern in einer Beratungsstelle in Philadelphia fielen unter diese Kategorie; ihre Probleme äußerten sich ganz verschieden – durch Schuleschwänzen, Stehlen, Lügen, sexuelle Vergehen, Bettnässen, Sprachstörungen, psychosomatische Leiden, heftige Wutausbrüche. Nur in vier Fällen war die Behandlung erfolgreich. Pollock & Rose schildern die unklaren und widersprüchlichen Motive der Eltern (der Mutter in 16 Fällen und des Vaters in einem) recht ausführlich:

»Obwohl die Eltern selber um Fürsorgepflege gebeten haben, leugnen sie ab, je den Wunsch gehabt zu haben. Sie sehen sich und das Kind als hilflose Opfer unglücklicher Umstände, die manchmal durch Tod oder Weggang eines Elternteils verursacht worden sind. Sie beteuern ihre Liebe zu dem Kind und erklären, sie haben durch ihren Verzicht dem Kind nur Möglichkeiten bieten wollen, die sie selber nicht schaffen könnten. Die Besitzansprüche der Eltern sind manchmal sehr ausgeprägt, und sie fühlen sich darin bedroht, weil sie befürchten, die Pflegeeltern könnten sich das Kind ›aneignen‹ und es ihnen damit entziehen. Oder sie projizieren eigene Bedürfnisse in das Kind hinein, identifizieren sich sehr mit ihm und verlangen von der Pflegemutter, es solle ihnen eine ebenso gute Mutter sein wie dem Kind. Sie kritisieren die Besuchsregelungen der Fürsorgestelle, beschweren sich oft darüber, daß diese zu streng wären, besuchen das Kind aber nicht einmal immer dann, wenn es gestattet ist. Sie versichern dem Kind ständig, daß es nur vorübergehend in der Pflegefamilie sei, schieben aber den Entschluß, das Kind wieder zu sich zu nehmen, ständig auf. Sie machen großartige Versprechungen und planen tolle Ausflüge, aber daraus wird nur selten etwas.
Das Kind seinerseits lebt nur in Erwartung der Besuche und Geschenke seiner Eltern und lehnt die Pflegefamilie völlig ab oder zeigt ihr gegenüber äußerste Gleichgültigkeit. Es weigert sich, irgendeine gefühlsmäßige Bindung zu den Pflegeeltern zu entwickeln, betont immer wieder, daß es die ganze Situation nur als vorübergehende Notlösung betrachtet, selbst wenn sie schon Jahre währt. Es macht die Fürsorgevermittlung verantwortlich für all seine Schwierigkeiten, da sie es ja wirklich war, die einen Pflegeplatz fern von den Eltern gefunden hat, bei denen es viel lieber wäre. Eltern und Kind bilden eine Einheit gegen die Fürsorgestelle, und bei allen Bemühungen, Kind und Eltern die reale Lage begreiflich zu machen, sieht sich der Fürsorger Eltern und Kind gegenüber in einer sehr undankbaren Rolle.«

Aus dieser ausführlichen Schilderung geht eindeutig hervor, daß es die Fürsorgevermittlung versäumt hat, rechtzeitig auf die Gefühle der Eltern einzugehen, die ernste Auswirkungen auf das Kind haben. Wir geben zu, daß diese Eltern sehr schwer zu behandeln sind. Deshalb sollen sich die fähigsten und erfahrensten Sozialarbeiter dieser Fälle annehmen und sie gleich anfangs beeinflussen. Das ist – wie schon gesagt – der günstigste Moment dafür. Man wird schnell merken, daß es am meisten darauf ankommt, widersprüchliche und unbewußte Motivationen richtig zu behandeln. Nur unter diesen Voraussetzungen kann man hoffen, daß einer der neurotischen Eltern mit der Fürsorgestelle zusammen arbeiten wird und daß somit die Pflegezeit des Kindes fruchtbare und nicht pathogene Folgen hat. Das ist einer der wesentlichsten Gründe für die Beschäftigung von psychiatrischen Beratern in der Kinderfürsorge.

Sozialarbeit mit Pflegeeltern

Wir haben die Bedeutung der Einzelfallhilfe für Eltern so sehr betont, weil diese – trotz aller Erfolge und trotz aller Abhandlungen in Klassikern wie *Reconstructing Behavior in Youth* von Healy & Mitarb. (1929) und *Institutions Serving Children* von Hopkirk (1944) – noch immer weitgehend vernachlässigt wird. Aber auch die Einzelfallhilfe für Pflegeeltern und Pflegekinder ist wichtig. Ganz abgesehen davon, daß man beide gut kennen muß, um eine Wahl zu treffen, die beide befriedigt, muß man auch die Pflegeeltern in aller Offenheit darauf vorbereiten, wie sich das Pflegekind benehmen wird. Dem geht man nur zu gern aus dem Weg, weil Pflegestellen ohnehin schon selten sind und weil man potentielle Pflegeeltern nicht von vornherein entmutigen will. Ehe der Sozialarbeiter aber nicht bereit ist, die Pflegeeltern ins Vertrauen zu ziehen und sie über das Kind und seine Eltern entsprechend aufklärt, darf er nicht weiter überrascht sein, wenn diese später so enttäuscht sind, daß sie bitten, man möge das Kind wieder abholen – eine von allen Kinderfürsorgern gefürchtete, nur zu bekannte Erscheinung. Pflegeeltern werden sich der Vermittlung gegenüber immer so verantwortlich zeigen wie diese ihnen gegenüber. Kline & Overstreet[87], die sich mit diesem Thema besonders beschäftigt haben, schreiben, daß

»sich aus den vorbereitenden Gesprächen (meist sind es zwei bis vier) mit Pflegeeltern schon ein Gesamteindruck der Persönlichkeit ergibt. Danach kann man bereits beurteilen, ob sich der Plan, ein ganz bestimmtes Kind bei ihnen unterzubringen, verwirklichen läßt oder nicht«; und daß »die vorbereitenden Gespräche mit den Pflegeeltern schon den Ausschlag geben können, ob die Pflegeunterbringung ein Erfolg wird oder nicht ... Wenn man Probleme vorwegnimmt und das übliche Verhaltensmuster des Kindes genau beschreibt, werden die Reaktionen der Pflegeeltern weniger heftig sein, wenn diese Probleme wirklich auftreten. Außerdem gewinnen die Pflegeeltern bei diesen offenen Gesprächen den Eindruck, daß sie nicht allein die Verantwortung für möglicherweise auftretende Verhaltensstörungen tragen, und so fühlen sie sich auch nicht versucht, Probleme zu verbergen, und glauben nicht, daß sie allein damit fertigwerden müssen.«

In diesen vorbereitenden Gesprächen müssen vor allem die Beziehungen des Kindes zu seinen leiblichen Eltern, die Bedeutung der elterlichen Besuche und das voraussichtliche Verhalten der Eltern klargestellt werden, und die Pflegeeltern müssen dazu gebracht werden zu verstehen, daß sie vom Kind nicht erwarten dürfen, daß es sich benimmt, als sei es bei ihnen zu Hause. Man sollte die Pflegeeltern bitten, ihre Meinung zu dem langfristigen Fürsorgeplan zu äußern, und sie zur Teilnahme an der Planung auffordern. Diese Haltung, die Pflegeeltern zur aktiven Mitarbeit in einer so schwerwiegenden Angelegenheit aufzufordern, ist ganz neu. Sie steht in deutlichem Gegensatz zu bisherigen Gepflogenheiten, denn früher war es üblich, daß die Kinderfürsorgerin die Pflegemutter eher als Beratungsfall behandelte. Diese partnerschaftliche neue Einstellung bringt uns aber wieder auf das nie gelöste Problem der Unterhaltsbeihilfe. Bisher ist es üblich gewesen, eine knappe Unterhaltszahlung zu leisten, die zumeist noch nach einem längst überholten Kostenindex berechnet war. Es besteht immer noch ein enormer Widerstand gegen eine entsprechende Bezahlung der bei der Pflege erbrachten Dienstleistungen, und noch immer wird eingewendet, daß man damit nur erreicht, daß Kinder nicht mehr aus Liebe sondern des Geldes wegen gepflegt werden. Dieses windige Argument, das von Sozialfürsorgern nur selten Unterstützung erhält, kann man oft in staatlichen Fürsorgestellen vernehmen, und es ist schwer zu sagen, ob andere als Sparsamkeitsgründe dafür ausschlaggebend sind. Wie Gordon richtig sagt[70]:

»Die Befürchtung, daß eine gerechte Bezahlung der Pflegemutter deren natürliche Zuneigung und Fürsorge beeinträchtigen könnte, ist genauso unrealistisch wie die Auffassung, ein Arzt oder Zahnarzt sei an seinem Patienten weniger interessiert, weil er für die Behandlung bezahlt wird« (S. 216).

Sozialfürsorger sind sich darin einig, daß die Betreuung eines Pflegekindes eine Arbeit ist, die entsprechend entlohnt werden sollte, und sie verweisen darauf, daß die Pflegekinder früher für ihren Unterhalt arbeiten mußten. Zudem sollte man bedenken, daß eine Hausfrau entweder durch Teilzeitbeschäftigung oder Untervermietung gewiß ebensoviel – oder mehr – verdienen kann wie durch die Pflege eines fremden Kindes. In der Ablehnung entsprechender Entlohnung der Pflegeeltern ebenso wie in der Bereitschaft, große Summen für Heimpflege auszugeben, zeigt sich wieder einmal die seltsame Einstellung und Ausgabenpolitik hinsichtlich der Unterstützung von Familien- bzw. Heimfürsorge.

Sollten Pflegeeltern vielleicht doch noch einen entsprechenden Status erhalten, wäre es zu empfehlen, daß man sie als Außenmitarbeiter der Fürsorgestelle betrachtet. Wir sind fest überzeugt davon, daß bei dieser Regelung und bei entsprechender Bezahlung mehr Familien mit besserer Ausbildung bereit wären, Kinder in Pflege zu nehmen. Ehe nicht Maßnahmen in dieser Hinsicht ergriffen werden, werden Fürsorgebehörden weiter darüber klagen, daß es so schwierig sei, Pflegestellen zu finden. Man hört diese Klagen heute überall.

Einzelfallhilfe für Pflegekinder

Bisher haben wir uns nur mit den Eltern und den Pflegeeltern beschäftigt. Nun sollten wir uns aber endlich dem Kind selbst zuwenden, das nur allzu häufig wie ein Ding herumgereicht wird. Und dann glaubt man auch noch, daß es nicht einmal den Eingangsstempel all der verschiedenen Einrichtungen und Orte trägt, an die es geschickt worden ist. Die Evakuierungsstudie von Isaacs und die Entwicklungsstudie von Cowan & Stout sind bereits zitiert worden, um zu beweisen, daß frühere Bindungen weiterbestehen und daß es eine Illusion ist, an »klare Trennung«

zu glauben. Weitere Befunde zeigen, daß ein Kind sich veränderten Umständen um so eher anpassen wird, je mehr man es an den es selbst betreffenden Plänen teilnehmen läßt, ihm die Gründe dafür und die wahrscheinliche Dauer erklärt. Um die Arbeit der ›Maryland Children's Aid Society‹ zu bewerten, hatte Malone[100] 209 Kinder untersucht, die aus der Familienpflege entlassen waren. Tabelle 16 zeigt ganz deutlich, daß die Pflegestelle viel eher Erfolg hat, wenn das Kind mit dieser Veränderung einverstanden ist, als wenn es sie ablehnt.

Tabelle 16: Erfolg und Mißerfolg von Pflegestellen je nach Einstellung der Eltern und Kinder (nach Malone)

Einstellung zur Pflegeunterbringung

Kind	Eltern	Zahl der Kinder	Zahl der Erfolge	Erfolg in %
Einverstanden	Einverstanden	147	120	82
Einverstanden	Ablehnend	17	12	71
Ablehnend	Einverstanden	31	14	45
Ablehnend	Ablehnend	14	6	43
Insgesamt		209	152	73

(Die ersten beiden Zeilen ergeben zusammen 80, die beiden folgenden 44.)

In dieser Tabelle fallen zwei Punkte auf:

a) der Grad der Übereinstimmung in Ablehnung und Zustimmung bei Eltern und Kindern;

b) die Bedeutung der Einstellung des Kindes ohne Rücksicht auf die der Eltern.

Der erste Punkt wird durch die Tatsache belegt, daß sich in 161 von 209 Fällen (77%) eine bei Eltern und Kindern übereinstimmende Haltung ergab und daß nur 12 (9%) von 132 Kindern, die mit der Pflegeunterbringung einverstanden waren, sich damit gegen die Wünsche der Eltern wandten. Der zweite Punkt wird dadurch illustriert, daß die Erfolgsquote bei Zustimmung des Kindes fast doppelt so hoch (80%) ist wie bei Ablehnung (44%). Der Unterschied ist statistisch signifikant.

168

Bei der Auswertung der Befunde geht Malone besonders auf die Schwierigkeiten ein, Kinder erfolgreich unterzubringen, deren Eltern wegen Vernachlässigung die Erziehungsgewalt vom Gericht entzogen worden ist. In diesen Fällen besteht meist keine Möglichkeit, das Kind auf die Veränderung vorzubereiten, und es kann nicht einsehen, weshalb es sein Elternhaus verlassen mußte. »Es kann empört und wütend sein und ist ganz gewiß nicht bereit, Elternersatz zu akzeptieren.« Diese Tatsache verdient ohne jeden Zweifel weitaus mehr Beachtung von seiten derjenigen, die solche Verfügungen erlassen, als ihr bisher zuteil wurde.

Weil der Erfolg oder Mißerfolg der Pflegeunterbringung so weitgehend von der Einstellung des Kindes abhängt, verwenden Sozialarbeiter heute mehr Zeit und Aufmerksamkeit darauf, mit ihm die aktuellen Umstände und Zukunftspläne zu besprechen. Das mag auf verschiedene Art geschehen. Besonders zu empfehlen sind Gespräche mit Eltern und Kind gemeinsam, in denen die Gesamtsituation erschöpfend geklärt und ein gemeinsamer Plan erarbeitet wird. Bowlby[28] tritt sehr für diese Methode ein, um Spannungen innerhalb der Familie zu mildern, und er hat nachgewiesen, daß diese gemeinsamen Gespräche, so stürmisch sie auch verlaufen mögen, doch einen Vorteil haben: Beide Parteien wissen, daß der Fürsorger neutral ist und nicht versucht, die eine Partei hinter dem Rücken der anderen zu beeinflussen – ein Verdacht, der sich nach Einzelgesprächen nur allzu schnell ergibt. Ein anderes, recht nützliches Verfahren besteht darin, daß das Kind Gelegenheit hat, Informationen über seine Pflegeeltern zu erhalten, *bevor* über die endgültige Aufnahme entschieden wird (ein Komplementärvorgang zu den anderen, bei dem die Pflegeeltern über das Kind informiert werden). Ob es hierbei nur bei mündlichen Berichten einer Mittelsperson bleibt oder zu mehreren kurzen Besuchen kommt – das Kind könnte z. B. Wochenenden bei den Pflegeeltern verbringen –, hängt ganz von den Umständen ab. Diese Vorbereitung sollte man auch bei ganz kleinen Kindern nicht versäumen. Von zwei Jahren an ist eine Übergangsperiode, in der sich beide Parteien erst einmal kennenlernen, gut und richtig, denn nichts erschreckt ein kleines Kind mehr – wie allgemein bekannt –, als mit fremden Menschen alleingelassen zu werden.

Alle Sozialarbeiter und Psychiater wissen, wie wichtig es ist, dem Kind beim Anknüpfen seiner neuen Beziehungen Hilfe zu gewähren, wenn diese nicht von Anfang an gefährdet sein sollen. In einer einsichtigen und deutlichen Darstellung dieses Problems, das zudem noch an kurzen Falldarstellungen veranschaulicht wird, schreibt Baker[6]:

»Für das Kind sind die Vorgänge der Trennung und Pflegeunterbringung mit Furcht, Angst, Wut, Verzweiflung und Schuldgefühlen verbunden, die einen so vielfältigen Ausdruck finden können, wie es Abwehrhaltungen gibt . . . Ehe das Kind die Notwendigkeit der Veränderung nicht einsieht, wird es sich nicht an die Pflegefamilie gewöhnen. In seiner ablehnenden Haltung gegen die neue Situation konzentriert es alle Energien – die realen oder die seiner Phantasie – darauf, zu den Eltern zurückzugelangen.«

Sie beschreibt, wie sehr geschulte Sozialhelfer mit psychologischer Einsicht in eben diesen Komplex und in die entsprechenden Konfliktgefühle dem Kind helfen können, seine Empfindungen zu äußern und sie zu verarbeiten. Läßt man das Kind mit seinen verwirrten Gefühlen aber ganz allein, kann es zu Zwischenfällen kommen, wie folgendem von ihr erwähnten: Noch am Dienstag erklärt das Kind der Fürsorgerin, es wolle seine Mutter nie wiedersehen – und am Donnerstag darauf reißt es aus, um zu seiner Mutter zurückzulaufen!

Die Fürsorgerin sollte nicht nur ihr Bestes tun, um dem Kind zu erklären, was vor sich geht und weshalb das so sein muß, sie sollte auch nicht vergessen, daß eine einzige Erklärung oft nicht ausreicht und daß die an einem Tag erreichte Einsicht leicht von fehlgeleiteten Phantasievorstellungen oder durch irreführende Bemerkungen der Eltern und Pflegeeltern wieder vernichtet werden kann. Deshalb wird die erfahrene Sozialfürsorgerin es nie bei einer einzigen Aussprache belassen – sie wird immer wieder darauf zurückkommen und jedes Mißverständnis schnellstmöglich ausräumen. Es kommt z. B. nicht selten vor, daß Kinder sich einbilden, sie hätten mit Unarten die Familie zerrüttet oder sie würden wegen ihres schlechten Betragens aus dem Haus geschickt: Vorstellungen, die – wenn sie nicht ausgeräumt werden – verhindern, daß sich das Kind in der besten Pflegefamilie wohlfühlt. Außerdem kann das auch schwerwiegende Folgen für seine weitere Entwicklung haben. In der Behandlung all dieser kindlichen Probleme braucht der Fürsorger viel Erfahrung und Geduld, denn Kinder gestehen ihre wahren Gefühle nicht allzu gern ein und verbergen sie recht geschickt. Manchmal überdeckt der deutlich geäußerte Wunsch, nach Hause zurückzukehren, nur die Furcht vor der Rückkehr, und hinter zur Schau getragener Heiterkeit verbirgt sich ein gebrochenes Herz. Wenn die Arbeit gut getan werden soll, sind außerordentliche psychologische Fähigkeiten nötig.

Bisher hat man sich wenig darum gekümmert, wie sehr Kinder unter der Trennung von ihren Eltern leiden. Tatsächlich hat man erst in den letzten zehn Jahren etwa – nach den bedeutenden Erkenntnissen von Klein[86] – traurigen Kindheitserfahrungen die bedeutende Stellung in der Psychopathologie eingeräumt, die sie heute einnehmen. Lange Zeit hat man gemeint, je weniger man ein Kind ermuntere, seinem Kummer bei Tod oder Trennung Ausdruck zu verleihen, um so besser sei dies – das Kind käme dann viel schneller über die traurige Erfahrung hinweg. Diese Ansicht ist nach neuen Erkenntnissen nicht länger haltbar. »Wenn in der Familie um einen Toten getrauert wird«, schreibt Spence[131], »sollte man die Kinder nicht ausschließen. Wenn sie ganz natürlich und uneingeschränkt an dem Trauern teilnehmen, werden sie reicher an Erfahrung, aber ohne jeden Schaden daraus hervorgehen« (S. 38). Es ist sehr wichtig, daß die Erwachsenen den Kindern beistehen, ihren Kummer zu äußern, ob nun Tod oder Trennung beklagt wird. Aufgrund ihrer Heimerfahrungen schreiben Burlingham & Freud[37] über Trauer nach Trennung:

»Es wird den Müttern allgemein geraten, die Kinder in den ersten vierzehn Tagen nach der Trennung nicht zu besuchen. Nach allgemeiner Auffassung wird der Trennungsschmerz dann leichter überwunden und verursacht weniger Kummer. Tatsächlich ist es aber gerade die abrupte Trennung des Kindes von der Mutter, die große Gefahren in sich birgt und oft zu schlimmen Folgen führt. Eine in die Länge gezogene Trennung mag mehr sichtbaren Kummer verursachen, weil sie dem Kind Zeit läßt, entsprechend auf die Ereignisse zu reagieren, weil es immer wieder den gleichen Schmerz empfindet, immer wieder seine Empfindungen ausdrücken muß, d. h. langsam reagiert. Aber Reaktionen, die dem Kind nicht einmal bewußt werden, können unübersehbaren Schaden anrichten.«

Die immer wieder fließenden Tränen bei jedem Besuch, die Erwachsene so belasten, führen oft zu dem Gefühl, daß es besser wäre, dem Kind diese ständige Aufregung zu ersparen. Nur wenn Erwachsene wissen, wie wichtig diese Tränen für die künftige emotionale Entwicklung des Kindes sind, werden sie verstehen, daß es für das Kind gut ist zu weinen. Vielleicht wird ihnen diese Einsicht leichter, wenn sie sich erinnern, daß es auch Erwachsenen hilft, wenn sie einen Verlust beweinen können.

Diese Gefühlsreaktionen der Kinder auf die Trennung und dazu die gemischten Gefühle, die Eltern oft äußern, weil sie ihre Kinder aufgeben, haben einige Vermittlungen bewogen, alle Neuzugänge vorübergehend im Heim unterzubringen. Wie Gordon[70] meint:

»Das gestattet Eltern und Kindern eine Trennungserfahrung und bringt sie dazu zu begreifen, was alles damit verbunden ist. Gleichzeitig werden sie in dieser Weise auf die längere Fürsorgezeit in einer Pflegestelle vorbereitet ... Die Vermittlungsstelle wird aber nun das Kind und seine Situation besser kennen und kann ihm und den Eltern helfen, die Trennung zu überwinden, so daß die Pflegeeltern, zu denen das Kind für längere Zeit gebracht wird, geringerem seelischen Druck ausgesetzt werden und das Kind nicht so häufig wechseln muß« (S. 214).

Dieses Vorgehen hat andererseits alle Nachteile der Ungewißheit, auf die wir bei unserer Diskussion der Beobachtungszentren noch einmal zurückkommen werden. Es ist nicht ganz einfach, jetzt zu entscheiden, ob es wirklich vorteilhaft ist.

Das Kind psychopathischer Eltern

Eine Gruppe von Kindern braucht eine ganz besondere Behandlung – Kinder von psychopathischen Eltern, die eindeutig einen schlechten Einfluß auf das Kind ausüben. Im Umgang mit diesen Kindern muß sich der Fürsorger zunächst einmal selbst von der Vorstellung befreien, daß diese Kinder wegen »schlechter Erbanlagen« weniger Aussichten auf erfolgreiche Behandlung bieten als andere ohne diese Belastung. Wir haben bereits auf die Theissche Entwicklungsstudie verwiesen[139] und vermerkt, daß Erbanlagen, soweit überhaupt feststellbar, keinen Einfluß auf Erfolg oder Mißerfolg bei Erwachsenen hatten. Hier können wir noch einmal ausführlich die Befunde anführen. Es ging um 492 Kinder, von deren Familien einiges bekannt war. Sie waren in drei Gruppen unterteilt worden, je nachdem, ob beide Eltern relativ befriedigende Charaktereigenschaften aufwiesen (gut), ob sie bei dem einen gut und bei dem anderen weniger befriedigend waren (gemischt) oder ob beide unbefriedigenden Eigenschaften aufwiesen (schlecht). Unter unbefriedigenden Eigenschaften der Eltern ist Schwachsinn, Epilepsie, Alkoholismus, Amoralität, Haltlosigkeit etc. zu verstehen. Die Befunde sind in Tabelle 17 angeführt.

Tabelle 17: Vergleich der sozialen Anpassung von Erwachsenen, die als Kinder nicht bei ihren Eltern aufgewachsen sind, je nach den elterlichen Charaktereigenschaften (nach Theis)

Anpassung als Erwachsene	Eltern			
	gut	gemischt	schlecht	Insgesamt
	%	%	%	%
Sozial angepaßt	83	80	71	75
Sozial nicht angepaßt	17	20	29	25
	100	100	100	100
Zahl der Fälle	41	60	391	492

Kinder von schlechten Eltern weisen zwar eine leichte Neigung auf, als Erwachsene weniger sozial angepaßt zu sein, aber der Unterschied ist statistisch insignifikant. Das Ergebnis ist also auch hier konform zu einem – leider nicht hinreichend bekannten – Grundprinzip der Humangenetik – nämlich daß äußerliche Eigenschaften der Eltern nur unzureichende Anhaltspunkte für die Erbanlagen der Kinder bieten. Healy & Mitarb.[77], die weniger verläßliche Erfolgskriterien benutzten, kamen zu sehr ähnlichen Ergebnissen. Sie untersuchten 501 Kinder, von denen 80 Prozent kriminell waren, um festzustellen, wie sie sich in ihren Pflegestellen anpaßten. Sie trennten die Kinder mit einwandfreien Erbanlagen – in diese Gruppe kamen 105 Kinder – von den 396 anderen, deren Geschwister, Eltern oder Großeltern kriminell waren, Sexualdelikte begangen hatten, Alkoholiker waren oder unter Epilepsie, Schwachsinn oder Geisteskrankheiten litten. Die Ergebnisse sind in Tabelle 18 zusammengestellt.

Tabelle 18: Vergleich der Anpassung und Fehlanpassung von Pflegekindern je nach ihren Erbanlagen (nach Healy & Mitarb.)

Anpassung an die Pflegefamilie	Erbanlagen	
	gesund	belastet
	%	%
Erfolgreich	74	67
Nicht erfolgreich	26	33
	100	100
Zahl der Fälle	105	817

(Zum folgenden eine kurze Anmerkung: Ein Kind als »erblich belastet« zu bezeichnen, weil Geschwister, Eltern oder Großeltern fehlangepaßt oder geisteskrank sind, bedeutet, eine unbewiesene Behauptung aufzustellen, weil derartige Daten keine verläßlichen Beweise für die Erbanlagen des Kindes sind. Wir setzen dieses Attribut deshalb in Anführungszeichen.)

Die 396 ›erblich belasteten‹ Kinder erscheinen in der Tabelle als 817 Fälle. Das erklärt sich aus der mehrfach ›erblichen Belastung‹ einiger Kinder, z. B. durch Alkoholismus und Kriminalität gleichzeitig. Das Verhältnis würde sich aber nur geringfügig ändern, wenn jedes Kind nur als Einzelfall gewertet würde. Bei den Ergebnissen sehen wir wieder einmal, daß der leichte Trend zum Mißerfolg bei den ›erblich Belasteten‹ statistisch nicht signifikant ist (P liegt zwischen 0,1 und 0,2).

Es ist deshalb zu erwarten, daß die Behandlung von Kindern mit anscheinend schlechtem Erbgut kaum weniger Erfolg haben wird als die unbelasteter Kinder. Das ist ermutigend. Aber es bleibt die Aufgabe, sie ihren Eltern zu entwöhnen, die als Psychopathen einen nachweislich schlechten Einfluß auf sie ausüben. Wieder einmal war es üblich, dem auszuweichen, nicht darüber zu reden, und wieder einmal wissen wir inzwischen, daß nur Wahrheit und Realismus zum Erfolg führen. Wie kann man mit dem Kind darüber reden, daß sein Vater im Gefängnis oder daß seine Mutter eine Prostituierte ist? Es wird alles weniger schwierig, wenn die Fürsorgerin selber nicht vor diesen Themen zurückschreckt und bedenkt, daß das Kind ja unter entsprechenden Umständen aufgewachsen ist und wahrscheinlich mehr darüber weiß als sie, obschon es ihm schwerfallen mag, den Konflikt zwischen dem Verhalten seiner Eltern und den gültigen Normen zu verarbeiten. Nur wenn die Fürsorgerin vorurteilslos über diese Dinge reden kann, wenn sie die Eltern nicht stillschweigend oder sogar deutlich verurteilt, wird es ihr gelingen, sich dem Kind verständlich zu machen. Erst dann wird es bereit sein, über sein Problem zu sprechen und die Zusammenhänge zu verstehen. Und sie muß einsehen, daß das Kind in Konflikt geraten ist, weil es entschlossen war, die Eltern als Vorbild zu betrachten, und weil es nicht einfach eingestehen kann, daß andere Menschen bessere Maßstäbe haben. Das ist eine längere Ausführung wert:

In diesem Bericht ist immer wieder betont worden, daß ein kleines Kind mit seinem Wohlergehen, ja seinem Leben ganz von der Fürsorge Erwachsener abhängt. Da seine Eltern normalerweise diese Funktion erfüllen, sind sie für ihn die wichtigsten Bezugspersonen. Kein Kriegsheld, der sein Land vor der Niederlage bewahrt hat, wird mehr verehrt als Vater oder Mutter, und alle Kinder verteidigen ihre Eltern, wenn diese angegriffen werden. Wir wollen hier nur einen Beweis anführen: Eine Gruppe von Schulkindern sah einen Film zum Thema Verkehrssicherheit, in dem der Vater sich im Verkehr falsch verhielt und von seinem Sohn, dem Helden der Geschichte, korrigiert wurde. Alle Kinder hatten sich zwar mit dem sympathischen Helden identifiziert, mißbilligten an der Geschichte aber, daß der Vater einen so gefährlichen Irrtum begangen haben sollte. Ihrer Ansicht nach war ein Vater gut und fähig und gefährdete nie das Leben seines Sohnes.

Es ist dieses Loyalität und das kindliche Bedürfnis, die Eltern als Vorbild zu sehen, die man achten und verstehen muß, wenn man einem Kind helfen will, sich allmählich von Eltern zu lösen, die einen nachweislich schlechten Einfluß auf das Kind haben. Wenn die Kritik an den Eltern beim Kind aber leidenschaftliche Parteinahme und romantische Idealisierung der Eltern auslöst – was kann man dann noch tun? Wie soll man sich verhalten? Das hat Jolowicz[84] in ihrem Aufsatz »The Hidden Parents« sehr gut beschrieben. Sie schildert hier den geheimen Einfluß von Eltern, die – obgleich sie ganz aus dem Leben des Kindes verschwunden sind – immer noch bewundert und ersehnt werden.

Sie bringt zwei Falldarstellungen von Kindern aus wirklich schlechten Verhältnissen, die schon von früher Kindheit an bei Pflegeeltern aufgewachsen waren. Obgleich sie sich scheinbar angepaßt hatten und gut entwickelten, stellten sich in der Adoleszenz bei beiden alle Fehler und Mängel der Eltern ein. In keinem Fall hatte ein Mensch gewagt, mit den Kindern über die Eltern zu sprechen. Von dem Mädchen, deren Mutter eine Prostituierte war, sagt Jolowicz:

»Man hätte es nicht nur gestatten, sondern ermutigen sollen, daß sie Fragen stellt und von ihrer Mutter spricht. Irgend jemand hätte ihr sagen müssen, daß es ganz natürlich war, daß sie ihre Mutter liebte. Fast jeder Mensch liebt seine Mutter; tatsächlich stimmt etwas nicht, wenn man seine Mutter nicht liebt. Wenn das Kind erst einmal erfahren hätte, daß niemand es verdammte, weil es seine Mutter lieben wollte, und daß es sie nicht länger gegen Angriffe von Tadlern verteidigen müßte, hätte es vielleicht den Mut gehabt, seinen Ärger und die Enttäuschung darüber zu äußern, daß die Mutter es verlassen hatte, daß sie ihm nicht die Mutter gewesen war, die sie hätte sein müssen. Damit hätte man dem Kind erspart, Liebe und Haß in solchem Maß zu stauen und zu verdrängen, daß diese wie eine fünfte Kolonne in seinem Innern wühlten und alles Gute, auf das sich unsere Anstrengungen richten, unterminierten. Eine Aussprache hätte es ein wenig von der mit diesen starken Gefühlen verbundenen Spannung erlöst. Und vielleicht wäre es dem Kind dann möglich gewesen, sein Leben nach dem Vorbild der Pflegemutter einzurichten.«

Diese Erfahrung haben geschulte, taktvolle Fürsorger tatsächlich machen können. Zuerst kann das Kind keine Fehler der Eltern zugeben. Dann fängt es an, zwischen Verteidigung und Kritik zu schwanken, und vielleicht kommt es zu bitteren Gefühlsausbrüchen. Erst später kann es objektiv urteilen, kann die Eltern als Menschen mit Schwächen und Vorzügen sehen und vielleicht sogar verstehen, daß sie unglücklich sind und ihr Leben verpfuscht haben. Das fällt ihm oft leichter, wenn durch das Verhalten der Eltern seine Kindheit unglücklich verlaufen ist, denn es hat ja dann direkte Erfahrungen, wie häusliche Schwierigkeiten Menschen seelisch belasten können. Wenn es sich durch seine heftigen, widersprüchlichen Emotionen durchkämpft zu einer nüchternen, objektiven Einstellung, kann sich das Kind auch von den irrationalen Bindungen an schlechte Eltern befreien und der grausamen Wahrheit ins Gesicht sehen, daß seine Eltern ihm nichts geben können und daß es Liebe und Sicherheit bei anderen Menschen suchen muß.

Man muß zugeben, daß es keine leichte Aufgabe ist, einem Kind zu dieser Erkenntnis zu verhelfen. Die Fürsorgerin muß nicht nur Verständnis aufbringen, sondern viele negative Gefühlsäußerungen ruhig hinnehmen können. Sie muß es ertragen, daß das Kind für gute Eltern oder Pflegeeltern Abneigung oder Wut empfindet und Bewunderung für schlechte Eltern äußert. Aber so schwer und mühselig das auch sein mag, diese Zeitbomben müssen entschärft werden, wenn sie nicht zur unrechten Zeit explodieren und das ganze Leben des Kindes zerstören sollen.

Wieder und wieder müssen wir erkennen, wie wichtig Offenheit ist und die Bereitschaft, auch unangenehme Wahrheit anzuerkennen, die Dinge beim Namen zu nennen. Eltern müssen ermutigt werden, anzuerkennen, daß sie – gerade weil die Liebe des Kindes ihnen unbeschränkte Gewalt über sein Leben und Glück verleiht – diesen Einfluß nicht einfach aufgeben können, so sehr sie sich auch bemühen. Man muß den Pflegeeltern beistehen, die engen Bindungen eines Kindes an schlechte Eltern zu erkennen und die schreiende Undankbarkeit zu ertragen, mit der die Kinder auf all ihre Wohltaten reagieren. Kinder sollten ermutigt werden, sowohl Zuneigung zu schlechten Eltern wie Ärger über deren Vernachlässigung auszudrücken, Gefühle, die entweder irrational, unnatürlich oder widersprüchlich sind. Darüber hinaus sollten alle drei Parteien, so unverantwortlich, ungebildet und so jung sie auch sein mögen, ermutigt werden, gemeinsam mit der Fürsorgerin Zukunftspläne zu entwickeln. Und sie sollen dabei als gleichberechtigte Partner der reifen, gebildeten und wohlwollenden Sozialarbeiterin auftreten. All jenen, die noch in den Fürsorgevorstellungen des neunzehnten Jahrhunderts befangen sind, muß das unsinnig erscheinen. Aber das sind die großen Lehren, die wir aus der Psychologie gezogen haben. Freud verdanken wir nicht nur die Erkenntnis, daß Menschen furchtbare und erschreckende Gefühle in ihrem Innern bergen, daß sie die seltsamsten Verlangen haben, sondern auch die, daß sie außerordentliche Qualitäten besitzen, und vor allem, daß die menschliche Natur vieles ertragen und überwinden kann, wenn man einem Menschen nur hilft, der Wahrheit ins Auge zu sehen.

Bei dieser Diskussion um Pflegestellen haben wir absichtlich soviel Wert auf die psychologischen Methoden gelegt, die angewendet werden sollten. Diese Art des Umgangs mit Eltern, Pflegeeltern und den Kindern selber mag zeitraubend und vielleicht sogar seltsam scheinen, aber es hängt soviel davon ab – die künftige Gesundheit des Kindes, sein Glück und seine Brauchbarkeit als Mitglied der bürgerlichen Gesellschaft. Und wir sollten dabei auch nicht die erkennbar unbefriedigenden Ergebnisse weniger sensibler Methoden vergessen. Wir müssen einsehen, daß Mißerfolge ebenso häufig auf eine Fehlplanung bei der Wahl der Pflegefamilie zurückzuführen sind wie auf die mangelnde Eignung beider Parteien füreinander – ein Grund, der meist angegeben wird. Da das Thema so vernachlässigt worden ist, erschien es wesentlich, die Methoden der Unterbringung vor denen der Auswahl zu erörtern. Wir wollen uns nun kurz den letzteren zuwenden.

Wie wählt man das richtige Kind und die richtige Pflegestelle?

Der wichtigste Faktor bei der Auswahl von Pflegestellen auf Zeit ist die Motivation der künftigen Pflegeeltern; das haben wir schon anläßlich der Überprüfung der Adoptiveltern erwähnt. Wenn die Fürsorge nur befristet ist und das Kind mit seinen eigenen Eltern in Kontakt bleibt, sie zudem noch ermutigt werden, es zu besuchen, werden die Motive der Pflegeeltern sich wesentlich von denen der Adoptiveltern unterscheiden. Der Sozialarbeiter muß sich über diese Motive aber ebenso klar sein und sollte die gleichen Methoden anwenden, um sie zu erfahren, wie bei Adoptiveltern. Kinderlose Paare eignen sich normalerweise nicht besonders gut dazu, Pflegeeltern auf Zeit zu sein, weil sie leicht zu besitzergreifend werden. Meist sind Eltern heranwachsender Kinder am ehesten geeignet. Auch Pflegeeltern über sechzig sind im allgemeinen nicht so erfolgreich wie jüngere. Wichtiger als alle diese Kriterien ist es vielleicht aber, Pflegeeltern zu finden, die bereit sind, mit der Fürsorgerin zusammenzuarbeiten, und die nicht zu stolz sind, um Hilfe zu bitten und diese auch anzunehmen.

Neben der Frage, ob eine mögliche Pflegestelle überhaupt besetzt werden sollte, ist das wichtigste Problem, das richtige Kind für die geeigneten Eltern auszuwählen. Isaacs und ihre Kollegen[81], die während des Krieges 700 nach Cambridge evakuierte Kinder untersucht haben, stellen fest, daß »viele Unterbringungsschwierigkeiten zu vermeiden gewesen wären, wenn man den zwischenmenschlichen Beziehungen dabei ebensoviel Beachtung geschenkt hätte wie der bürokratischen Organisation«.

Bei der Zusammenstellung einiger wichtiger Prinzipien, die es zu beachten gilt, waren die Erkenntnisse von Isaacs und die Befunde Mulock Houwers (persönliche Mitteilung), die er bei einer Entwicklungsstudie an 222 Kindern in 152 Pflegestellen in den Niederlanden erzielte, von besonderem Wert.

Zu den günstigen Voraussetzungen gehören:

a) Die Anwesenheit anderer Kinder im Haus, vor allem wenn es sich um die Geschwister des Pflegekindes handelt. In Cambridge stellte man fest, daß vor allem Mädchen über zwölf zusammen mit anderen Kindern untergebracht werden sollten.

b) Mulock Houwer stellte fest, daß in den erfolgreichsten Pflegestellen das eigene Kind der Pflegefamilie von gleichem Geschlecht und vier oder mehr Jahre älter oder jünger als das Pflegekind war.

c) Mulock Houwer fand ferner, daß es erfolgreich war, wenn das Kind der Familie gleichaltrig, aber nicht gleichgeschlechtlich mit dem Pflegekind war.

d) Schließlich stellte Isaacs fest, daß ängstliche, nervöse Kinder am besten in ruhigen, bürgerlichen Familien aufgehoben sind, während aktive, aggressive Kinder sich am wohlsten in freizügigen, ungebundenen Familien mit einigen Gefährten fühlten. Dieser Typ verursachte aber die meisten Schwierigkeiten, wohin auch immer man ihn brachte.

Nach Möglichkeit sind folgende Umstände zu vermeiden:

a) Je älter ein Kind ist, um so weniger ist es für eine Pflegestelle geeignet. Das trifft besonders für Kinder über 13 zu.

b) Kleine Kinder (unter zehn) passen nicht gut zu älteren Pflegeeltern (über 45).

c) Ein Pflegekind gleichen Alters und Geschlechts wie das eigene Kind der Pflegefamilie gibt oft Anlaß zu Reibereien. Dieses Kind wird viel mehr als Spielgefährte betrachtet und nicht als Eigenpersönlichkeit gewertet. Außerdem kann es leicht zu Rivalität und Eifersucht kommen, die nicht so oft eintreten, wenn Kinder altersmäßig verschieden sind oder nicht gleichgeschlechtlich.

d) Größere Unterschiede in Lebensstandard und Klassenzugehörigkeit zwischen den Pflegeeltern und den leiblichen Eltern haben das Kind manchmal bedrückt und Groll oder Eifersucht bei den leiblichen Eltern ausgelöst. Das traf in Cambridge allerdings nicht zu.

Zu diesem Thema gibt es natürlich noch detailliertere Untersuchungen, obwohl ein umfassender Überblick nicht vorzuliegen scheint. Unsere begrenzten Ausführungen sollten nur als Anregung gewertet werden und als Beispiel dafür, was durch sorgfältige wissenschaftliche Arbeit bestätigt oder entdeckt werden kann.

Der Kardinalfehler, Kinder mit schwerer Fehlanpassung in Pflege zu geben, ehe sie auf dem Wege der Besserung sind, ist überall beobachtet worden. Healy & Mitarb.[77], die 501 Fälle untersuchten, haben mit als erste darauf hingewiesen. »Es ist auffallend«, berichten sie, »daß bei 52 Prozent der Mißerfolge früher seelische oder Persönlichkeitsstörungen festgestellt worden sind ... und weitere 20 Prozent hatten charakterliche Schwierigkeiten.« Das gleiche Ergebnis zeigte sich auch in der Cambridge-Studie evakuierter Kinder: Von 46 Fällen, in denen die Pflegeunterbringung ein Mißerfolg wurde, hatten 29 Kinder (63 %) schwere psychische Störungen, die einer Behandlung bedurften. Bei diesen Störungen handelte es sich meist um Angstreaktionen und Aggression; keiner der Betroffenen gehörte zu den Schneckenhaustypen. Mulock Houwers Befunde sind ähnlich:

»Es scheint, daß selbst nach sorgfältigster Auswahl und Vorbereitung des Kindes und der Eltern 20 Prozent der Kinder Anpassungsschwierigkeiten in der neuen Familie hatten. Diese Schwierigkeiten waren besonders an Kindern zu beobachten, die in frühester Kindheit keine Verbindung zur eigenen Familie oder keine enge Bindung an ihre Mutter gehabt hatten.«

Hier handelt es sich natürlich um die im ersten Teil geschilderten schwer deprivierten Kinder.

Binning in Kanada (persönliche Mitteilung) hat aufgrund von Wachstumsuntersuchungen mit dem Wetzel-Grid betont, wie wichtig es ist, gestörte Kinder in einem geeigneten Heim unterzubringen, bis der Entwicklungsrückstand sich gebessert hat.

Dem Laien ist es in den letzten Jahren oft schwergefallen, die Erklärungen von Mitarbeitern der geistigen Gesundheitsfürsorge zu akzeptieren, daß ein großer Teil der fürsorgebedürftigen Kinder psychisch gestört sei. Es wurde darüber geklagt, daß Psychiater und ihre Kollegen Störungen sehen, wo gar keine vorhanden seien, und man hat behauptet, die Zeit würde alles heilen, wenn man solchen Kindern nur Fürsorge und freundliches Entgegenkommen gewährte. Es kann gar nicht nachdrücklich genug erklärt werden, daß Fachleute der geistigen Hygiene diesen Optimismus nicht teilen. Befunde wie z. B. die von Theis – daß 34 Prozent aller Kinder, die fünf und mehr Jahre in Heimen lebten, zu sozialer Anpassung nicht mehr fähig waren – tragen wenig dazu bei, unbegründeten Optimismus zu fördern. Die Wahrheit ist, daß ein Kind, das in Friedenszeiten längere Fürsorge braucht, wahrscheinlich fehlangepaßt ist, und wenn seine Fehlanpassung nicht erkannt wird und geeignete Maßnahmen für seine Unterbringung nicht getroffen werden, wird auch in seinem Fall die tragische Prozession von einer Pflegestelle zur anderen beginnen, und es wird nirgends heimisch werden. Pflegemütter können auf die Dauer kein Kind liebevoll betreuen, das überhaupt nicht darauf reagiert. Das führt dann, wie Richman[122] nachweist, zu

»einem schrecklichen Verlust an Pflegestellen . . . In dem Versuch, alle Probleme der Kindervermittlung auf die Pflegestellen abzuwälzen, darf man weitgehend die Ursache für den gegenwärtigen Zusammenbruch des Pflegestellen-Programms im ganzen Land (USA) sehen. Zusätzlich hat diese Unterbringungspolitik noch entmutigende Auswirkungen auf potentielle Pflegeeltern.«

Man ist sich zwar generell darüber einig, daß die Fürsorge in Pflegefamilien jeder Art der Gruppenfürsorge vorzuziehen ist, aber die mangelnde Eignung einiger Kinder macht es erforderlich, daß man sie nicht in Pflegestellen unterbringt, sondern Einrichtungen der Gruppenfürsorge schafft. Das folgende Kapitel ist den Prinzipien gewidmet, nach denen Gruppenfürsorge ausgerichtet werden sollte.

DREIZEHNTES KAPITEL

Heimunterbringung

Die Kontroverse über die respektiven Vorteile von Fürsorge in Pflegestellen oder Heimen kann nunmehr als entschieden angesehen werden. Aus Gründen, die im ersten Teil dieses Berichts ausführlich dargelegt worden sind, wird sich niemand für Kinderfürsorge in großen Gruppen aussprechen. Im Gegenteil, es wird allgemein davon abgeraten. Weitgehende Übereinstimmung besteht jedoch über den Wert kleiner spezialisierter Heime. Man hat festgestellt, daß in derartigen Institutionen am besten für folgende Kinder gesorgt werden kann (die Liste wurde mit leichten Veränderungen von Gordon[70] übernommen):

a) Das schwer anpassungsgestörte Kind, das keine Beziehung zu den Pflegeeltern herstellen kann, wenn es nicht vorher behandelt wird. Wie man Behandlungszentren für diese Kinder am besten organisiert, wird im nächsten Kapitel abgehandelt.

b) Jugendliche, die eine tägliche persönliche Fürsorge nicht mehr brauchen und die Fremde in der Elternrolle auch nicht so leicht akzeptieren, weil sie – auch wenn die Eltern nicht anwesend sind – die gefühlsmäßige Bindung an diese leicht aufrechterhalten können.

c) Kinder von mehr als sechs, sieben Jahren, die nur kurzfristig fremde Fürsorge benötigen.

d) Kinder, deren Eltern sich durch die Beziehung des Kindes zu den Pflegeeltern bedroht fühlen und eine gewisse Bedenkzeit brauchen, um zu entscheiden, ob sie die Kinder wieder zu sich nehmen oder ganz freigeben wollen.

e) Große Geschwistergruppen, die sonst durch die Unterbringung in mehreren Pflegestellen getrennt werden würden. (Eine wichtige Ausnahme muß man hier allerdings bei Säuglingen und Krabbelkindern machen, weil diese im Heim nicht die unbedingt für sie erforderliche individuelle Fürsorge erhalten würden. Wir werden darauf noch einmal näher eingehen.)

In den letzten Jahren sind viele fachlich fundierte Berichte und Bücher über die Prinzipien erschienen, die man bei der Einrichtung von Kinderheimen beachten sollte (z. B. derjenige

Hopkirks[78] in den USA und der Curtis-Bericht[72] in England).
Wir können es uns ersparen, hier näher darauf einzugehen. Alle
stimmen darin überein, daß die Heime klein sein sollten – der
Curtis-Bericht schlägt vor, sie auf höchstens hundert Kinder zu
beschränken –, damit sowohl die allzu strenge Heimordnung
vermieden wird, die in allen größeren Anstalten erforderlich ist,
und damit die Kinder die Ortsschule besuchen und auch sonst
am Leben der Gemeinde teilnehmen können, ohne zahlenmäßig
aufzufallen. Die Meinungen gehen auch darin überein, daß man
kleine »Familiengruppen« aus Jungen und Mädchen verschiedensten Alters bilden sollte, von denen jede unter der Obhut
einer Hausmutter und nach Möglichkeit auch eines Hausvaters
stehen sollte. Damit wird nicht nur eine Art Familienatmosphäre
geschaffen, sondern natürliche Geschwister können unter diesen
Umständen auch weiter eng zusammenleben und sich gegenseitig
stützen und trösten. (Nichts schadet der seelischen Gesundheit
mehr als das System, Kinder nach Geschlecht und Alter zusammenzufassen und so die Geschwister zu trennen. Leider kommt
das auch heute noch vor.) »Familiengruppen« müssen klein gehalten werden. Der Curtis-Report empfiehlt als Idealzahl acht
Mitglieder und bezeichnet zwölf als das Maximum. Unter diesen
Umständen ist es möglich, die Kinder, statt nach allgemeinen
strengen Regeln, durch persönliche Beeinflussung individuell zu
erziehen. Man muß jedoch zugeben, daß auch unter den günstig-
sten Umständen typische Charakteristika der Heimerziehung
nicht ganz vermieden werden können: eine allgemeine Hausord-
nung, die auch für die einzelnen Häuser gilt; persönliche Reibereien zwischen dem Heimpersonal und ein Leben in gewisser
Entfernung vom normalen Alltag. So gehen Anpassungsfähigkeit
und persönliche Eigenheit nur allzu leicht verloren, und die Kinder haben kaum Gelegenheit, sich eine eigene Welt zu schaffen.
Dieses allmähliche Absterben jeglicher Initiative und Verantwortung für die eigene Umwelt sind schädliche Auswirkungen
der Heimerziehung, denen man bisher nur wenig Beachtung geschenkt hat.

Will man das vermeiden, sollte die Heimfürsorge in möglichst
vielen Einzelhäusern erfolgen, die eher erweiterten Pflegestellen
gleichen. Englische Lokalbehörden haben deshalb in neuen
Wohngemeinden ganz gewöhnliche Zweifamilienhäuser mit je
einem Ehepaar pro Haushälfte besetzt. Der Mann geht zur Ar-

beit wie andere Männer, die Frau besorgt ihren Haushalt, und ihre Kinder wachsen zusammen mit den anderen Kindern auf. Ihr Leben unterscheidet sich kaum von dem normaler Familienkinder. Damit dieses System Erfolg hat, werden Pflegeeltern benötigt, die eine große Verantwortung übernehmen können. Das kann man nicht billig bekommen. Haben Pflegeeltern nicht die erforderlichen Eigenschaften, oder werden die Familiengruppen von unverheirateten Hausmüttern betreut, ist das System der zusammenhängenden Einzelhäuser besser, weil Unterstützung damit eher gewährleistet ist. Wie man auch immer verfährt – gewisse Grundleistungen können gemeinsam erbracht werden und sparen Kosten und Arbeitsaufwand. Man sollte sich nur davor hüten, den Pflegeeltern persönliche Entscheidungen allzusehr zu beschränken. So nimmt ihnen z. B. die Versorgung aus einem Vorratslager die Möglichkeit der Wahl und des Einkaufens – und dabei ist das doch ein sehr wichtiger Teil des häuslichen Lebens. Hier sollten Kompromisse zwischen Aufwand und Kostenersparnis geschlossen werden.

Die Verantwortung der Hauseltern, ganz besonders ihre Beziehungen zu den Kindern und deren leiblichen Eltern, werden hervorragend von Stern und Hopkirk[136] beschrieben. Unter anderem wird darauf hingewiesen, daß man niemals versuchen sollte, sich die Kinder zu eigen zu machen, daß man sich vielmehr bemühen müßte, die Eltern zu häufigen Besuchen zu bewegen und damit die Beziehung zwischen Eltern und Kindern zu fördern. Man weiß inzwischen, daß die Aufgaben der Hausmutter eine bestimmte Ausbildung erfordern. Außerdem sollte ihre Stellung im Verhältnis zu anderen Sozialarbeitern definiert werden, damit die Zusammenarbeit reibungslos verläuft. Regelmäßige Aussprachen über die ihr anvertrauten Kinder müssen als fester Bestandteil der ihnen übertragenen Pflichten aufgefaßt werden, und jede Hausmutter sollte ermutigt werden, ihre Probleme mit geeigneten psychiatrischen Beratern durchzusprechen.

Zur Gesundheitsfürsorge dieser Kinder sollte in Zukunft auch der Schutz der geistigen Gesundheit gehören. In dieser Beziehung sollten noch weitere Experimente unter Anwendung des Wetzel-Grid durchgeführt werden, weil dieser schnell und leicht bezeichnet, wie es um das emotionale Wohlbefinden steht. Wenn die Befunde von Fried und Mayer bestätigt werden, erhalten wir ein wertvolles Mittel, um psychische Störungen zu ermitteln, die sich unter scheinbarer Anpassung verbergen. Diese versteckten Störungen von oft schwerer psychiatrischer Bedeutung finden sich in allen Heimen. Alle erfahrenen Fachleute kennen dieses täuschende Verhalten des Kindes, besonders wenn es sich in passivem Konformismus äußert. So spricht z. B. Mulock Houwer (persönliche Mitteilung) von der doppelten Moral, die man bei Heimkindern oft beobachten kann: eine äußerliche Anpassung an die Vorschriften und eine eigene Überzeugung, die absolut kriminell sein kann und sich erst später zeigt. Lawrence in Chicago (persönliche Mitteilung) beschreibt, wie Heimkinder, die nach längerem Aufenthalt als nett und höflich bezeichnet wurden, in Pflegestellen später Angst vor engen persönlichen Kontakten hatten und es vorzuziehen schienen, in einem emotionalen Vakuum zu leben. Sie wichen Entscheidungen aus, nahmen es übel, wenn man ihnen vorschlug, selbständig etwas zu unternehmen, und stellten übertriebene materielle Ansprüche. Es ist hier wichtig, festzustellen, daß sich das alles erst zeigte, nachdem die Kinder das Heim verlassen hatten, wo sie sich – oberflächlich betrachtet – ganz wohlgefühlt hatten. Ähnliche Befunde berichten auch Bettelheim und Sylvester[18] von psychiatrischen Routineuntersuchungen einer Gruppe sechs- bis achtjähriger Heimkinder. Keines von ihnen wurde von den Heimleitern als in irgendeiner Beziehung nicht normal bezeichnet. Obwohl der erste Eindruck auch ganz günstig war – »Sie schienen ein ungewöhnlich ausgeprägtes Gemeinschaftsgefühl zu besitzen« –, ergab die nähere Untersuchung, daß es bei allen an der Anpassungsfähigkeit mangelte und daß sie sowohl nach Spielzeug wie nach Berührung hungerten. »Trotz guter Leistungen bei psychometrischen Intelligenzmessungen fehlte jede Konzeption des Zusammenhangs von Zeit, Raum und Persönlichkeit . . .« Hier verbargen sich tatsächlich unter der Maske normaler Kinder gefühlskalte Psychopathen. Wie zu erwarten, waren diese Kinder von klein auf im Heim aufgewachsen. Und damit wären wir wieder beim zentralen Thema dieses Berichts – der Fürsorge für Säuglinge und Kleinkinder.

Leider herrscht noch immer die Ansicht vor, daß Säuglingen und kleineren Kindern die Heimpflege nicht schaden kann. Wir wollen hier deshalb noch einmal mit allem Nachdruck sagen, daß Fachleute ganz anderer Meinung sind. Sie sprechen sich absolut gegen Heimpflege aus. Deutliche Stellungnahmen finden sich in allen Veröffentlichungen von Psychologen und Psychiatern, die sich mit dem Thema näher beschäftigt haben. Bereits 1938 wurde in dem Bericht des Völkerbunds[90] öffentlich Diskussion darüber geführt. Dort heißt es: »Säuglinge und kleinere Kinder scheinen besser zu gedeihen und sich schneller und kräftiger zu entwickeln, wenn sie individuell betreut werden und in der liebevollen Atmosphäre der Familie aufwachsen« Bd. 1, S. 124). Deshalb ist es entmutigend, wenn acht Jahre später, obwohl viele neue wissenschaftliche Erkenntnisse vorliegen, immer noch gegenteilige Auffassungen vertreten werden. Das Curtis-Komitee[72] (das der britischen Regierung über Prinzipien der Fürsorge deprivierter Kinder berichtete) befürwortet »Heimpflege für alle Kinder bis zu zwölf Monaten und für ältere Kinder bis zu zweieinhalb Jahren, die noch nicht in Pflege oder in einer Familiengruppe sind« (S. 160). Das ist eindeutig der größte Mangel an einem sonst äußerst fortschrittlichen Bericht. Wir können nur hoffen, daß diese Empfehlung weder in Großbritannien noch an anderen Orten befolgt wird, und wir sind froh darüber, daß die offizielle Politik des ›Children's Bureau of the US Federal Security Agency‹ Heimpflege ablehnt und die Unterbringung von Säuglingen und Kleinkindern in Pflegefamilien befürwortet.

Es kann gar nicht nachdrücklich genug gesagt werden, daß auch bei bestem Willen in einem Heim niemals eine emotional befriedigende Umwelt für Säuglinge und Kleinkinder geschaffen werden kann. Dies ist nicht etwa die doktrinäre Aussage eines voreingenommenen Theoretikers. Es ist die fundierte Überzeugung prominenter Fachleute mit praktischen Erfahrungen aus verschiedenen Ländern. In England ist es z. B. das Ergebnis von Erfahrungen, die Burlingham & Freud während des Krieges in einem Kinderheim gesammelt haben. Sie hatten zuerst gehofft, das Problem lösen zu können, aber je mehr Zeit verging, um so deutlicher erkannten sie die schädlichen Auswirkungen materneller Deprivation und die Schwierigkeiten, in einem Heim für entsprechenden Liebesersatz zu sorgen. Schließlich mußten sie erkennen (persönliche Mitteilung), daß die anhaltende Fürsorge durch einen permanenten Mutter-Ersatz, die nach ihrer Beobachtung so lebenswichtig für ihre Säuglinge und Kleinkinder war, so viel Personal erforderte, daß es besser gewesen wäre, wenn jede Pflegerin einige Kinder mit zu sich nach Hause genommen hätte und wenn man das Kinderheim geschlossen hätte. In den USA kam Richman[121] zum gleichen Ergebnis. Nachdem er Einzelheiten über Heim und Personal berichtet hat, bemerkt er abschließend:

»Man braucht weitaus mehr Personal, wenn man Kinder von neun Monaten bis zu fünf Jahren richtig versorgen will, als für eine Gruppe älterer Kinder; deshalb verursacht ein derartiger Plan große Kosten. Erfahrungen in dieser Hinsicht bestätigen die in der Fachliteratur vertretene Ansicht, daß kleine Kinder am besten bei individueller Pflege und nicht in Gruppenfürsorge gedeihen.«

In den Niederlanden kritisiert Mulock Houwer (persönliche Mitteilung), ein weiterer Fachmann mit praktischen Erfahrungen, die Heimunterbringung von Kindern unter fünf Jahren.

Gruppenfürsorge von Säuglingen und Kleinkindern kann immer nur unzureichend sein, und zwar nicht nur deshalb, weil es unmöglich ist, sie ständig und ausreichend zu bemuttern, sondern auch, weil es schwierig ist, einer größeren Zahl von Lauf- und Krabbelkindern Gelegenheit zu geben, aktiv am Gruppenalltag teilzunehmen. Das aber ist die wichtigste Voraussetzung für ihre soziale und geistige Entwicklung. Selbst in einer Familie, in der die Mutter nur Haushalt und Kinder versorgt, ist es schon sehr anstrengend, wenn zwei oder drei kleine Kinder unter fünf Jahren der Mutter »helfen« wollen, d. h. die anderen füttern, waschen, anziehen und im Haus aufräumen. Sind Kinder in diesem Alter zahlreicher, muß man sie ganz einfach von diesen Aktivitäten ausschließen, und es ist fast unvermeidlich, daß man von ihnen verlangt, ruhig und gehorsam, d. h. passiv zu sein und nicht teilzunehmen. Frustration, die daraus entstehen kann, zeigt sich abwechselnd in Apathie oder heftiger Aggression, und zwar in einem Ausmaß, das unerfahrene Beobachter nicht für möglich halten würden. Isaacs beschäftigt sich in ihrem lesenswerten Bericht[82] ausführlich mit der Deprivation des Heimkindes, dem jede Teilnahme am Alltag einer Familie und die ständige Wechselbeziehung zu Erwachsenen versagt bleibt.

Unglücklicherweise werden in einigen Ländern immer noch Kinderheime geduldet. Allerdings versucht man den Schädigungen durch entsprechende Regelungen entgegenzuwirken, die – solange solche Heime noch existieren – immerhin besser als gar nichts sind. Um die schlimmsten Schäden zu vermeiden, sollten Kinder und Pflegerinnen in kleine Familiengruppen eingeteilt werden, die, wenn irgend möglich, eigene Räume zum Schlafen, Essen und Spielen haben sollten. Es muß großzügig für Spielzeug gesorgt werden, so daß jedes Kind auch einiges für sich behalten kann. Eine genaue Beschreibung dieser und anderer Methoden der psychologischen Kinderfürsorge findet man in den Veröffentlichungen von Burlingham & Freud sowie von Isaacs. Ärztliche Untersuchungen, vor allem zur Vorbeugung von Infektionskrankheiten, hält man heute für selbstverständlich. Man kann nur hoffen, daß diese Kontrolle sich in Zukunft auch auf die geistige Gesundheit der Kinder erstreckt. Es sollte zur allgemein üblichen Praxis gehören, Kinder in Heimen in regelmäßigen, nicht allzu großen Abständen psychologischen Tests zu unterwerfen, etwa so, wie man heute ihre Temperatur mißt. Damit das möglich ist, müßten die heute bekannten Tests verkürzt und vereinfacht werden, ohne daß sie jedoch an Verläßlichkeit allzusehr einbüßen. Das ist eine Aufgabe, die Psychologen hoffentlich bald in Angriff nehmen werden. Wenn derartige Tests angewendet werden, oder wenn sich der Wetzel-Grid als verläßlich auch bei sehr kleinen Kindern erweist, würde man wenigstens wissen, was für Schaden angerichtet wird, und die Verantwortlichen könnten nicht länger unter Mißachtung der Tatsachen behaupten, daß es den Kindern »sehr gut« ginge. Es ist zu erwarten, daß die Testergebnisse dazu beitragen würden, eine Entwicklung zu beschleunigen, die dazu führt, daß Kinderheime – bis auf dringende Ausnahmen – für unvereinbar mit einer vernünftigen Politik zum Schutz der geistigen Gesundheit gehalten werden.

Wer sich je eingehend mit der Kinderfürsorge außerhalb der Familie beschäftigt hat, weiß, wie wichtig es ist, ein Kind gut zu kennen, wenn man in geeigneter Weise seine Fürsorge sichern will. Wie man dieses Wissen erlangt, ist aber noch recht umstritten.

Es gibt zwei verschiedene Anschauungen: nach der einen sollten Beobachtungszentren eingerichtet werden, nach der anderen kann die Arbeit besser ambulant getan werden. In zwei europäischen Ländern mit gesetzlichen Richtlinien für die Kinderfürsorge neigt man zu der ersten Anschauung – in Schweden und Großbritannien. Der Wohlfahrtsausschuß für Kinder von Stockholm hat entschieden, daß alle fürsorgebedürftigen Kinder das große, 1938 errichtete Zentrum passieren müssen, in dem auch Kinder aufgenommen werden, die nur vorübergehend der Fürsorge bedürfen. Während eines mehrwöchigen oder mehrmonatigen Aufenthalts finden mit Unterstützung festbestallter Psychiater und besonders geschulter Kindergärtnerinnen Beobachtung und Diagnose statt. Teilweise aufgrund der schwedischen Erfahrungen hat man sich auch in England zu dieser Politik entschlossen. Dazu heißt es im Curtis-Bericht[72]:

»Wir meinen nicht, daß Kinder, die der öffentlichen Fürsorge anheimfallen, sofort in das Heim, in dem sie bleiben sollen, eingewiesen werden sollten, wenn sie über das Stadium der unmittelbaren Abhängigkeit hinaus sind. Dazu liegen die übereinstimmenden Empfehlungen von Zeugen zugunsten von Institutionen vor, die ganz verschieden als *reception homes, sorting homes* oder *clearing stations* beschrieben werden. Nach Angaben des Gesundheitsministeriums hat man durch die Erfahrungen der Evakuation erkannt, daß ein entsprechender Bedarf an solchen Einrichtungen besteht« (S. 161).

Aufgrund dieses Berichts und einer darauffolgenden gesetzlichen Regelung (›Children's Act‹) wurde vom Innenministerium (›British Home Office‹) ein Memorandum[73] herausgegeben, in dem es in bezug auf Kinder von mehr als zwei Jahren, die wahrscheinlich länger als sechs Monate lang der Fürsorge anheimfallen werden, heißt:

»Um möglichst viel über Gesundheit, Persönlichkeit, Verhalten, Intelligenz, Gefühlsleben und soziale Entwicklung eines Kindes in

Erfahrung zu bringen, sollten Vorkehrungen getroffen werden, es vorübergehend an einem Ort unterzubringen, wo Möglichkeiten bestehen, entsprechende Untersuchungen durchzuführen, und wo geschulte Fachkräfte Beobachtungen anstellen können.«

Es gibt viele Fachleute auf dem Gebiet der psychischen Hygiene in Schweden und England, die der Meinung sind, daß es ein großer Fehler sei, *alle* Kinder in ein Beobachtungszentrum einzuweisen. Sie werden darin von erfahrenen Fachleuten in den USA bestätigt. Die Vertreter dieser Ansicht glauben, daß es zunächst einmal besser sei, wenn das Kind nicht diese unvermeidlich beunruhigende Erfahrung machen muß, und außerdem, daß eine Diagnose genausogut oder noch besser durch ambulante Beobachtung erstellt werden kann. Sie sind der Ansicht, daß das Curtis-Komitee und die betreffenden Fachleute durchaus recht haben, wenn sie auf die Dringlichkeit einer richtigen Diagnose verweisen, daß sie sich aber in der Annahme irrten, diese Diagnose könnte nur während eines Heimaufenthalts gestellt werden. Und ganz besondes glauben sie nicht, daß Evakuierungserfahrungen aus der Kriegszeit, wo große Mengen in äußerster Dringlichkeit abgefertigt werden mußten, jetzt, im Frieden, unter ganz anderen Bedingungen unverändert Gültigkeit besitzen sollten.

Wir sollten uns zunächst fragen: Kann man durch ambulante Beobachtung eine genaue, zutreffende Diagnose erstellen? Wenn das der Fall ist, sind Aufwand und Kosten für die Einrichtung eines Beobachtungszentrums nicht gerechtfertigt. Es gibt viele Kinderpsychiater und Sozialarbeiter, die das glauben. Clothier[44], ein Kinderpsychiater aus Boston mit großen einschlägigen Erfahrungen, schreibt dazu: »Normale Fälle werden am besten ambulant behandelt und im Rahmen der eigenen Familie beobachtet.« Richman[122], Einzelfallhelfer der Kinderfürsorge in Cleveland, kommt zum gleichen Ergebnis und bemerkt dazu, wie unsinnig es doch sei, Beobachtung und Behandlung zu trennen und das Kind der störenden Erfahrung in einem Beobachtungsheim auszusetzen. Schließlich berichten Wildy und Gerhard (persönliche Mitteilung), Direktor bzw. psychiatrischer Berater der ›Illinois Children's Home and Aid Society‹, daß ihr Beobachtungszentrum nach entsprechenden Erfahrungen wieder geschlossen wurde. Sie hatten festgestellt, daß sich die besten diagnostischen Unterlagen aus den von erfahrenen Fürsorgerinnen aufgenommenen Vorgeschichten der Kinder ergaben. Es war dann leicht, diese durch psychologische und ärztliche Untersuchungen ambulant zu ergänzen. Außerdem ist eine Information, die auf direkten Eindrücken der Fürsorgerin bei Heimbesuchen und auf ihren eigenen Beziehungen zu dem Kind bei einem besonders arrangierten Zusammentreffen beruht, viel verläßlicher für diagnostische Zwecke als diejenige, die im Beobachtungszentrum erhalten wird.

Es wird immer schwer sein, bei der abschließenden Diagnose zu entscheiden, ob Verhaltensstörungen oder neurotische Symptome nur momentane Reaktionen auf ungünstige Umstände sind oder ob sie bereits von der Persönlichkeit des Kindes Besitz ergriffen haben. Bei der Behandlung dieses Problems kann man neben der klinischen Untersuchung verschiedene Methoden anwenden: Entweder nimmt man in allen Einzelheiten auf, wie sich das Kind in allen bekannten Situationen verhalten hat, und zwar sowohl früher wie heute (zu Hause, in der Schule, bei Verwandten und Pflegeeltern etc.), und stellt fest, welche Erfahrungen es im Umgang mit Erwachsenen gemacht hat, wobei die Eltern ausschlaggebend sind; oder aber man nimmt das Kind aus seiner vertrauten Umwelt, d. h. seinem Elternhaus, weg und bringt es in eine ganz neue Umgebung. Erfahrene Diagnostiker neigen mehr zu der ersten Methode, weil sie eine Vielzahl verschiedenartigster Informationen bringt. Außerdem ist die zweite Methode nur scheinbar einfach und kann sehr irreführend sein, da Kinder – wie man weiß – sich in einer fremden Umgebung manchmal sehr seltsam verhalten. Das trifft besonders für Kinder unter fünf Jahren zu, wie jede Kindergärtnerin bestätigen wird und wie es Murphy[108] in ihrer bekannten Untersuchung nachgewiesen hat. Das Verhalten des Kindes in diesem Alter hängt – nach Murphy – von Faktoren wie Platz, Persönlichkeit des Erwachsenen sowie Anzahl, Alter und Geschlecht der anderen Kinder ab: »Ein Kind kann heute in einer Gruppe durchaus harmonisch und freundlich wirken und am nächsten Tag auf andere Kinder aggressiv reagieren!« Darüber hinaus neigen Kinder dazu, sich von der Situation, in der sie sich befinden, oder besser: in der sie *glauben* sich zu befinden, beeinflussen zu lassen. Das herauszufinden kann aber sehr schwierig sein. Dazu schreibt Wollen[156], psychiatrischer Berater mit Erfahrung in einem Versuchs-Beobachtungszentrum in England:

»In manchen Fällen wird ihr Verhalten von der Furcht beeinflußt, Unarten könnten böse Konsequenzen für ihre Zukunft haben. Sie möchten gern von den Erwachsenen akzeptiert werden, suchen ihre Gunst und – wie sie hoffen – Sicherheit. Man kann Kinder nicht überzeugen, daß sie nicht im Beobachtungszentrum bleiben können, auch wenn sie noch so brav sind. Bei anderen ändert sich das Verhalten vorübergehend durch persönliche Ängste. Das neurotische und fehlangepaßte Kind, dessen Störungen in psychiatrischen Begegnungen leicht festgestellt werden können, läßt sich an seinem Verhalten im Beobachtungszentrum nicht immer sicher erkennen.«

Keineswegs bereit, den fundamentalen Irrtum einzusehen, der in der Annahme besteht, daß das Verhalten des Kindes in einer so gern als »neutral und freundlich« geschilderten Atmosphäre charakteristisch sei, neigt der unerfahrene Beobachter dazu, mit bemerkenswerter Hartnäckigkeit darauf zu bestehen, daß das, was er zufällig selber beobachtet hat, ungemein bedeutend ist. Er hat gesehen, daß Tommy dreimal einen anderen Jungen geschlagen hat – also ist das Kind aggressiv. Mary hat stundenlang allein in einer Ecke gesessen – also ist sie ein Einzelgänger. Derartige Schlußfolgerungen können manchmal natürlich zutreffen. Aber sie sind bekanntlich ebensooft falsch, wie alle Beobachtungen in der unnatürlichen Umgebung eines Beobachtungszentrums fraglich sind.

Wollen weist auch auf die Gefahr hin, daß der Aufenthalt in einem Beobachtungszentrum von zuständiger Seite leicht als schnelle und einfache Lösung von Familienproblemen angesehen werden könnte und daß Kinder infolgedessen grundlos von ihrer Familie getrennt werden. In diesem Fall wäre das Beobachtungszentrum ein schlechter Ersatz für vertiefte Sozialhilfe und Familienfürsorge. Darin liegt zweifellos eine große Gefahr. Tatsächlich ist der Ruf nach Beobachtungszentren laut geworden, weil es an ausreichender Sozialfürsorge und Erziehungsberatung mangelt.

Außerdem besteht die Gefahr, daß der Aufenthalt im Beobachtungszentrum schädliche Folgen für Kind und Eltern hat. Stockholmer Psychiater haben betroffen festgestellt, daß einige Kinder nach dem Aufenthalt im städtischen Beobachtungszentrum bei der Ankunft in der Pflegestelle deutliche Anzeichen von »Hospitalismus« aufwiesen (persönliche Mitteilung). Das Versuchszentrum in Kent, England[102], berichtet, daß »die Trennung eines Kindes von seinen Eltern, sei es auch nur für die kurze Zeit der Untersuchungen, schädliche Auswirkungen auf die Beziehungen zu seinen Eltern haben kann, ganz besonders wenn die Trennung nach einer Krise in der Familie erfolgt, die feindselige Gefühle gegen die Eltern ausgelöst hat oder nach der das Kind sich von ihnen abgelehnt fühlt«. Kinder unter fünf oder sechs Jahren sind natürlich in dieser Beziehung besonders anfällig. In dem Bericht heißt es ganz richtig, daß »jeder Versuch, dem Kind seine Sicherheit wiederzugeben, auf dem Verständnis seiner persönlichen Schrecken und Ängste beruhen muß, über die das Kind sich selbst meist nicht im klaren ist«. Es wird betont, wie wichtig »ein möglichst früher und enger Kontakt zwischen dem Kind und dem Fürsorger ist, der sich um das Kind kümmern wird, wenn es das Zentrum verlassen hat«. Unnötig, ausdrücklich zu betonen, daß hier in jeder Beziehung absolute Ehrlichkeit und Offenheit dem Kind gegenüber erforderlich sind. Aber auch dann noch wird es außerordentlich schwierig sein, den Aufenthalt therapeutisch zu nutzen und zu verhindern, daß er nicht zu einer weiteren traurigen Erfahrung, einer Phase der Angst und Unsicherheit für das Kind wird. Man sollte auch nicht die möglichen Folgen bei den Eltern übersehen – familiäre Bindungen und Verantwortungsgefühl wachsen nicht, wenn man ihnen das Kind nimmt.

Obwohl wir nun die Schlußfolgerung ziehen können, daß für die große Mehrheit aller Kinder Beobachtungszentren unnötig, ja daß sie für Kinder unter fünf Jahren sogar eine Gefahr sind, wird es immer eine kleine Minderheit geben, die kurzfristig zur Untersuchung untergebracht werden muß. Dabei handelt es sich vornehmlich um Kinder, die entweder kein Zuhause haben oder über die wenig in Erfahrung zu bringen ist, Umstände, die meist zusammentreffen. In den USA hat es die Praxis allmählich ergeben, daß man solche Kinder kurzfristig in Pflegestellen unterbringt, die ausdrücklich für diesen Zweck ausgewählt worden sind. Unter diesen Umständen kann man viel eher zu einer richtigen Einschätzung der Fähigkeit eines Kindes gelangen, Beziehungen zu Eltern-Substituten herzustellen und dementsprechend seine potentielle Entwicklung zu bewerten. Einige Pflegeeltern, besonders jene, die eigene Kinder hatten, sind an dieser Arbeit besonders interessiert, müssen natürlich aber entsprechend bezahlt werden.

Kinder, die eindeutig emotional gestört sind, sollten am besten gleich in kinderpsychiatrische Behandlung kommen, in Zentren, die jedoch in allen Ländern nicht in ausreichender Menge vorhanden sind. Kinder, die nach Ansicht eines Gerichts Schutz und Fürsorge benötigen, werden am besten beobachtet, wenn sie daheim bleiben. Ein oder zwei weitere Wochen unter unbefriedigenden Verhältnissen werden ihrer künftigen Entwicklung auch nicht weiter schaden als die Zeit vorher, und ein glatter, wohlgeplanter Übergang in bessere Verhältnisse läßt sich eher bewerkstelligen. Man sollte dem Druck und der Ungeduld eines empörten Vertreters der Behörden beharrlich Widerstand leisten.

Wahrscheinlich werden Beobachtungszentren im Grunde nur für ältere, kriminelle Jungen und Mädchen, die eine Gefahr für sich selbst und ihre Umwelt sind, wirklich gebraucht. Diese werden normalerweise als »Besserungsanstalt« bezeichnet und fallen nicht unter das Thema dieses Berichts.

Zusammenfassend läßt sich also sagen, daß Gruppenfürsorge im Heim für Kinder unter sechs Jahren möglichst vermieden werden sollte, daß sie kurzfristig für Kinder zwischen sechs und zwölf in Frage kommt und sowohl kurz- wie langfristig für Jugendliche geeignet ist. Sie ist auch unerläßlich für viele fehlangepaßte Kinder, mit denen wir uns im nächsten Kapitel beschäftigen wollen.

VIERZEHNTES KAPITEL

Betreuung fehlangepaßter und kranker Kinder

Fehlangepaßte Kinder

Es gibt drei Gruppen von Kindern, die besondere psychiatrische Behandlung außerhalb der Familie benötigen:

a) Kinder, die an neurotischen Fehlhaltungen leiden und auf richterliche, ärztliche oder fürsorgerische Veranlassung hin aus dem Elternhaus entfernt wurden, sei es nun in therapeutischer oder erzieherischer Absicht oder zu Beobachtungszwecken.

b) Kinder, deren neurotische Fehlhaltungen durch Erfahrungen in Heimen und Pflegestellen (wie im letzten Kapitel beschrieben) verursacht worden sind.

c) Kinder, deren Störungen auf negativen Erfahrungen innerhalb der eigenen Familie beruhen, die – wie Grausamkeit, zerrüttete Verhältnisse und emotionale Vernachlässigung – auch Ursache der Fürsorgebedürftigkeit sind.

Die erste Gruppe ist – wie wir noch sehen werden – in gewissem Grad das Gegenstück zur letzten, je nachdem, ob die Fehlanpassung des Kindes oder die schlechten Verhältnisse den Ausschlag geben.

Wir haben schon bemerkt, daß in den ersten Jahren der Erziehungsberatung viele Mitarbeiter allzu schnell bereit waren, Kinder von ihren Eltern zu trennen, so daß die ganze Kinderfürsorge in schlechten Ruf geraten ist. Aber inzwischen hat sich vieles geändert. Viele verantwortliche Stellen betrachten heute die Trennung des Kindes von seinen Eltern als letzten Ausweg und als Eingeständnis des eigenen Versagens, denn auch eine Trennung wird das auslösende emotionale Problem nicht beseitigen. Die Erfolge einer derartigen Politik bestehen meist nur darin, das echte Problem zu verdecken und neue Probleme zu schaffen. Außerdem gibt es nur zwei endgültige Alternativen: entweder muß für langfristige Fürsorge, die nur mit großen Kosten und unter Schwierigkeiten zu erhalten ist, gesorgt werden; oder das Kind kehrt früher oder später in die gleichen Verhältnisse zurück, vor denen es bewahrt werden sollte. Diese langfristigen Überlegungen werden oft nicht angestellt, weil die Versuchung zu schnellem Eingreifen relativ groß ist. Nur wenn der Fürsorger, Arzt oder der Behördenvertreter einen wohlüberlegten Plan für die Zukunft des Kindes hat, sollte man gestatten, daß das Kind zu seinem Besten aus dem Elternhaus entfernt wird. Besteht ein solcher Plan nicht, bedeutet die Trennung nur, daß noch ein Kind depriviert wird.

Aber auch bei größter Vorsicht in dieser Beziehung und selbst wenn durch weitaus bessere Maßnahmen neurotische Fehlhaltungen weitgehend verhindert werden können, wird noch viele Jahre lang für fehlangepaßte Kinder außerhalb ihres Elternhauses gesorgt werden müssen. Obwohl viele nicht so deutlich gestörte Kinder und sogar einige verwahrloste in Pflegestellen versorgt werden können (Kline und Overstreet[87] bringen eine interessante Falldarstellung eines gestörten fünfzehnjährigen Mädchens, dem auf diese Weise geholfen werden konnte), ist man sich weitgehend einig, daß die Mehrheit der aggressiveren und kriminellen Fälle zunächst zu einer besseren sozialen Anpassung gebracht werden muß. Wie kann man das erreichen, und wo soll das geschehen?

Clothier[44] hat in einer nützlichen Studie einmal zusammengestellt, welche Vielzahl von Unterkunftsmöglichkeiten erforderlich wäre, wenn alle Kinder – verschiedenen Alters und mit verschiedenen Störungen – versorgt werden müßten. Wir wollen hier nur einige ganz allgemeine Richtlinien für Kinder von sechs Jahren an aufstellen.

Zunächst einige Einzelheiten für Heime ganz im allgemeinen: Kinder müssen in kleine Gruppen aufgeteilt und am besten in einzelnen Häusern oder Wohnungen mit eigenen Hausmüttern oder -vätern untergebracht werden. Manchmal werden diese Häuser als »Dorf« zusammengefaßt, wie z. B. in Skå in Schweden oder in der Hawthorne-Cedar Knolls School bei New York; oder wie in Chicago, wo das ›Jewish Children's Bureau‹ ein Experiment in städtischer Umgebung angestellt hat. Ein kleines Gebäude mit drei Wohnungen ist so gebaut worden, daß es nicht von der Umgebung absticht. In jeder Wohnung leben Hauseltern mit jeweils sechs Kindern. Bei einer anderen Alternative hat man Einzelhäuser auf abgegrenztem Gebiet, aber jedes für sich alleinstehend, errichtet, wie z. B. die Herbergen aus der Kriegszeit in Oxfordshire, die Winnicott & Britton beschreiben[150,151]. Jede Anordnung hat ihre Vor- und Nachteile, wobei der Vorteil der einzelstehenden Häuser darin besteht, daß in jedem Haus eigene Lebensart abhängig von den Persönlichkeiten der Hauseltern entstehen kann und daß die Kinder nicht zu unpassenden Vergleichen herausgefordert werden.

In der Praxis bestehen große Unterschiede hinsichtlich der Mischung von Altersklassen und Geschlechtern, wobei man im Fall fehlangepaßter Kinder dazu neigt, Heranwachsende (*preadolescents*) von Jugendlichen (*adolescents*) und letztere auch nach Geschlechtern zu trennen. Mit diesen Aufteilungen sind jedoch nicht alle Fachleute einverstanden. Es gibt aber keine Unstimmigkeiten in bezug auf die Größe der Gruppen: alle wollen sie klein halten. Winnicott und Britton[150] halten zwölf Kinder für ideal; in Skå sind jedoch nicht mehr als sieben und in Hawthorne-Cedar Knolls, wo viele Jugendliche sind, sogar 16 in einer Gruppe. Clothier[44] schlägt für Heranwachsende Gruppen sechs bis zehn vor. Diese Unterschiede sind nicht so widersprüchlich, wie sie auf den ersten Blick scheinen mögen. Sie hängen weitgehend vom Alter der Kinder ab. »Je jünger, um so weniger« ist ein gesundes Prinzip. Wir werden sehen, daß von Fachleuten nie mehr als 16 Kinder (oder Jugendliche) als Hausgruppe empfohlen werden, und das vom britischen Gesundheitsministerium[75] empfohlene Maximum von 25, das auf Erfahrungen in Kriegsunterkünften für schwierige Kinder beruht, kann nicht unterstützt werden. Eine solche Zahl läßt sich wohl vertreten, wenn es nur um Beaufsichtigung geht, ist aber viel zu hoch, wenn Therapieversuche unternommen werden sollen. Es sei denn, man teilt sie wieder in Untergruppen mit eigenen Hauseltern ein.

Die Nomenklatur ist ganz unterschiedlich – Pflegestelle, Herberge, Behandlungseinheit, Schule sind allesamt gebräuchliche Bezeichnungen. Wahrscheinlich ist Behandlungseinheit die zutreffendste, vorausgesetzt, daß tatsächlich eine Behandlung erfolgt. Sie unterstreicht das echte Problem, nämlich, daß das Kind neurotisch erkrankt ist und Behandlung braucht, und es hat sich auch gezeigt (persönliche Mitteilung des ›Jewish Children's Bureau of Chicago‹), daß diese Bezeichnung von den Eltern eher akzeptiert wird, weil sie bedeutet, daß hier mehr geleistet wird, als von den Eltern erwartet werden kann. Die Bezeichnungen »Pflegestelle« oder »Herberge« haben diese zusätzliche Bedeutung nicht.

Wie auch normale Kinder müssen fehlangepaßte Kinder unbedingt in Kontakt mit ihren Eltern bleiben, und zwar sowohl durch Besuche der Eltern wie Ferienaufenthalte im Elternhaus. Hier besteht auch der gleiche Bedarf für Einzelfallhilfe bei den Eltern – eine Tatsache, die nur zu schnell übersehen wird. Robinson[124] hat das unterstrichen und auch darauf hingewiesen, daß ein wohlüberlegter Plan auf lange Sicht entwickelt werden sollte, und zwar unter Mitwirkung von Kind und Eltern. Über Schwierigkeiten der Eltern schreibt er:

»Fortschritte des Kindes, die sich vor allem in seinem Verhalten äußern, können oft ungeahnte Gefühle bei den Eltern auslösen. Für sie ist es herausfordernd, mitansehen zu müssen, daß das Kind Leistungen erbringt, zu denen es daheim nicht fähig war. Eltern reagieren darauf ganz unterschiedlich. Vielleicht leiden sie plötzlich mehr unter der Trennung, die sie doch selbst herbeigeführt haben, und verlangen, den engen Kontakt wiederherzustellen, aus dem so viele ihrer Schwierigkeiten erwachsen sind. Sie stellen sich vielleicht feindselig zum Behandlungszentrum und versuchen, die Verantwortung für das Abwesendsein des Kindes auf das Behandlungszentrum zu schieben. Manchmal sind sie auch weder fähig noch bereit, Veränderungen des Kindes anzuerkennen. Oder ihre ablehenden Empfindungen werden plötzlich stärker. Vielleicht fühlen sich die Eltern nun auch dem Kind stärker verbunden. Wie immer auch ihre Reaktion sein mag – hier zeigt sich die elterliche Haltung, die für die Entwicklung des Kindes so bedeutsam war, noch einmal überdeutlich. Deshalb sollte sich die Arbeit mit den Eltern immer darauf beziehen, was sie in der sich beim Kind allmählich entwickelnden Identität entdecken und wie sie ihre Elternrolle befriedigender erfüllen können.«

Auch wegen der nötigen engen Zusammenarbeit mit den Eltern sollten Behandlungszentren nur Kinder aus der unmittelbaren Umgebung aufnehmen, was wiederum die Einrichtung vieler solcher Zentren erforderlich macht.

Alle stimmen darin überein, daß Erfolg oder Mißerfolg solcher Zentren weitgehend von der Eignung der Hauseltern abhängt. Über deren Auswahl haben Winnicott und Britton[150] sehr Einsichtiges zu sagen:

»Wir meinen, daß es hier weniger auf Ausbildung und Erfahrung ankommt als auf die Fähigkeit, eine Erfahrung richtig auszuwerten und auf Menschen und Ereignisse mit echter Spontaneität einzugehen. Das ist ungeheur wichtig, denn nur Menschen, die Selbstvertrauen besitzen und unvoreingenommen handeln können, werden sich Tag um Tag

gleichbleiben. Im übrigen werden alle Hauseltern von den Kindern, die
zu ihnen kommen, einer so strengen Prüfung unterzogen, daß nur diejenigen, die echt sind, bestehen können.«

Wenn Winnicott und Britton und mit ihnen das britische Gesundheitsministerium[75] Ausbildung und Erfahrung für zweit-
rangig halten, so war das eigentlich nur möglich, weil es bisher
keine Ausbildung gab, die auf diese ganz speziellen Anforderungen vorbereitete. Wenn man erst einmal erkannt hat, daß die
Hauptaufgabe der Hauseltern darin besteht, zwischenmenschliche Beziehungen zu Kindern herzustellen, deren Bindungs- und
Kontaktfähigkeit stark beeinträchtigt ist, wird man auch erkennen, daß Hauseltern praktisch und theoretisch in der Psychologie der menschlichen Beziehungen und der Kinderentwicklung
geschult werden sollten. Nur mit dieser Vorbildung kann man
von ihnen erwarten, daß sie die drei Symptome – Aggression,
Depression und Regression – verstehen und ertragen können
und daß sie allmählich lernen, wie man mit derart belasteten
Kindern umgeht. Und nicht nur müssen die Hauseltern darüber
Bescheid wissen, sie sollten auch in der Lage sein, das ihren
Mitarbeitern verständlich zu machen, da in einer kleinen Gruppe
sich alle nach den gleichen Grundsätzen richten müssen und
da die Beziehungen der Kinder zu dem Pflegepersonal von aus-
schlaggebender Bedeutung sind.

Winnicott und Britton[150] haben sich auch mit dem Bedürfnis
der Kinder, zu prüfen, ob die Heimleiter wirklich gut sind und
ihre Aggressivität und Gier wirklich ertragen und behandeln
können, beschäftigt:

»Jedes Kind testet die Heimeltern ständig genauso wie seine eigenen
Eltern. Das Ausmaß seines Mißtrauens hängt natürlich von dem Ausmaß
der Verzweiflung über den Verlust seines eigenen Zuhauses ab (und
manchmal von der Einsicht in die Unzulänglichkeit des Elternhauses).
Manchmal übernimmt ein Kind selbst das Prüfen, meist ist es aber froh,
wenn ein anderes Kind ihm das abnimmt. Bedeutsam an diesen Prüfun-
gen ist, daß es sich hier nicht um eine Sache handelt, die einmal erledigt
und damit abgetan werden kann. Irgend jemand macht immer Ärger.
Oft sagt jemand vom Heimpersonal: ›Alles wäre gut, wenn Tommy
nicht . . .‹ Tatsächlich ist es aber so, daß alle anderen es sich leisten können, ›gut‹ zu sein, eben weil Tommy Ärger macht und ihnen ständig
beweist, daß das Heim seiner Prüfung standhält und daher wahrscheinlich auch ihrer eigenen Prüfung standhalten würde.«

Wegen dieser Verhaltensweise und wegen der engen persönlichen Beziehungen, die sich notwendig ergeben, ist allgemein anerkannt, daß man den Heimeltern die Auswahl der Kinder überlassen muß. Man kann eine enge persönliche Beziehung mit großer Toleranz für schwieriges Verhalten nicht befehlen. Außerdem werden nicht alle Hauseltern gleich reagieren. Die einen werden mit diesen Schwierigkeiten besser fertig, die andern mit jenen. Aus diesen Gründen spricht viel für die von Winnicott & Britton empfohlene Methode, die Gruppen so zu organisieren, daß sie leichte Unterschiede untereinander aufweisen.

Es ist viel über Erziehungsmethoden in Behandlungszentren dieser Art geschrieben worden, und Brosse[31] hat die Literatur in dankenswerter Weise rezensiert. Alle Autoren vertreten die Auffassung, daß es in diesen Heimen informell und relativ großzügig zugehen sollte und daß Erziehungsmaßnahmen hauptsächlich auf engen persönlichen Beziehungen zwischen Erwachsenen und Kindern beruhen sollten, statt auf Strafandrohung und strengen Vorschriften. Demokratisches Verhalten, wobei die Kinder selbst die Kontrollfunktionen innerhalb der kleinen Gruppe übernehmen, ist meist von Vorteil, aber nicht völlig ausreichend und muß doch in mancher Beziehung deutlich abgegrenzt werden. Man kann eine Selbstverwaltung nicht erzwingen, sondern sie muß Schritt für Schritt mit Unterstützung der Erwachsenen erarbeitet werden. Außerdem können sich Kinder unter elf Jahren nicht selbst verwalten, es sei denn in ganz engen Bereichen, und man sollte sie auch nicht den unausbleiblichen Enttäuschungen eines solchen Versuchs aussetzen. Vulliamy[144] glaubt, daß das in größerem Umfang überhaupt nicht erreicht werden kann, wenn mehrere Kinder über vierzehn der Gruppe angehören. Und drittens verfügen Kinder, die keine befriedigenden frühen Erfahrungen in der Familie machen konnten – wie Winnicott & Britton bemerken[151] –, nicht über die innere Kraft, um an einer Selbstverwaltung teilnehmen zu können. Selbstverwaltung ist also kein Allheilmittel, obwohl sie nach geeigneter Vorbereitung sehr nützlich sein kann.

Es ist wünschenswert, daß die Kinder, wenn irgend möglich, in die normale Schule am Ort gehen, aber man muß auch wissen, daß die meisten von ihnen psychisch zu krank sind, um in eine solche Schule gehen und von dem Unterricht dort profitieren zu können. In diesen Fällen muß im Heim unterrichtet werden, was natürlich einfacher ist, wenn die Zentren oder Häuser in einem »Dorf« zusammengefaßt sind.

Hier ist wie bei vielen anderen Dingen große Anpassungsfähigkeit erforderlich, und ein starrer Verwaltungsapparat, der Schulen und Heime streng trennt, ist unangebracht.

Behandlung Soviel zu dem allgemeinen Bild der Fürsorge für fehlangepaßte Kinder im Alter von mehr als sechs Jahren in Gruppen. Und die Behandlung? Da ergeben sich drei Aspekte:

a) Nutzung der ganzen Sozialgruppe zu therapeutischen Zwecken;

b) Entwicklung einer therapeutischen Beziehung zu einem Mitglied des Heimpersonals;

c) individuelle Psychotherapie oder Beratung.

Die Ansichten über den therapeutischen Wert dieser drei Methoden gehen sehr auseinander, da Erfahrungen in diesem neuen, sich ständig noch weiterentwickelnden Bereich ziemlich jung sind. Immerhin ist anerkannt worden, daß jede der drei Methoden ihren Wert hat. Über die erste ist viel geschrieben worden von jenen, die daran interessiert sind, sich selbst verwaltende Gemeinschaften heranzubilden, die bei nicht allzu gestörten Jugendlichen von besonderem Wert sein können. Ein anderer Aspekt der Gruppenarbeit liegt darin, daß die Kinder als *alter ego* füreinander fungieren; ein Vorgang, der von Winnicott & Britton sowie von Bettelheim und Sylvester beschrieben worden ist. Letztere bringen zur Veranschaulichung eine Falldarstellung. Bettelheim und Sylvester[17] zeigen auch, wie andere Kinder einem Neuankömmling durch ihr Verhalten helfen können, Klarheit über sein eigenes Benehmen und seine Phantasien zu gewinnen. Sie betonen besonders, daß »das emotional gestörte Kind häufig verbalen Kundgebungen mißtraut. Therapeutische Erfolge stellen sich viel eher aufgrund der Erfahrungen des Kindes in der Gruppe ein.«

Wahrscheinlich werden alle darin zustimmen, daß bei Behandlungserfolgen, die durch Beziehungen zu anderen Kindern erreicht werden, das eigentliche Gewicht der Behandlung doch auf den Beziehungen zu Erwachsenen liegt. Auch hier gibt es verschiedene Auffassungen. Einige stimmen für Identität von Hauseltern und Therapeuten, die anderen, wahrscheinlich die

Mehrheit, sind für eine Trennung und ziehen es vor, wenn diese Aufgaben von verschiedenen Personen erfüllt werden. Die entsprechenden Vor- und Nachteile hängen teils von den Methoden, teils von gegebenen Möglichkeiten ab, und es würde zu weit führen, hier im einzelnen darauf einzugehen. Es besteht jedoch Grund zu der Annahme, daß bei Rollenteilung die Aufgaben der Eltern sowie die des Therapeuten besser erfüllt werden können. Bei dieser Aufteilung wird der Therapeut meist identisch sein mit dem Sozialarbeiter, der den Fall von Anfang an übernommen hat und der sowohl das Kind wie seine Eltern kennt. In den meisten Fällen hatte eine therapeutische Beziehung zu dem Kind bereits eingesetzt, als dieses noch im Elternhaus war, und sie wird auch andauern, wenn das Kind wieder dahin zurückkehrt. Das wäre einem Hausvater z. B. nicht möglich. Und auch bei der Behandlung kommt es sehr auf die Kontinuität an.

In ärztlichen Kreisen aller Länder ist die Behandlung durch einen nicht-ärztlichen Mitarbeiter sehr umstritten gewesen, aber man hat sich inzwischen weitgehend beruhigt, obwohl immer noch Kritik laut wird. Psychiater, die mit Sozialfürsorgern und Psychologen tatsächlich zusammengearbeitet haben, wissen den Wert ihrer Mitarbeit durchaus zu schätzen, obwohl sie es nie versäumen, darauf hinzuweisen, daß diese entsprechend geschult werden sollten und immer eng mit einem erfahrenen, ärztlich gebildeten Psychotherapeuten zusammenarbeiten müßten. Hier ist es vielleicht ganz wissenswert, daß einer der großen Pioniere der auf Psychologie aufbauenden Heimpflege und Arbeit mit deprivierten Kindern, der österreichische Psychoanalytiker Aichhorn[2, 3] auch kein Arzt war. Sein Buch *Verwahrloste Jugend* ist in vielen Ländern richtungweisend gewesen.

In der Beziehung zwischen dem Kind und dem Therapeuten oder der Hausmutter kann sich die ganze Skala fehlangepaßten Verhaltens äußern – Ausweichen und Ablehnung aller Kontakte, Feindseligkeit, übertriebene, infantile Anhänglichkeit in jeder Kombination. Das Ausweichen ist von allen drei Merkmalen am pathologischsten, und infantile Anhänglichkeit ist am hoffnungsvollsten, denn hier zeigt sich das aufgrund von Frustration verdrängte Grundbedürfnis nach intensiver oraler Abhängigkeit von der Mutter und das Verlangen, sie ständig um sich zu haben – kurz gesagt, das Verlangen, bemuttert zu werden. Wenn das

Kind einer Mutterfigur erst einmal so weit zu trauen gelernt hat, daß es fähig ist, dieses Bedürfnis zu äußern und wieder auf frühkindliche Beziehungen zu regredieren, ist ein großer Schritt vorwärts getan, wenn auch Uninformierten dieses Verhalten beklagenswert erscheinen mag. Winnicott und Britton[151] haben gut geschildert, von welchen Voraussetzungen man bei der Behandlung dieser Kinder ausgehen muß:

»In der überwiegenden Mehrheit hatten Kinder, die schwer unterzubringen waren, nie ein gutes Elternhaus gekannt, hatten erleben müssen, wie die Familie zerrüttet wurde, oder aber kurz vor der Evakuierung erleben müssen, daß die Familie auseinanderzubrechen drohte. Sie brauchten deshalb eigentlich keinen Ersatz für ihr Elternhaus, sondern vielmehr überhaupt die primäre Erfahrung eines befriedigenden Familienlebens.

Darunter verstehen wir Erfahrung einer Umwelt, die auf die speziellen Bedürfnisse des Säuglings oder Kleinkinds zugeschnitten ist, eine Erfahrung, ohne die keine Grundlagen der geistigen Gesundheit geschaffen werden können. Ohne einen Menschen, der sich ganz besonders auf seine Bedürfnisse einstellt, kann der Säugling keinen Zugang zur äußeren Realität finden. Wenn seine Triebe nicht ausreichend befriedigt werden, wird der Säugling weder eine richtige Einstellung zu seinem Körper finden, noch kann sich seine Persönlichkeit ungestört entwickeln. Wenn er niemanden hat, den er lieben und hassen kann, wird er niemals wissen, daß es derselbe Mensch ist, den er liebt und haßt, sein Schuldgefühl kann sich ebensowenig ausbilden wie sein Wunsch, wiedergutzumachen. Ohne eine bestimmte menschliche und äußere Umwelt, die das Kind genau kennt, kann es nicht feststellen, wie weit seine aggressiven Vorstellungen Schaden anrichten, und es wird den Unterschied zwischen Vorstellung und Handlung nicht erfassen. Ohne Vater und Mutter, die gemeinsam die Verantwortung für das Kind tragen, kann es sein Verlangen, die beiden zu trennen, nicht erfahren und ausdrücken und kann auch nicht erleichtert sein, daß ihm das nicht gelungen ist. Die emotionale Entwicklung im ersten Lebensjahr ist so komplex und unerläßlich, daß jedes Kind unbedingt eine zumindest einigermaßen positive Umwelt braucht, wenn es die ersten Stadien der Entwicklung nicht verfehlen soll.«

Leider haben Winnicott und Britton in England ihre Arbeit eingestellt, aber in Schweden und den USA geht man auch noch weiterhin von den gleichen Auffassungen aus. Wir haben schon auf die von Jonsson in Skå hingewiesen, wo man den Kindern erlaubt, in so infantile Verhaltensweisen zurückzufallen, daß sie ihre Nahrung nur noch aus der Flasche zu sich nehmen. Auch Bettelheim und Sylvester berichten von vielversprechenden Resultaten einer so duldsamen Haltung. In einer ihrer Publikationen[18] bringen sie die ziemlich detaillierten Falldarstellungen von zwei in frühester Kindheit äußerst deprivierten Kindern, die eine Regression auf frühkindliches Verhalten gezeigt haben, ehe sie neue Ansätze zur Besserung machten. Ein zehnjähriger Junge, der in verschiedenen Heimen aufgewachsen war und einen Selbstmordversuch begangen hatte, fing an, sich nach wenigen Wochen bei seiner Hausmutter, die gleichzeitig seine Therapeutin (Beraterin) war, wie ein kleines Kind zu benehmen.

»In der Babysprache bezeichnete er sie als seine Mutter, sagte z. B.: ›Mama wäscht mir die Hände. Meine Mama gibt saubere Strümpfe.‹ Er wollte von ihr angezogen und gefüttert werden. Man ging auf ihn ein und gestattete ihm, diese primitive Beziehung zwischen Kind und Erwachsenem zu erleben. Zwei Monate später gab er die Babysprache und den Wunsch, gefüttert zu werden, plötzlich selber auf, und neue Aspekte stellten sich in der Beziehung zu seiner geliebten Beraterin ein.«

Etwas später trat noch einmal eine gewisse Regression auf. Er entdeckte die Flaschennahrung für Kleinkinder und fütterte sich selber mit der Flasche. Dieser Prozeß des Zurückfallens in infantile Verhaltensweisen, um Primärbeziehungen auf einer neuen, besseren Basis von neuem zu entwickeln, braucht Zeit, so daß die Kinder manchmal Jahre und nicht Monate in Behandlungszentren bleiben. Hier haben wir erneut den Beweis, wie wichtig es ist, von Anfang an solche Fehlentwicklungen zu verhindern.

Schließlich ist da noch das große Problem, was mit schwer anpassungsgestörten Kindern zwischen drei und sechs Jahren geschehen soll, die nicht im Elternhaus bleiben können. Gruppenfürsorge ist denkbar ungeeignet. Zu empfehlen wären Siedlungen kleiner Häuser, wo erfahrene professionelle Pflegemütter in Kleinfamilien während der Behandlungszeit für ein oder zwei Kinder sorgen. Das ist natürlich teuer, aber es lohnt sich, das Geld für Behandlung in diesen frühen Jahren auszugeben. Die Erfolge sind in dieser Zeit so viel größer als später, daß es sich hier um höchst gerechtfertigte Ausgaben handelt. In diesem Bereich mangelt es besonders an Entwicklungsstudien. Wir hoffen, daß sich Institutionen oder Fonds finden werden, die entsprechende Arbeiten finanzieren.

Kranke Kinder

Es ist eigentlich selbstverständlich, daß die Maßnahmen zur Verhinderung von Deprivation gleichermaßen für gesunde wie für kranke Kinder zutreffen. Leider haben sich die Ärzte bisher nicht sehr darum gekümmert, und so finden wir in Kinderkrankenhäusern immer noch schwere Fälle von Deprivation. Es stimmt zwar, daß führende Kinderärzte in vielen Ländern – wie Debré in Frankreich, Wallgren in Schweden, Bakwin und bis zu seinem Tode auch Aldrich in den USA, Spence und Moncrieff in England – sich dem Problem gegenüber sehr aufgeschlossen gezeigt haben. Aber auf Reformen warten wir noch immer. Schlimmer noch ist aber, daß es Kinderärzte gibt, die die Bedeutung der Deprivation verkennen – wenn auch ihre Zahl ständig abnimmt.

Spence[132] hat in seiner Vorlesung über »Die Versorgung der Kinder im Krankenhaus« eine lebhafte Schilderung von Deprivation in Kinderabteilungen gegeben, der man heute nur noch in diesem Ausmaß in den schlechtesten und allgemein verurteilten großen Anstalten begegnet. Er geht besonders auf die Isolierung, Ziellosigkeit und Ungewißheit von Kindern ein, die für längere Zeit im Krankenhaus bleiben müssen. Mit Bezug auf seine Mitarbeit beim Curtis-Komitee sagt er:

>»Ich hatte Gelegenheit, die Klagen von Männern und Frauen anzuhören, die einen großen Teil ihrer Kindheit und Jugend in solchen Anstalten verbringen mußten. Die feinfühligen, intelligenten Zeugen sprechen von Alpträumen, wenn sie an die endlosen Winterabende zurückdenken, die sie in ihrer Jugend bedrückten, an die Nutzlosigkeit ihrer Existenz, die Unsicherheit ihrer Zukunft. Gewiß, sie hatten jeden Tag Unterricht, machten Handarbeiten, und es gab auch einige Unterhaltung, aber es gab keinen vertrauten Menschen, mit dem sie allein ihre Probleme besprechen konnten, der sie über ihre Leiden hinwegtröstete oder mit ihnen Pläne für die Zukunft schmiedete. Der Fehler liegt schon in der Art und Organisation dieser langfristigen Krankenhausaufenthalte. Sie werden allzusehr aus ärztlicher Sicht gesehen und tragen viel zu sehr den Stempel des Krankenhauses.«

Wie sehen Lösungen aus? Wie üblich sollte man, wann nur immer möglich, die Kinder zu Hause behalten. Spence schreibt darüber:

»Ich habe Erfahrungen gesammelt in der Hauspflege und Behandlung von Kindern mit offener Bauchtuberkulose, von Kindern, die in orthopädischen Bandagen stillgelegt waren, von Kindern mit chronischen Leiden, die ständige Beobachtung und Behandlung verlangen. Und gerade deswegen bin ich davon überzeugt, daß der Entschluß, Kinder für lange Zeit ins Krankenhaus zu schicken, viel zu leicht und viel zu oft gefaßt wird.«

Gesundheitsfürsorger aus dem englischen Middlesex sind jahrelang dafür eingetreten, tuberkulöse Kinder bei ihrer Familie zu belassen, und meinen, die Behandlungsergebnisse seien dann viel besser, als wenn man diese Kinder in Sanatorien schickt. Hier ist die beachtliche Entwicklung, die die Hauspflege durch Initiative des New Yorker Montefiore Hospitals im Fall von chronisch Erkrankten genommen hat, relevant. Man behandelt dort genausoviel Patienten ambulant wie im Krankenhaus und hat für die Versorgung der in Hauspflege befindlichen eine eigene Abteilung mit Arzt- und Pflegepersonal, Sozialarbeitern, Leihgeräten, Transportmöglichkeiten und sogar einer Vermittlung von Hausangestellten eingerichtet. Bluestone, der ärztliche Direktor, behauptet, das sei ungewöhnlich erfolgreich und hätte »besonderen Wert für den Patienten und dessen Familie, weil er trotz seines Leidens am normalen Familienleben teilnehmen kann« (S. 17). Die Kosten pro Tag und Kopf betragen nicht mehr als 25 Prozent der Krankenhauspflege. Es sind nur wenige Kinder unter diesen Patienten, da das Krankenhaus auf Kinderpflege nicht spezialisiert ist, aber Kinder werden nach gleichen Maßstäben wie Erwachsene behandelt. Die Tatsache, daß fast alle Kinder zu Hause von einem Erwachsenen versorgt werden, bedeutet, daß das Hauspersonal – in vielen Fällen bei Erwachsenen durchaus erforderlich – eingespart werden kann. Diese Pionierarbeit des Montefiore Hospitals könnte vielleicht zu einer Revolution in der Krankenhauspraxis führen, die hinsichtlich der Präventivmaßnahmen gegen die Deprivation von Kindern von unschätzbarem Wert wäre.

In Fällen, wo ein Krankenhausaufenthalt von Kindern unvermeidlich ist, kann viel getan werden, um den emotionalen Schock zu mildern. Spence[132] ist lange dafür eingetreten, wann nur immer möglich, die Mütter von Kindern unter drei Jahren auch aufzunehmen:

»Ich habe unter diesen Bedingungen (in den Krankenhäusern von Newcastle-upon-Tyne) jahrelang gearbeitet und halte es für einen unerläßlichen Teil der Pflege in der Kinderabteilung. Das ist auch keineswegs eine revolutionäre Idee. Zum weitaus größten Teil werden kranke Kinder doch auch zu Hause von der Mutter gepflegt. Natürlich eignen sich nicht alle Krankheiten für diese Art von Pflege, aber die Mehrheit aller Kinder unter drei Jahren ist damit besser dran. Die Mutter lebt im selben Zimmer wie das Kind. Sie braucht nur wenig oder gar keine Freizeit, weil das Schlafbedürfnis einer Mutter kaum vorhanden ist, wenn ihr Kind schwer erkrankt. Sie füttert das Kind, sie tröstet das Kind, sie hält es in der bequemsten Stellung, sei es in den Kissen oder in ihrem Schoß. Schwestern und Ärzte sind in der Nähe, um die nötige ärztliche Behandlung zu gewährleisten. Dieses System bietet viele Vorteile. Es ist gut für das Kind. Aber es ist auch gut für die Mutter, die ein ganz anderes Verhältnis zu einem Kind haben wird, zu dessen Wiedergenesung ihre Pflege beigetragen hat. Das führt zu einer noch innigeren Beziehung zwischen Mutter und Kind und zu einem Selbstvertrauen bei der Mutter, das sich in der Zukunft nur positiv auswirken kann. Auch den Pflegerinnen kann die Begegnung mit guten Müttern zum Vorteil gereichen. Sie werden von ihnen nicht nur erfahren, wie man am besten mit Kindern umgeht, sondern einige Grundtatsachen des Lebens kennenlernen. Und zudem werden andere Kinder auf der Station, für deren Pflege nicht soviel Zeit aufgewendet werden kann, von der Anwesenheit einer Mutter profitieren.«

Pickerill und Pickerill[113] haben 1942 in Neuseeland eine Abteilung für orthopädische Chirurgie eingerichtet, in der Säuglinge und Kleinkinder in Zimmern untergebracht wurden, die eigens für Mutter und Kind vorgesehen waren. Zwar hatte man immer eine Mutter mit ihrem Kind in ein Einzelzimmer eingewiesen, um vor allem möglichen Infektionen vorzubeugen, aber Pickerill & Pickerill hatten nicht nur in dieser Beziehung Erfolg. Sie waren auch sehr beeindruckt, welchen Wert die Pflege für Kind und Mutter hatte.

»Diese Kinder wollen mehr bemuttert als fachlich gepflegt werden. Sind ihre Mütter anwesend, sind sie glücklicher, zufriedener und erhalten Tag und Nacht Beachtung. Die Heilerfolge sind bei einem zufriedenen Kind größer und damit auch die Aussichten auf gelungene Operationen besser. Die Mutter ist meist genauso stolz auf das Resultat wie wir.«

Immer mehr Kinderärzte treten für solche Arrangements ein, und wir hoffen, daß neue Kinderkrankenhäuser gleich nach diesen Prinzipien eingerichtet werden. Glücklicherweise hat man in vielen ›unterentwickelten‹ Ländern diese gute Sitte nie aufgegeben.

Zusätzlich sollte man eine Familienpflegerin für Fälle vorsehen, wo die anderen Kinder daheim ohne Aufsicht bleiben müssen.

Ältere Kinder, die ins Krankenhaus müssen, kann man darauf vorbereiten. Die Mütter sollten sie ins Krankenhaus begleiten, sie dort ausziehen, ins Bett bringen und bei ihnen bleiben, bis sie eingeschlafen sind. Es gibt nichts Schlimmeres als bewußte Zwecklügen, z. B. es finde dort eine Party statt. Das Kind glaubt es, und plötzlich ist die Mutter verschwunden und läßt das Kind entgeistert, verstummt oder laut weinend bei Fremden zurück. Regelmäßige Besuche der Eltern sollten gefördert werden (man hat glücklicherweise festgestellt, daß keine weitere Infektion dadurch übertragen wird[146]), denn das Kind ist durch den ständigen Kontakt mit den Eltern nicht nur im Krankenhaus glücklicher und ruhiger, es treten auch weniger emotionale Störungen nach seiner Rückkehr auf. Kinder zwischen drei und sechs sollten möglichst täglich Besuch erhalten; ältere Kinder können längere Pausen verwinden. Regelmäßige Besuchsstunden sind falsch, wie sich herausstellte. Es ist viel besser, die Mutter zu bitten, häufig ganz beiläufig »eben mal hereinzusehen«, z. B. wenn sie einkaufen geht. Sie muß dann nicht lange bleiben, aber man sollte es ihr erlauben, das Kind zu baden und zu füttern und ihm kleine Geschenke mitzubringen. Sharp[129] gibt eine interessante Übersicht über einige Schwierigkeiten, die sich in einer Kinderabteilung durch Besuche bei Kindern über drei Jahren ergeben, und wie man sie überwinden kann.

Obwohl der ständige Kontakt mit den Eltern das Wichtigste in der psychologischen Behandlung von kranken Kindern ist, kann man noch mehr tun. Man kann die Pflegerinnen so einteilen, daß sie immer für die gleiche Gruppe von Kindern sorgen, so daß jedes Kind das Gefühl der Sicherheit durch die Dauerbeziehung zu einer bestimmten Pflegerin erhält. Die Zimmer sollten nicht allzu groß sein, einmal, damit die Kinder sich leichter heimisch fühlen, andererseits aber auch, weil in einem großen Raum mit vielen Kindern eine gewisse Disziplin nur mit Strenge zu erreichen ist. MacLennan[98] meint, daß auch in der Verwaltung von Kinderkrankenhäusern die Erkenntnisse der Kinderpsychologie mehr beachtet werden sollten und daß man berücksichtigen müsse, daß jedes Kind einen Menschen braucht, der seine emotionalen Bedürfnisse befriedigt. Zum Thema Disziplin sagt sie: »Strafen erübrigen sich ganz, wenn die Schwestern ausreichend Zeit haben und wissen, wie man mit bestimmten Situationen fertig wird, und wenn sie nicht so autoritätsgläubig sind, daß sie ihrerseits zu Tyrannen werden.« Sie befürwortet den Versuch, Kinder und Pflegepersonal in Gruppen einzuteilen, ein Thema, mit dem sich auch Spence[132] bei seinen Empfehlungen für eine Reform von Krankenhäusern mit langfristigen Pflegefällen beschäftigt hat:

»Es wäre besser, wenn die Kinder in kleinen Gruppen mit einer Hausmutter zusammenleben würden, von dort aus zur Schule, zur Behandlung und zu ihrer Freizeitgestaltung in einen großen Spielraum gehen würden. Es wäre kein Nachteil, wenn die Hausmutter in der Krankenpflege ausgebildet wäre, aber das allein gibt ihr noch nicht die Qualifikation für ihre Arbeit. Ihre Hauptaufgabe besteht darin, den Kindern ihrer Gruppe im Zusammenleben all das zu geben, was man ihnen genommen hat.«

Diese Prinzipien gelten natürlich gleichermaßen für Genesungsheime und psychiatrische Kinderabteilungen. Wenn kleine Kinder die Genesungszeit ohne die schädlichen Folgen materneller Deprivation überstehen sollen, müssen sie in Heime geschickt werden, die Mütter mit ihren Kindern zugleich aufnehmen, wie wir aus anderen Gründen im neunten Kapitel empfohlen haben. Ältere Kinder sollten nicht so weit weggeschickt werden, daß die Eltern sie nicht leicht besuchen können, und es sollte zur allgemeinen Praxis werden, daß sie in »Familiengruppen« unter der Leitung von Hausmüttern zusammengefaßt werden. Unglücklicherweise sind sogar psychiatrische Abteilungen für Kinder noch nach dem Muster der alten Krankenhäuser mit großen Abteilungen und endlosen Korridoren eingerichtet. Man sollte sie überhaupt nur in Gebäuden einrichten, die sich von großen Wohnhäusern nicht unterscheiden, und diese in kleinen Gruppen zusammenfassen.

Schließlich wollen wir den Leser bitten, selbst einen Moment über die seltsame Praxis nachzudenken, der man auf Entbindungsstationen immer wieder begegnet: Mütter und Kinder sofort nach der Geburt zu trennen. Er möge sich selbst die Frage beantworten, ob damit eine enge Beziehung zwischen Mutter und Kind gefördert wird. Wir wollen nur hoffen, daß dieser Irrtum der westlichen Gesellschaft nie Nachahmung in den sogenannten unterentwickelten Ländern findet!

FÜNFZEHNTES KAPITEL

Verwaltung der Kinderfürsorge und Forschungsprobleme

Verwaltung der Kinderfürsorge

»Der Familie als der wichtigsten Primärgruppe, zu der das Kind gehört oder gehörte, gilt unsere größte Sorge.« Jede Verwaltung, die nicht nach diesem Grundsatz ausgerichtet ist, wird mehr Schaden anrichten als Gutes stiften. Das bezeugen die Verfasser von zwei der gründlichsten Studien der Pflegevermittlung, die beide in den USA unternommen wurden. Die Verfasser besagter Studien, Healy und Mitarb.[77], stellen fest:

>»Eine Antwort auf die Frage, weshalb so viele der für Kinder und Jugendliche erbrachten Leistungen erfolglos bleiben, liegt darin, daß amtliche und private Fürsorgestellen, Jugendgerichte und Erziehungsanstalten etc. nicht genügend beachten, daß sie sich mit Individuen befassen, die Mitglieder einer Familie sind.«

Zehn Jahre später schreiben Baylor & Monachesi[12]:

>»Die Arbeit der Pflegestellen-Vermittlung für Kinder weist eine große Schwäche auf: den Mangel an konstruktiver Einzelfallhilfe für die Familien der betroffenen Kinder. Die Befunde dieser Untersuchung sind eindeutig. Das kann zur Verzögerung der Rückkehr dieser Kinder in ihre eigene Familie führen oder – schlimmer noch – eine ständige Trennung von Kindern und Eltern bedeuten« (S. 51).

Aber obgleich diese Vermittlungen, die sich nur mit Einzelaspekten des Problems befassen, als Anachronismus betrachtet werden sollten, stößt man aus historischen Gründen immer noch auf dieses Verhaltensmuster. In den meisten westlichen Ländern ist die Fürsorge für vernachlässigte und heimatlose Kinder erst langsam und stückweise zustandegekommen. Meist ist das Erreichte dem tatkräftigen Einsatz einiger weniger angesichts allgemeiner Apathie zu danken. So entstanden eine ganze Reihe privater Wohltätigkeitsorganisationen, die zunächst einmal Kindern, die sonst elend umgekommen wären, Nahrung und Unterkunft verschafften. Wenn das Ergebnis auch lückenhaft und unzulänglich ist, sollte man doch nicht vergessen, daß hier überhaupt einmal etwas für die Kinder getan wurde, und wenn man heute die Methoden dieser alten Art von Wohltätigkeit und die großen Anstalten kritisiert, sollte man darüber nicht die geleisteten Dienste vergessen, die immerhin Anstrengungen verlangen, während die breite Masse tatenlos zusah.

In den westlichen Ländern sind in den letzten Jahrzehnten fast überall Fürsorgestellen und zuständige Behörden mit diesen Aufgaben betraut worden. In den USA haben sich manchmal Wohltätigkeitsorganisationen für Familienpflege und Pflegestellenvermittlungen für Kinder zusammengeschlossen. Über die Verhältnisse in St. Louis schreibt Alt (zitiert nach Baylor und Monachesi[12]):

>»Vertreter der Familienfürsorge sind sich immer mehr darüber klar geworden, daß ihre Arbeit auch weitgehend mit der Pflegevermittlung für Kinder zusammenhängt. Das hat ihren Gesichtskreis sehr erweitert. Bei den Kinderfürsorgern dagegen sehen wir eine höhere Bewertung der Arbeit mit Familien, die früher als hoffnungslos abgetan wurden. Die Erfahrungen des Jahres ... waren sehr aufschlußreich hinsichtlich einer fruchtbareren Aufteilung der Arbeit zwischen Familienfürsorgern und Kinderpflegern, auf die man vielleicht erst viele Jahre später gekommen wäre« (S. 53–54).

Unglücklicherweise haben sich die Familien- und Kinderfürsorgestellen nicht in allen Staaten zusammengeschlossen. In Großbritannien z. B. hat eine große Umwälzung in der Kinderfürsorge stattgefunden, als der Staat die Sorge für heimatlose Kinder übernahm, aber trotzdem ist sie mehr oder weniger von der Familienfürsorge getrennt. Das ist auf die Arbeit des Curtis-Komitees zurückzuführen, dessen Ratschlägen die Regierung bei ihren Maßnahmen gefolgt ist. Leider haben sich dessen Untersuchungen ganz eng auf das Problem der heimatlosen Kinder beschränkt und damit die eigentlichen Ursachen, ernste soziale Störungen, nicht beachtet. Das Ergebnis ist eine unklare Situation, in der es keine Zuständigkeit gibt, um Vernachlässigung und Mißhandlung von Kindern in ihren Familien oder Familienzerrüttung an sich zu verhindern. Alle Verwaltungsbeamten werden aber wissen – was das Curtis-Komitee in seinem begrenzten Bereich auch festgestellt hat –, daß unklare Kompetenzen gleichbedeutend mit Untätigkeit sind.

Die ersten Lehren, die wir aus diesen Erfahrungen ziehen sollten, sind also:

a) Familien- und Kinderfürsorge sind nur zwei Seiten der gleichen Medaille und müssen gemeinsam geplant werden.

b) Die Verantwortlichkeit für beide muß deutlich definiert und vereint werden.

c) Familien- und Kinderfürsorge ist Sache von Fachleuten, die eine entsprechende Ausbildung haben sollten.

Kinderfürsorge sollte in erster Linie darin bestehen, den Eltern geeignete Unterstützung zu geben, und zwar auch den Problem-Eltern, um zu ermöglichen, daß sie ihren Kindern das Leben in einer glücklichen Familie auf lange Dauer bieten können. Zusätzlich sollte man der ledigen Mutter helfen und entweder es ihr ermöglichen, selber für das Kind zu sorgen, oder eine Adoption vermitteln; man sollte Verwandte und Nachbarn mobilisieren, damit diese in Notfällen als Ersatz einspringen, in dringenden Fällen für kurzfristige Unterbringung sorgen, dabei jedoch daran arbeiten, schnellstmöglich wieder normale Verhältnisse und ein befriedigendes Familienleben herzustellen und schließlich, wenn alles andere fehlgeschlagen ist, für geeignete Heimunterbringung oder Pflege auf Dauer sorgen. Nur eine Fürsorge, die alle gesetzlichen und finanziellen Möglichkeiten nutzen kann, der Sozialarbeiter mit entsprechender Ausbildung und Fähigkeiten zur Verfügung stehen, damit alle entsprechenden Anordnungen auch durchgeführt werden, wird allen Anforderungen gerecht werden. Zu ihren Mitarbeitern gehören Spezialisten und allgemeine Praktiker – Spezialisten im Umgang mit Problemfamilien, Spezialisten für Adoption und Dauerpflege, um nur wenige Beispiele zu nennen –, aber es wäre falsch, das Spezialistentum so weit zu treiben, daß die einzelnen Fürsorgearbeiter keinen Kontakt mehr untereinander haben. Denn alle beschäftigen sich mit dem gleichen Problem, und alle sollten über das gleiche Grundwissen verfügen – Soziologie und Psychologie der zwischenmenschlichen Beziehungen. Durch enge partnerschaftliche Zusammenarbeit bei der Familien- und Kinderfürsorge lassen sich Planung und Praxis weitgehend integrieren.

Eigentlich entsprechen all diese Empfehlungen den Entwicklungen, die wir auf dem Gebiet der Medizin in den letzten Jahrhunderten erlebt haben. Dort gab es ursprünglich auch nur eine lückenhafte, barmherzige Fürsorge für Kranke und Bedürftige, die manchmal kaum über eine Verwahrung hinausging. Allmählich aber kaum Behandlung nach ganz bestimmten Gesetzen hinzu. Auch in der Medizin konnte die große Revolution erst einsetzen, als die Ursachen bestimmter Leiden bekannt und Präventivmaßnahmen in größerem Rahmen möglich geworden waren. Obwohl auch heute noch Präventiv- und Therapiemaßnahmen allzu oft getrennt werden, besteht doch die Einsicht, daß wir einen integrierten Gesundheitsdienst brauchen, wo die Verantwortung in größerem Maß bei Fachleuten liegt, die nicht nur medizinisch sondern auch in den nötigen Nachbarwissenschaften ausgebildet sind. Es ist zu hoffen, daß die Fortschritte in der Familien- und Kinderfürsorge sich in ähnlicher Richtung bewegen. Wo private Stellen heute noch nur Einzelfunktionen übernehmen, besonders wenn sie Kinder außerhalb ihrer Familie versorgen, aber nichts dazu tun, daß Einheit und Harmonie der Familie wiederhergestellt werden, sollte an eine radikale Umstellung des Programms gedacht werden. Wenn behördlich Unterstützung geplant wird, muß es Voraussetzung sein, daß diese umfassend ist und den Kindern innerhalb der Familie genauso hilft wie außerhalb.

Wir haben in diesem Bericht immer wieder betont, wie außerordentlich wichtig die mütterliche Zuwendung für die Erhaltung der seelischen Gesundheit ist. Daraus folgt nicht nur, daß Familien- und Kinderfürsorger eng zusammenarbeiten sollten, sondern auch, daß die Mitarbeiter der geistigen Gesundheitsfürsorge miteinbezogen werden müssen. Schließlich haben alle drei die gleichen Ziele, ihre Methoden nähern sich immer mehr an, ihre Aktivitäten kreuzen sich immer wieder, und jeder kann dem anderen mehr und mehr helfen. In Ländern, wo der Gesundheitsdienst noch nicht von der Kinder- und Familienfürsorge getrennt ist – was auf hochentwickelte Länder Westeuropas ebenso zutrifft wie auf unterentwickelte Länder –, könnte man größere Erfolge erzielen, wenn man alle Fürsorgedienste in einer zuständigen Stelle zusammenfaßt. In einigen Ländern ist der Unterschied aber bereits so ausgeprägt, daß sich diese Vereinigung kaum erreichen ließe. Aber unter allen Umständen müssen für Kinder und für geistige Gesundheit zuständige Fürsorger es lernen zusammenzuarbeiten. Damit das mit Erfolg geschehen kann, werden bei beiden oft Veränderungen nötig sein. Nicht nur müssen Kinderfürsorger ebensoviel über geistige Hygiene wissen wie bisher nur über körperliche, sondern die Beamten des geistigen Gesundheitsdienstes müssen sich bemühen, mehr als bisher die Probleme der Familie und Kinder kennenzulernen und sich für die Arbeit der mit dieser Fürsorge Betrauten interessieren. Nur wenn ein Psychiater, Psychologe oder psychiatrisch geschulter Sozialarbeiter die Alltagsprobleme kennt, kann er nützliche Ratschläge geben. Aus diesen Gründen leisten Organisationen der Familien- und Kinderfürsorge heute am meisten, wenn zu ihrem Personal Mitarbeiter gehören, die mit den Problemen der geistigen Gesundheit vertraut sind, oder wenn sie klug genug und in der glücklichen Lage waren, sich die Mitarbeit eines psychiatrischen Beraters sichern zu können, der einen großen Teil seiner Zeit für diese Tätigkeit opfern kann. Nur durch derartige ständige Kooperation und auf das gleiche Ziel gerichtete gemeinsame Anstrengungen lassen sich die zum Erfolg so nötige gegenseitige Achtung und Einsicht entwickeln. Die nur gelegentliche Überweisung von isolierten Einzelfällen an einen Psychiater, der sich mit anderen Problemen beschäftigt, ist nutzlos und führt nur zu Verstimmung auf beiden Seiten.

In dieser Beziehung möchte ich auf Prinzipien verweisen, nach denen das Lasker Mental Hygiene and Child Guidance Centre in Jerusalem bei der geistigen Gesundheitsfürsorge für Einwandererkinder verfährt. Die vornehmste Pflicht der Vertreter des geistigen Gesundheitsdienstes besteht darin, dem Heimpersonal zu helfen, gestörte Kinder zu verstehen und an ihrer Behandlung aktiv teilzunehmen.

»Die Anwendung dieser Prinzipien der geistigen Hygiene ... setzt nicht die Einrichtung einer großen Anzahl abgeschirmter Anstalten und besonderer Dienste für intensive Einzelbehandlung voraus, sondern erfordert eher die wissenschaftliche Anstrengung, eine größtmögliche Zahl von Kindern der gegebenen Umwelt anzupassen, oder vielmehr, eine Anpassung der Umwelt an das Kind mit emotionalen Problemen zu erreichen, indem man versucht, in der Gemeinschaft Einsicht und Toleranz für diese Probleme zu wecken oder weiterzuentwickeln. Der große Vorteil dieses Vorgehens liegt darin, daß es nicht nur dem einzelnen Kind zugutekommt, sondern daß alle Kinder der Gemeinschaft davon profitieren. Damit hat es nicht nur therapeutischen, sondern auch präventiven Wert« (Caplan, persönliche Mitteilung).

Als Erfolgsbeispiel eines solchen Vorgehens wird ein Vorfall geschildert, bei dem die Gruppendiskussion eines Falles von Bettnässen dazu führte, daß eine entsprechend veränderte Behandlung zu symptomatischen »Heilungen« einer ganzen Zahl ähnlicher Fälle im gleichen Heim führte. Derartige Vorkommnisse, die Erfolge eines gemeinsamen Vorgehens von Kinderfürsorgern und Beamten des geistigen Gesundheitsdienstes sind, ließen sich auch noch aus verschiedenen anderen Ländern berichten und führen zu gegenseitigem Verständnis und echter Partnerschaft. Das sind aber nicht nur Voraussetzungen für Arbeitserfolge, sie sollten auch gleichermaßen für Forschungen gelten.

Forschung nach geeigneten Maßnahmen zur Verhinderung der maternellen Deprivation

Unter den Themen, die wir in diesem zweiten Teil unseres Berichts angeschnitten haben, gibt es kaum eines, das nicht vom dichten Nebel der Unwissenheit überdeckt ist. Hier und da finden wir dank der geduldigen und aufopfernden Arbeit einzelner einen Lichtblick, aber meist tappt der Untersucher im dunkeln, wird, wenn er Glück hat, von sorgfältig formulierten Hypothesen einiger Beobachter geleitet und schlimmstenfalls völlig verwirrt durch überlieferte Traditionen und törichte Vorurteile. Diese Umstände tragen nicht gerade dazu bei, wirksame und wirtschaftliche Maßnahmen zur Verhinderung der Deprivation in der Kindheit zu finden, noch ähneln sie den Voraussetzungen, die zu einem Triumph der Präventivmedizin, einer nahe verwandten Wissenschaft, geführt haben. Erfolge in der geistigen Präventivhygiene, die etwa mit der Immunisierung gegen Diphtherie oder mit der Kontrolle über Malaria zu vergleichen wären, lassen sich nicht ohne ständige, systematische und auf lange Sicht in vielen Ländern durchgeführte Forschungsarbeit erzielen.

Wenn auch viele dieser Untersuchungen notwendigerweise im Zusammenhang mit der praktischen Arbeit stehen und auf praktisch anwendbare Ergebnisse zielen, so bleiben doch einige theoretische Hypothesen zu überprüfen. Da haben wir zunächst die These, daß die Eignung eines Erwachsenen, ein guter Vater oder eine gute Mutter zu sein, in hohem Maß davon abhängt, ob er selbst als Kind elterliche Fürsorge erhalten hat. Wird diese Hypothese bestätigt und damit auch, daß aus vernachlässigten

Kindern vernachlässigende Eltern werden, sind wir dem Problem schon viel näher gekommen. Burgess & Cottrell[36], die die große Bedeutung dieser Theorie hinsichtlich der Anpassung in der Ehe erkannt haben, schreiben: »Die Bestätigung dieser Theorie würde das Verständnis vieler Verhaltensweisen erleichtern und vereinfachen, die sonst hoffnungslos komplex, kompliziert und widersprüchlich erscheinen.« Bei dieser Hypothese handelt es sich um eine Grundvoraussetzung für das Verständnis von Fehlanpassung in der Ehe, von Problem-Eltern, Promiskuität und Illegitimität, mit allen Formen der Vernachlässigung und Ablehnung von Kindern, die diese mit sich bringen.

Selbst wenn sich diese Hypothese bewahrheitet – wie es nach allen vorliegenden Beweisen aussieht –, bleiben noch viele Faktoren – wirtschaftliche, soziale und medizinische –, die zur Deprivation von Kindern führen. Im sozialen Bereich müßten grundlegende Untersuchungen der verschiedenen Formen des Familienlebens und aller damit zusammenhängenden Phänomene durchgeführt werden. Man müßte vor allem wissen, was dazu führt, daß einige Familien völlig isoliert von Nachbarn und Verwandten leben und daß andere sich leicht der größeren sozialen Gruppe anschließen, von der sie die Unterstützung erhalten, die sie ihrerseits auch gewähren. Bei der Analyse dieser Phänomene werden Vergleichsstudien wahrscheinlich fruchtbar sein, und zwar Vergleiche sowohl zwischen verschiedenen Kulturen als auch zwischen Subkulturen der gleichen Gemeinschaft.

Zusätzlich zu diesen grundlegenden Untersuchungen der Persönlichkeitsentwicklung und sozialen Wirkkräfte, deren Befunde wahrscheinlich für alle Gesellschaften zutreffen, müßten in jeder Gemeinschaft Ermittlungen angestellt werden, um zu erfahren, wie viele Kinder jeweils unter Deprivation leiden und welche der bekannten Faktoren in welchem Grad dazu beigetragen haben. Man müßte dabei zu erfahren versuchen, a) welche Gründe verhindern, daß die natürliche Familiengruppe in der Lage ist, für die Kinder zu sorgen, und b) weshalb Verwandte nicht als Ersatz einspringen. Wenn sie wirklich brauchbar sein sollen, müßten diese Ermittlungen so detailliert sein wie in dem in Anhang 4 entworfenen Schema, und sie müßten sich auf alle Kinder der Gemeinschaft beziehen, nicht nur auf jene Fälle, die den Behörden und anderen zuständigen Stellen gemeldet wer-

den. Nur so können auch Kinder, die in der eigenen Familie
oder bei Verwandten vernachlässigt werden, erfaßt werden. Die
Durchführung dieser Ermittlungen erfordert Kenntnis der For-
schungsmethoden sowie Erfahrungen in der sozialen Einzelfallhilfe, Medizin und Soziologie. Schließlich sollten alle Variablen,
wie Alter des Kindes, soziale und wirtschaftliche Stellung der
Eltern und ähnliche Kriterien, berücksichtigt werden. Aus diesen
Gründen kann eine derartige Ermittlung wahrscheinlich nur von
einer Universität oder einem Ministerium angestellt werden.

Die Durchführung solcher Ermittlungen in verschiedenen
Gemeinschaften und kontrastierenden Gruppen der gleichen
Gemeinschaft muß als vorrangige Aufgabe betrachtet werden,
denn von den Ergebnissen hängt das Verständnis der hier wirk-
samen Kräfte und die Prioritätsordnung entsprechender Präventivmaßnahmen ab.

Ebenso dringlich werden auch Untersuchungen der geeignetsten Methoden der Fürsorge von Kinder außerhalb ihrer Familie
gebraucht. Der Wert einer bestimmten Methode läßt sich nur
ermessen, wenn man die damit erzielten Ergebnisse ständig
überprüft. Es ist bedauerlich, daß es nur wenige breit angelegte
Entwicklungsstudien von Kindern, die außerhalb der Familie
aufwachsen, gibt, seit Theis vor 25 Jahren die grundlegende Untersuchung veröffentlichte. Der Völkerbund[90] hatte Ursache,
diesen traurigen Zustand zu beklagen:

»Wenn auch 25 Länder (bei der Beantwortung eines Fragebogens zur
Ermittlung der Resultate von Pflegeunterbringung) festgestellt haben,
das System habe sich im allgemeinen bewährt, ist diese Aussage doch
zu allgemein, um die Ansichten aller oder eines großen Teils der damit
Beschäftigten zu repräsentieren. Ehe eine gültige Bewertung erfolgen
kann, müßten Statistiken über den Umfang der Pflegestellen und kritische Beurteilungen, die auf Kritik der Methoden und Erfolge ganz
besonders auch im Vergleich zu anderen Methoden der Kinderfürsorge
beruhen, erstellt werden« (Bd. 2, S. 10).

Wir können nur hoffen, daß diese Unterlassungssünde
schnellstens beseitigt wird und daß private Organisationen und
amtliche Stellen darin wetteifern werden, die genauesten und
umfassendsten Angaben zu erstellen.

Leider bestehen ernstzunehmende technische Schwierigkeiten
bei der Ermittlung der genauen Erfolge verschiedener Fürsorge-

formen. Abgesehen von all den Variablen, die notwendigerweise in Betracht gezogen werden müssen, stehen wir vor der Schwierigkeit, verläßliche Erfolgskriterien zu ermitteln. Wir haben in diesem Bericht mehrfach von der scheinbaren Anpassung von Kindern in Heimen oder Pflegestellen gesprochen, die sich erst später als trügerisch erwiesen hat. So wissen wir, daß ein englischer Mörder, ein notorischer Psychopath, in der Besserungsanstalt so angesehen war, daß er eine Art Gruppensprecher wurde! Eine nur kurzfristig beobachtete Verhaltensweise ist deshalb kein verläßliches Kriterium. Man muß schon Test, z. B. den von Rohrschach, die mehr über die Persönlichkeit aussagen, anwenden und sollte vor allem langfristige Entwicklungsstudien anstellen. Bei diesen Entwicklungsstudien sind die 15 Kriterien für soziale Anpassung, die Curle & Trist[49] erarbeitet haben, von großem Wert. Besonders relevant sind darunter diejenigen, die die Befähigung zu ehelicher Partnerschaft und Elternschaft ermitteln, denn wir haben leider Anlaß, zu befürchten, daß die aktuellen Methoden der Kinderfürsorge gerade in dieser Hinsicht viel Schaden anrichten.

Schließlich müssen wir anerkennen, daß die Forschungsarbeit nicht nur an sich schon schwierig ist, sondern daß man ihr oft auch noch aktiven oder passiven Widerstand entgegensetzt. Hopkirk[78] schreibt nach langen, traurigen Erfahrungen: »Treuhänder und verantwortliche Leiter neigen dazu, die von ihnen erbrachten Leistungen zu verteidigen, und lassen nichts auf Traditionen kommen, die sie für gut und bewährt halten« (S. 208). Das führt dazu, daß echte und angebliche Schwierigkeiten vorgeschützt werden. So behauptet man z. B., daß sich die Umstände sehr geändert hätten, seit gerade diese Kinder versorgt werden; oder daß es ungerecht sei, sie durch inquisitorische Beobachtungen zu erschrecken; und daß man nicht vergessen sollte, daß diese Kinder immerhin »erblich belastet« seien! Diese Verteidigungsargumente, die wir bereits widerlegt haben, entspringen der Besorgnis, der Untersucher sei nur ein feindseliger Kritiker. Hier liegt die beste Lösung darin, daß ein Soziologe sich an der Arbeit der Fürsorgestelle aktiv beteiligt. Die Fürsorger werden ihn dann eher akzeptieren, weil sie erwarten, daß er mehr Verständnis für ihre Probleme aufbringt, wenn er einen eigenen Beitrag leistet, um ihre Arbeit fruchtbarer zu gestalten.

Schlußbetrachtung

Die Versorgung von Kindern, die ein normales Familienleben entbehren müssen, kann nun nicht mehr nur als Akt der Menschlichkeit betrachtet werden: Sie ist auch Voraussetzung für das geistige und soziale Wohlergehen einer Gemeinschaft. Denn wenn man die Fürsorge für diese Kinder vernachlässigt – und das ist heute leider in jedem Land der westlichen Welt der Fall –, werden sie nur aufwachsen, um neue Fürsorgefälle hervorzubringen. Deprivierte Kinder sind – ganz gleich, ob sie in ihrer Familie oder außerhalb leben – ein ständiger Herd sozialer Infektion, die so ernst und so echt ist wie Diphterie oder Typhus. Durch entsprechende Präventivmaßnahmen hat man die Ausbreitung dieser Krankheiten weitgehend verhindern können. Durch ein ebenso entschlossenes, gezieltes Vorgehen läßt sich auch die Zahl deprivierter Kinder weitgehend verringern und damit verhindern, daß mehr Erwachsene wiederum deprivierte Kinder aufziehen.

Aber bisher hat sich noch kein Land ernsthaft mit diesem Problem beschäftigt. Selbst in den sogenannten hochentwickelten Ländern herrschen derart schlechte Bedingungen der geistigen Hygiene in Kinderhorten, Heimen und Krankenhäusern, daß ähnliche Verhältnisse im Bereich der äußeren Hygiene längst zu öffentlichen Protesten geführt hätten. Familienzerrüttung und Mißachtung unehelicher Kinder werden ohne jeden Einwand hingenommen. Mit fatalistischer Gleichgültigkeit läßt man zu, daß schlechte Eltern ihre Kinder vernachlässigen und sie somit wiederum zu schlechten Eltern erziehen. Wahrscheinlich gibt es drei Gründe für diesen Fatalismus: die Annahme, daß ein Großteil dieser Kinder Waisen sind, die keine Verwandten mehr haben; ein Wirtschaftssystem, in dem von Zeit zu Zeit Armut und Verelendung in solchem Ausmaß auftreten, daß Sozialarbeiter nur noch hilflos zusehen können; und ein mangelndes Verständnis für psychiatrische Faktoren, das dazu führt, daß überwiegend psychiatrische Fälle nicht richtig behandelt werden. Es gibt natürlich westliche Länder, auf die diese drei Bedingungen nicht mehr zutreffen, aber dort bleiben zwei weitere, die den Fortschritt verhindern. Das ist zunächst einmal ein beklagenswerter Mangel an Sozialarbeitern, die entsprechend geschult sind, um psychiatrische Faktoren zu erkennen und sich danach zu verhalten. Aus den bisherigen Ausführungen geht unschwer hervor, daß nur eine Sozialfürsorgerin, die Verständnis für unbewußte Motivationen beweist, mit einer ledigen Mutter, mit einer Familie kurz vor dem Zusammenbruch und mit Konflikten zwischen Eltern und Kindern richtig umzugehen versteht. Zu meiner großen Freude habe ich gesehen, daß in der amerikanischen Sozialfürsorge die psychoanalytische Beratung in der Einzelfallhilfe während der letzten zehn Jahre immer mehr zugenommen hat und daß Fürsorgestellen sich in zunehmendem Maße die Mitarbeit von Kinderpsychiatern sichern, um ihre Einzelfallhelfer zu unterstützen. Trotz dieser ersten hoffnungsvollen Anzeichen stehen alle Länder noch vor der ungeheuren Aufgabe, Sozialarbeiter entsprechend auszubilden und Kinderpsychiater zu ihrer Unterstützung heranzuziehen.

Der zweite Faktor, der sich äußerst nachteilig auswirkt, ist die bei Regierungsstellen, Sozialfürsorgern und der breiten Mehrheit mangelnde Kenntnis der Tatsache, daß Mutterliebe in frühester Kindheit für die geistige Gesundheit ebenso wichtig ist wie Vitamine und Proteine für das körperliche Gedeihen. Diese Unkenntnis hat zwei Gründe – emotionale und intellektuelle. Dem ausgeprägtesten Vorurteil begegnet man oft bei Menschen, die von der angeblichen Unzulänglichkeit der natürlichen Eltern leidenschaftlich überzeugt sind und manchmal das ihnen selbst gar nicht bewußte, äußerst verdächtige Bedürfnis haben, zu beweisen, daß sie besser für das Kind sorgen können als dessen eigene Eltern. Auch Ausschußmitglieder, die sich gern an den Früchten der eigenen Arbeit ergötzen, finden mehr persönliche Befriedigung, wenn sie Heime besuchen und dort gefügige Gruppen äußerlich gut versorgter Kinder besichtigen, als wenn sie sich vorstellen, daß diese Kinder – vielleicht etwas schmutziger, aber sehr viel glücklicher – in ihrem Elternhaus oder bei Pflegeeltern herumtoben. Vorsicht vor allzu eifrigen Vertretern der Interessen von Heimkindern!

Intellektuelle Zweifel sind leichter zu beseitigen und können vielleicht durch die im ersten Teil dieses Berichts erbrachten Daten ausgeräumt werden.

Den für Präventivmaßnahmen Verantwortlichen mag die gegenwärtige Situation so vorkommen wie die Lage, in der sich

die für den Schutz der Volksgesundheit Verantwortlichen vor
einem Jahrhundert befanden. Auch ihnen bot sich ausreichend
Gelegenheit, ihre Länder von Krankheiten zu befreien, die auf
mangelnder Hygiene beruhten. Einige nutzten die Gelegenheit,
andere zeigten sich überkritisch angesichts der vorliegenden Beweise und taten nichts. Gewiß, die in diesem Bericht erbrachten
Beweise sind in vieler Hinsicht unzulänglich, viele Lücken bleiben ungefüllt, und kritische Beurteilungen fehlen manchmal
überhaupt; aber wir sollten uns daran erinnern, daß Beweise
nie ganz vollständig sind, daß wir immer nur einen Teil der
Wahrheit kennen und daß wir auf völlige Gewißheit bis in alle
Ewigkeit warten müßten. So wollen wir denn hoffen, daß sich
in der ganzen Welt Männer und Frauen des öffentlichen Lebens
finden werden, die die Bedeutung der mütterlichen Zuwendung
für die geistige Gesundheit erkennen und alle ihnen zur Verfügung stehenden Mittel nutzen werden, um mutige und weitreichende Reformen zu bewirken.

Anhang

Verschiedene retrospektive Untersuchungen über den Zusammenhang von Geisteskrankheit und Deprivation bzw. Familienzerrüttung

Im Haupttext haben wir bereits auf einige der wichtigsten retrospektiven Untersuchungen hingewiesen, die geistige Erkrankungen, besonders Psychopathie, auf maternelle Deprivation zurückführen. Es gibt eine ganze Anzahl weiterer Studien, die explizit oder implizit zu gleichen Ergebnissen kommen. Wir wollen hier einige davon anführen.

Bowlby[26, 27] bemerkt bei der allgemeinen Diskussion der Zusammenhänge zwischen gefühlskaltem Charakter, Rückfallkriminalität und der längeren Trennung von Mutter und Kind, daß er erstaunt sei, wie leicht die meisten Untersucher in diesem Bereich über frühe Trennungen hinweggehen. Burt[41] betrachtet diese frühen Trennungen nur als geringfügige Ursache von Kriminalität. Seine tatsächlichen Daten lassen aber eine solche Auffassung kaum zu. So hatte er festgestellt, daß 23,5 Prozent der Jungen und 36,5 Prozent der Mädchen unter längerer Trennung von ihren Eltern gelitten hatten. Das stand in auffallendem Gegensatz zu entsprechenden 1,5 Prozent bzw. 0,5 Prozent bei der Kontrollgruppe. Aus bereits angeführten Gründen waren die Untersuchungsergebnisse bei Familienzerrüttung für Vergleiche meist ungeeignet. Wir wollen hier jedoch zwei Untersuchungen als bemerkenswert erwähnen, weil sie beide den großen Einfluß von Störungen während der ersten Jahre unterstreichen. In einer der Studien von Glueck und Glueck[59] wurde das Alter der Kinder beim Zusammenbruch der Familie angegeben. 429 jugendliche Kriminelle kamen in eine Gruppe von 966 aus zerrütteten Familienverhältnissen. Bei 40 Prozent der 429 (über 19 Prozent der ganzen Gruppe) war der Zusammenbruch eingetreten, ehe das Kind fünf Jahre alt war. Eine ähnliche, von Armstrong[5] durchgeführte Untersuchung brachte vergleichbare Resultate. Von 660 Ausreißern kamen 29 Prozent aus Familien, die zerrüttet wurden, ehe die Kinder vier Jahre alt waren, und weitere 28 Prozent aus solchen, wo Zerrüttung zwischen vier und sechs Jahren eingetreten war.

Indirekte Beweise liefern die Arbeiten von East & Hubert[51]. Die Hälfte von 26 ausgesuchten Fällen von Gefangenen auf Bewährung (Borstal) und anderen jugendlichen Strafgefangenen, die besonders schwierig zu behandeln waren und auf keine Erziehungsmaßnahme anzusprechen schienen, hatten unter früher Trennung gelitten. Nicht in allen Fällen sind Einzelheiten angegeben, so daß der Prozentsatz auch noch höher liegen kann.

Powdermaker und Mitarb.[117] fanden, daß 33 (40%) von 81 kriminellen Mädchen zwischen zwölf und 16 aus zerrütteten Familien kamen.

Zwei ausführliche schwedische Untersuchungen der Kriminalität in den letzten zehn Jahren weisen in die gleiche Richtung. Beide Stichproben haben den Nachteil, daß sie nur aus Kindern bestehen, die aus dem Elternhaus entfernt wurden, wobei sowohl schlechte häusliche Verhältnisse wie der Charakter des Kindes den Ausschlag gegeben hatten. Ahnsjö[1] stellte fest, daß von 1663 Mädchen, die von 1903 bis 1937 wegen krimineller Vergehen in Anstaltsverwahrung gebracht wurden, nur 75 Prozent von beiden Eltern nach der Geburt versorgt worden waren und daß zur Zeit der Anstaltsverwahrung fast die Hälfte des verbleibenden Rests aus Familien kam, die durch Scheidung oder Tod eines oder beider Elternteile zerrüttet waren. Diese Umstände hatten zweifellos weitgehend dazu geführt, daß viele der Mädchen im Lauf ihres jungen Lebens bei mehreren Verwandten oder Pflegefamilien waren. Von 550 Fällen, die durchschnittlich mit 16 Jahren in Strafanstalten für schwere und abnormale Fälle eingeliefert worden waren, hatten nicht weniger als 30 Prozent derartige Wechsel und Trennungen hinter sich.

Otterström[112] hat bei einer Untersuchung von 1315 Jungen und 300 Mädchen, die wegen krimineller Veranlagung oder bereits begangener Straftaten in Erziehungsanstalten waren, festgestellt, daß 42 Prozent der Jungen und 65 Prozent der Mädchen zum Zeitpunkt ihrer Heimeinweisung aus zerrütteten Familien kamen, wozu auch Fälle gerechnet wurden, wo die Eltern nie verheiratet waren oder bei der Geburt des Kindes nicht mehr zusammenlebten.

Ähnliche Befunde wie die von Ahnsjö und Otterström hat auch die Beobachtung von schwierigen Kindern in Sonderunterkünften ergeben, als diese während des letzten Krieges aus den großen englischen Städten evakuiert worden waren[75]. Es handelte sich dabei um 400 Kinder (80 Prozent Jungen, 20 Prozent Mädchen) zwischen sechs und 14, die in Sonderbehandlung waren, weil sie gestohlen hatten oder sonst schwer erziehbar waren oder unter Enuresis litten. Von 418 Kindern, über deren Familienverhältnisse etwas bekannt war, kamen nicht weniger als 45 Prozent aus zerrütteten Familien – einer oder beide Elternteile tot, ein Elternteil nicht mehr anwesend oder das Kind unehelich geboren. Fast die Hälfte des Restes (über 25 Prozent aller Kinder) kam aus Familien, wo die Eltern zwar noch zusammenlebten, wo die häuslichen Verhältnisse aber sehr schlecht waren und wo Grausamkeit, Amoralität, seelische Haltlosigkeit, unglückliche Beziehungen zu einzelnen Familienmitgliedern, Vernachlässigung und Grobheiten sowie Ablehnung an der Tagesordnung waren. Nur 30 Prozent kamen aus vollständigen, einigermaßen glücklichen Familien.

Bowlby[26, 27] hat die Möglichkeit untersucht, daß Gefühllosigkeit unter Umständen zu Sexualdelikten führen könnte. Beweise für diesen Zusammenhang kommen aus ganz verschiedenen Richtungen. In der Völkerbund-Studie über Prostitution[89] heißt es:

»Abgesehen von dem geringen Anteil der Unehelichen hatte etwa ein Fünftel bis ein Drittel der Betroffenen einen Elternteil durch Tod oder Trennung verloren, als sie noch sehr klein waren. Der Anteil derjenigen, die in Heimen, Pflegestellen oder bei Verwandten aufgewachsen sind, liegt in vier Listen bei 20 Prozent und mehr und bei über 10 Prozent in dreizehn der sechzehn Listen, die nähere Angaben dazu enthalten« (S. 31).

Dieser allgemeine Eindruck wird von Safier & Mitarb.[127] bestätigt, die einige hundert promiskuöser Männer und Frauen untersucht haben:

»Über 60 Prozent der Männer und Frauen kamen aus zerrütteten Familien, deren Zusammenbruch durch Tod, Trennung oder Scheidung verursacht worden war. Bei der Hälfte aller Männer war die Familie zerrüttet worden, ehe diese 13 und bei einem Drittel, ehe sie sieben Jahre alt waren. Das Durchschnittsalter beim Zusammenbruch der Familie lag bei sechs Jahren . . . Unter den Patienten aus zerrütteten Familien kam es nicht selten vor, daß sie in Internaten, Pflegestellen, Heimen oder bei Verwandten aufgewachsen waren. Eine Anzahl von Patienten hatte mehrere Wechsel erlebt. Einige Patienten hatten von Geburt oder kurz

danach an keine elterliche Fürsorge erhalten. Einige waren un-
ehelich geboren worden. In anderen Fällen hatten die Eltern wie-
der geheiratet und der Patient war mit Stiefvater oder Stiefmutter
aufgewachsen . . . Die Konflikte zeigten sich am ausgeprägtesten
in Fällen, wo das Familienleben ungewiß und veränderlich gewe-
sen war und wo der Patient wechselnden Personen zur Pflege
übergeben worden war.«

Eine kleine Stichprobe von 50 promiskuösen Männern, die von Bundesen und Mitarb.[35] untersucht worden waren, bestätigt diese Befunde. 56 Prozent hatten keine normale Kindheit erlebt.

Auch Neurose-Untersuchungen bei Soldaten des Zweiten Weltkriegs ergaben einen erstaunlich hohen Prozentsatz von Patienten aus zerrütteten Familienverhältnissen. So fand McGregor[97] bei der Analyse der Befunde von 2228 Neurosepatienten eines Militärkrankenhauses, daß 48 Prozent von ihnen Persönlichkeitsmerkmale wie Schüchternheit, Unreife, Abhängigkeit und Frustration aufwiesen. »Sie kamen aus zerrütteten Familien oder aus Familien, in denen sie in früher Kindheit emotionell großen Belastungen ausgesetzt worden waren. Im großen und ganzen zeigte diese Gruppe deutliche Merkmale von Liebes-Deprivation in der Kindheit.« Madow und Hardy[99] bestätigen das. Von 212 Soldaten, die unter Kriegsneurosen litten, kamen 36 Prozent aus Familien, die zerrüttet worden waren, ehe der Patient sechzehn war.

Auch bei Schizophrenen sind zerrüttete Familienverhältnisse ein bekanntes und wahrscheinlich signifikantes Merkmal in der Anamnese. Pollock und Mitarb.[115] stellten bei der Exploration von 175 Patienten, die unter Dementia praecox litten, bei 38 Prozent zerrüttete Familienverhältnisse fest. Lidz und Lidz[93] fanden bei einer Untersuchung von 50 Schizophrenen, die vor dem 21. Lebensjahr psychotisch geworden waren, einen fast identischen Prozentsatz – 40 Prozent. Diese hohen Zahlen bei Schizophrenen stehen im Gegensatz zu den nur 17 Prozent, die Pollock und Mitarb. bei einer Gruppe von 155 Patienten fanden, die unter manisch-depressiven Psychosen litten. Das ist ein Prozentsatz, der – wenn überhaupt – nur wenig über dem des Durchschnitts der Gesamtbevölkerung liegt.

Eine ungarische Untersuchung bezieht sich auf Unfallanfälligkeit. In der Vorgeschichte von hundert Fällen, die wegen Unfallfolgen in die chirurgische Abteilung eingeliefert worden waren, fanden Csillag & Hedri[48], daß nicht weniger als 54 Prozent entweder schon als Kinder beide Eltern verloren hatten oder daß deren Eltern getrennt lebten.

Schließlich haben wir noch die Untersuchung von Mulock Houwer[106] in den Niederlanden, die er nach dem Krieg hinsichtlich der Familienverhältnisse von Kindern unternommen hatte, die während des Krieges Hochverrat begangen hatten. 52 Prozent von 275 Kindern kamen aus zerrütteten Familien.

Aus verschiedensten Gründen sind die Daten dieser Einzeluntersuchungen nicht direkt vergleichbar. Besondere Schwierigkeiten in dieser Hinsicht bestehen im Fall der unehelichen Kinder, die von ihren Müttern allein erzogen worden sind. Manchmal sind sie in die Zahlen eingeschlossen, in anderen Fällen nicht. Vielleicht sollte man aber doch versuchen, einige dieser Daten tabellarisch zusammenzufassen. Es könnte ganz nützlich sein. Wir bringen sie in Tabelle 19.

Zwar fehlt in diesen Untersuchungen meist die Gegenkontrolle, doch die vorhandenen Kontrollzahlen sind schlüssig. Menut[101] stellte einen zwölfprozentigen Anteil von zerrütteten Familien in seiner sehr großen Pariser Kontrollgruppe fest, während Madow und Hardy[99] aus drei unterschiedlichen amerikanischen Quellen Prozentsätze zwischen 11 und fünfzehn angeben. Wir können deshalb mit einiger Gewißheit annehmen, daß die Häufigkeit zerrütteter Familien in all diesen Studien weit höher ist, als sie es bei einer normalen Kontrollgruppe wäre, ganz gleich, um welche Bevölkerungsschicht es sich jeweils handelt.

Natürlich besteht hier wieder einmal die Möglichkeit, daß diese Ergebnisse auf Erbanlagen und nicht auf Umwelteinflüsse zurückzuführen sind. Die Familie ist oft zerrüttet, weil einer der Eltern psychotisch oder psychopathisch ist. Kann es dann also nicht an den Genen liegen, wenn ihr Nachwuchs sich schlecht entwickelt? Ahnsjö und Otterström beschäftigen sich ausführlich mit diesem Thema, obgleich ihnen ihre eigenen Stichproben keine Antwort ermöglichen.

Abgesehen von den Befunden, mit denen wir uns in diesem Zusammenhang schon beschäftigt haben, gibt es zwei interessante Studien von Barry hinsichtlich der Verluste von Patienten, die in der Jugend oder als junge Erwachsene unter Psychosen litten, die damit zusammenhängen. In seiner ersten Unter-

Tabelle 19: Häufigkeit zerrütteter Familienverhältnisse bei Patienten, die unter verschiedenen neurotischen Störungen leiden

Untersucher	Land	Art der Störung	Zahl der		
			Patienten	von 6 Jahren	von 16
Glueck & Glueck	USA	Jugendkriminalität	966	19	44
Armstrong	USA	Ausreißer	660	57	
Powdermaker & Mitarb.	USA	Straffällige Mädchen	81		40
Ahnsjö	Schweden	Straffällige Mädchen	1663		60
Otterström	Schweden	Straffällige Jungen	1315		42
		Straffällige Mädchen	300		65
Menut	Frankreich	Kinder mit Verhaltensstörungen	839		66
GesundheitsMinisterium	England u. Wales	Fehlangepaßte Kinder	418		45
Safier & Mitarb.	USA	Promiskuöse Männer	255		60
		Promiskuöse Frauen	365		60
Bundesen & Mitarb.	USA	Promiskuöse Männer	50		56
Madow & Hardy	USA	Neurotische Soldaten	211		36
Pollock & Mitarb.	USA	Dementia praecox	175		38
Lidz & Lidz	USA	Jugendliche Schizophrene	50		40
Czillag & Hedri	Ungarn	Unfallanfälligkeit	100		54
Mulock Houwer	Niederlande	Verrat bei Kindern	275		52

suchung[9], die sich mit 549 Patienten (306 Männern, 243 Frauen) befaßt, die bei der Aufnahme zwischen 16 und 25 Jahre alt waren, weist er nach, daß der Tod des Vaters ebenso häufig vorkommt wie beim allgemeinen Durchschnitt der Bevölkerung, daß der Verlust der Mutter aber viel häufiger eingetreten ist (15,7 Prozent der Patienten verloren ihre Mutter, ehe sie zwölf Jahre alt waren, im Gegensatz zu den 5,3 Prozent der allgemeinen Bevölkerung). Aus der Tatsache, daß der Verlust der Mutter in solchen Fällen vorherrscht, der des Vaters aber nicht, läßt sich mit Gewißheit darauf schließen, daß die Erklärung dieser Daten nicht in den Erbanlagen zu finden ist. Hier haben wir vielmehr eine wichtige Bestätigung der großen Rolle, die die Beziehung vom Kleinkind zur Mutter spielt, und des emotionalen Traumas, das durch ihren Verlust entsteht. Aus einer späteren statistischen Untersuchung folgert Barry[10], daß die kritische Zeit der Trennung von der Mutter unter dem Alter von acht Jahren liegt.

Soweit bekannt, ist nur eine Studie unternommen worden, um die Hypothese zu testen, daß zerrüttete Familienverhältnisse ausschlaggebend für die Entwicklung des Kindes sind. Sie wurde von Wallenstein[145] unternommen, der alle Schüler eines Teilgebiets von New York untersuchte. Von 3000 Jungen und Mädchen kamen 550 aus zerrütteten Familien. Über die Hälfte der Gesamtzahl wurden psychologisch geprüft, und sorgfältige Vergleiche ergaben, daß Kinder aus zerrütteten Familien sich weniger gut entwickelten als andere. Wallenstein folgert aber ganz richtig, daß der Begriff »zerrüttete Familie« für wissenschaftliche Zwecke nicht befriedigend ist.

Unterschiedliche Ergebnisse beim Rorschach-Test von Heimkindern und anderen Kindern

Soweit uns bekannt ist, haben nur zwei Untersucher systematische Untersuchungen bei Heimkindern mit dem Rorschachtest angestellt – Loosli-Usteri in Genf in den späten zwanziger Jahren und Goldfarb in New York während der vergangenen zehn Jahre.

Goldfarb hat seinen Test[64] an der gleichen Stichprobe von Kindern durchgeführt, deren andere Testergebnisse in den Tabellen 6 und 7 dargestellt sind. Es handelt sich hier um 15 Paare von Kindern, die zur Zeit der Versuche 10–14 Jahre alt waren. Die eine Gruppe war im Alter von sechs Monaten bis zu $3\frac{1}{2}$ Jahren im Heim gewesen; die anderen 15 hatten keine derartigen Erfahrungen. Er stellte dabei fest, daß die Heimkinder sich von der Kontrollgruppe in Zahl und Art der Reaktionen wie auch in den wesentlichsten Determinanten (mit Ausnahme von C) nicht unterschieden, was bedeutet, daß die quantitative Leistung und die Methoden der Wahrnehmungsausdeutung ähnlich waren. Beide Gruppen neigen also im gleichen Maß dazu, Bewegungen, tierische und menschliche Formen wahrzunehmen und Schattierungen zu benutzen.

Es ergaben sich bei beiden Gruppen aber deutliche Unterschiede in der Qualität der Reaktionen. So erreichten die Heimkinder z. B. zwar ähnliche Wahrnehmungen, waren aber in den Reaktionen weniger genau und neigten dazu, von der Vorlage abzuweichen. Es fällt ihnen meist schwer, das Gesamtbild zu erfassen, und sie reden oft darum herum, so daß eine Vorstellung, die von einem Teil der Vorlage ausgelöst wird, oft auf das Ganze übertragen wird, wobei die daraus entstehende Wahrnehmung nur mehr wenig Beziehung zu dem tatsächlich auslösenden Reiz hat. Reine Farbreaktionen herrschen vor – d. h. Reaktionen sind ausschließlich durch Farben ohne entsprechende Formvorstellung, z. B. Blut, determiniert – und zeigen damit die geringere emotionale Kontrolle der Heimkinder an. Darüber hinaus zeigen sich bei ihnen weniger allgemeine Reaktionen (d. h. Reaktionen, die bei der Mehrheit auftreten) und mehr ursprüngliche, obwohl

diese recht dürftig sind. Das beweist, daß ihr Realitätsgefühl
weniger ausgebildet ist und daß sie mit den üblichen Denkvor-
stellungen weniger vertraut sind, kann aber auch auf einen Mangel an sozialer Konformität hinweisen. Die meisten dieser Unterschiede sind in Tabelle 20 zusammengefaßt.

*Tabelle 20: Unterschiedliche Ergebnisse des Rorschach-Tests
bei Heimkindern, die die ersten drei Lebensjahre im Heim waren, und einer Kontrollgruppe (nach Goldfarb)*

Art der Reaktion	Klassifizierung der Reaktion	Resultat in Form von	Heim-kinder	Kontroll-gruppe	P
Zusammen-hanglose Wahrnehmung, dürftig gesehen, willkürliche Antworten	G −	durch-schnittl. Prozentzahlen	47	19	<0,05
	F +		43	75	<0,01
	O −		91	20	<0,01
Drumherum-reden und schlechtes Erfassen des Gesamtbildes	Auftreten von DG Becks Z-Wert unter 20	Anzahl der Kinder mit entspr. Reaktionen	7	0	<0,01
			10	4	<0,05
Mangelnde Gefühls-Kontrolle	Zumindest ein Fb FbF + Fb >FFb	Anzahl der Kinder mit entspr. Reaktionen	3	0	<0,05
				1	<0,02
Vermindertes Verlangen nach sozialer Konformität	Weniger als 3 Vulgärant-worten (v)	durch-schnittl. Prozentzahlen	10	3	<0,01
	Originelle Antworten (o)		24	13	<0,1

Anmerkung: Jede Gruppe umfaßte 15 Probanden

Goldfarb[68] verglich die Heimkinder auch mit gleichaltrigen Schizophrenen. Die Rorschachergebnisse ähnelten sich in vieler Hinsicht, wobei die bemerkenswerteste Abweichung bei den Heimkindern das relativ seltene Auftreten von Angst war, die sich bei den Schizophrenen deutlich bemerkbar machte. Loosli-Usteris Arbeiten[94] sind sehr viel älter als diejenigen Goldfarbs und stammen aus einer Zeit, in der der Rorschach-Test noch anders bewertet wurde. So sind die vorliegenden Daten denn auch verschieden, und einige Faktoren, die nach Goldfarbs Befunden deutlich variieren, sind bei Loosli-Usteri gar nicht analysiert worden. Außerdem war die Stichprobe auch in bezug auf die Heimerfahrungen der Kinder verschieden; zum Zeitpunkt der Untersuchung waren alle Kinder noch im Heim, während Goldfarbs Probanden inzwischen bei Pflegeeltern lebten. Dagegen hatten viele nicht – wie Goldfarbs Kinder – die ersten Jahre im Heim verbracht. Resultate von Tests der statistischen Bedeutung von Unterschieden werden nicht gegeben. So läßt sich ein Vergleich nur sehr schwierig bewerkstelligen, wenn auch mehrere Befunde von Loosli-Usteri die von Goldfarb zu bestätigen scheinen.

Sie verglich eine Gruppe von 21 Jungen im Alter von zehn bis 13 Jahren aus einem Genfer Heim (Dauer des Heimaufenthalts ist unbekannt) mit 63 Volksschuljungen derselben Stadt, die bei ihrer Familie lebten. Sie stellte wie Goldfarb fest, daß viele der Heimkinder nur geringe Abstraktionsfähigkeit besaßen, »ihre Denkweise ist infantil und autistisch«. Weiter fand sie heraus, daß ein umgekehrtes Verhältnis zwischen dieser Eigenschaft und neurotischen Symptomen bestand. Die Heimkinder zeigten sich viel introvertierter als die Kontrollgruppe, sie waren gefühlsmäßig weniger ansprechbar und neigten zu Depressionen. Sie zeigten auch weniger »allgemein übliche« Reaktionen. In dieser Beziehung stimmen Loosli-Usteris Befunde mit denen von Goldfarb überein. Hingegen stellte sie keinen Mangel an Gefühlskontrolle fest und kam andererseits zu positiven Resultaten, die Goldfarb nicht erwähnt. Dazu gehört eine ausgeprägte Neigung, sich nicht beeinflussen zu lassen und (bei Heimkindern mit neurotischen Symptomen) die Antwort überhaupt zu verweigern.

Daraus ließe sich schließen, daß Loosli-Usteris Stichprobe hinsichtlich der Heimerfahrung heterogen war, und daß einige

Kinder, die schon die ersten Jahre im Heim verbracht hatten, sich zu Psychopathen entwickelten, während die anderen, die erst später ins Heim gekommen waren, eher neurotische Reaktionen zeigten. Goldfarbs Befunde werden keineswegs durch Loosli-Usteris Daten widerlegt. Ihre Arbeit war aber eine der ersten, die die Aufmerksamkeit auf das hohe Ausmaß psychischer Störungen bei Heimkindern lenkte.

Anmerkung zu Goldfarbs Untersuchung der sozialen Anpassung in Abhängigkeit vom Alter beim Zeitpunkt der Heimunterbringung

Goldfarbs[67] Auffassung von der Bedeutung, die Deprivation im ersten Lebensjahr hat, beruht auf einer interessanten Untersuchung, die mit der bei ihm üblichen Sorgfalt durchgeführt worden ist. Er wählte für seine Stichprobe Kinder von zwölf und mehr Jahren (Durchschnitt etwa 14 1/2), die während ihrer ersten drei Lebensjahre verschieden lange Zeit in einem Heim verbracht hatten. Alle Kinder wurden durch Einzelfallhelfer auf ihre gegenwärtige soziale Anpassung untersucht. Unter Ausschluß von Kindern, deren Anpassung unsicher war, wählte Goldfarb fünfzehn Paare, die, an Alter und Geschlecht identisch, zur einen Hälfte gut angepaßt und zur anderen Hälfte schwer anpassungsgestört waren. Die Mehrheit von ihnen hatte sich in ihrem Verhalten kaum geändert, seit die Heimunterbringung erfolgt war. Goldfarb weist an diesem Beispiel nach, daß die Verhaltensunterschiede bei diesen Kindern nicht auf Erbanlagen zurückgeführt werden können oder auf die Haltung ihrer Eltern oder Pflegeeltern. Da war aber andererseits ein bedeutsamer Unterschied zwischen den einzelnen Gruppen hinsichtlich des Alters zum Zeitpunkt der Heimeinweisung, wobei das Durchschnittsalter der gut angepaßten bei 10,9 Monaten lag und das der anpassungsgestörten bei 5,8 Monaten.

Obwohl die allgemeine Bedeutung dieser Daten klar ist, muß man bedauern, daß Goldfarb keine Detailangaben gemacht hat, da es nicht einfach ist, sich der präzisen Bedeutung dieser Daten zu versichern. Es geht nämlich nicht daraus hervor, daß Goldfarbs eigene Schlußfolgerung – daß »damit die anhaltende Bedeutung des ersten Halbjahres im Leben eines Kindes nachdrücklich bewiesen ist« – nicht mehr angezweifelt werden kann. Die fehlangepaßten Kinder waren im ersten Halbjahr auch nicht viel im Heim, da das durchschnittliche Aufnahmealter nur wenig unter sechs Monaten lag. Das läßt Rückschlüsse auf das erste Halbjahr nicht zu. Der äußerst bedeutsame Schluß jedoch ist, daß Deprivation im zweiten Halbjahr des Lebens eines Kindes weitreichendere Konsequenzen hat als spätere Deprivation.

Anmerkung zu Statistiken über die Ursachen von außerfamiliärer Fürsorge für Kinder

Die im achten Kapitel angeführten Daten beruhen auf sieben Studien aus drei verschiedenen Ländern, die gerade verfügbar waren. Wir wissen nicht, wie repräsentativ sie jeweils für das einzelne Land sind und benutzen sie hier lediglich als Hinweise.

Großbritannien

1) 1195 Kinder in der Fürsorge von drei Bezirksbehörden in England, die städtische, halbstädtische und ländliche Bezirke verwalten. Zeitpunkt: 1945; berichtet von Brockington[29].

2) 346 Kinder aus 234 Familien in privater Fürsorge (Dr. Barnardos Heime). Bei diesen Fällen soll es sich um 10 Prozent der Zugänge zwischen Januar 1937 und Januar 1940 handeln. Berichtet in *The Neglected Child and His Family*[110].

3) 500 Kinder in der Fürsorge einer anderen Wohltätigkeitsorganisation (National Children's Home) von 1940 bis 1941. Berichtet im Jahresbericht 1948[109].

4) 51 Kinder aus zwölf verschiedenen Heimen, die alle Arten der in Großbritannien 1946 vorhandenen Heimpflege vertreten. Berichtet von Bodman & Mitarb.[24].

USA

1) Über 500 Anträge auf Unterstützung, die bei einer großen New Yorker Wohltätigkeitsorganisation 1949 eingegangen sind (unveröffentlicht).

2) 209 Kinder, die durch die ›Maryland Children's Aid Society‹ von 1940 bis 1942 aus Pflegefamilien wieder herausgenommen wurden[100].

73 Kinder aus sechs Heimen, zwei für Dauerpflege und vier für kurzfristigen Aufenthalt um 1946/47. Berichtet von Thysell[140].

Leider werden die Daten in ganz unterschiedlicher Form gegeben. Manchmal ist der Zustand der natürlichen Primärgruppe nicht genau bezeichnet, obwohl man in einigen Fällen entsprechende Schlüsse ziehen kann. Ursachen von Vernachlässigung usw. sind nie angegeben, und es wird auch nie erwähnt, weshalb Verwandte nicht als Ersatz eintreten.

Die Angaben in Tabelle 21 halten wir für einigermaßen genaue Übersetzungen in die übliche Form von Schätzwerten. Wenn auch in einigen Fällen noch mehr Information zu »Natürliche Primärgruppe funktioniert nicht richtig« vorlag, war diese doch nicht detailliert genug, und wir haben lieber ganz darauf verzichtet.

Die großen Unterschiede in diesen Daten sind teilweise auf verschiedene Ermittlungsmethoden zurückzuführen, gehen aber doch wahrscheinlich eher noch auf echte Unterschiede in den Stichproben zurück, die sich durch radikale Unterschiede in der jeweils bei Heimunterbringung verfolgten Politik erklären. Z. B. hängt sehr viel davon ab, ob man einer Witwe oder Verwandten Unterstützung gewährt, damit Kinder zu Hause versorgt werden können, oder ob all diese Kinder ins Waisenhaus gesteckt werden.

Eine weitere Schwierigkeit in der Zusammenstellung dieser tabellarischen Daten besteht darin, daß alle Angaben zum aktuellen Zustand des Elternhauses – wie Vernachlässigung, Grausamkeit, Armut usw. – mit denen über Zustand und Fähigkeit der Eltern vermischt worden sind. Dabei sind das natürlich weitgehend unabhängige Variablen – Vernachlässigung und Armut kann es im Hause einer ledigen Mutter ebenso geben wie bei einer Witwe oder noch zusammenlebenden Eltern. Aus diesen Gründen brauchen wir zwei Gruppen von Angaben, die sich auf das Elternhaus beziehen:

1) Angaben in bezug auf die Dringlichkeit des Falles;
2) Angaben zum Zustand der natürlichen Primärgruppe.

Tabelle 21: Ursachen für die Deprivation von Kindern von normalem Familienleben

Land	Schweden	USA		Großbritannien			
Untersucher	Thysell	N.Y. Vermittlg.	Malone	Brockington	Dr. Barnardos Heime	National Children's Home	Bodman u. Mitarb.
Zahl der Kinder	73	500	209	1195	346	500	52
Ermittlungszeit	1946 bis 1947	1949	1942	1945	1937 bis 1940	1940 bis 1941	1946
	%	%	%	%	%	%	%
a) Natürliche Primärgruppe nie vorhanden: Unehelichkeit	25	9	16	10	40	27	25
b) Natürliche Primärgruppe nicht richtig funktionierend: Armut oder Vernachlässigung durch Eltern	40	4	16	60,5	31	(20)	–
Fehlanpassung des Kindes	3	26	18	0,5	–	(5)	–
c) Natürliche Primärgruppe zerstört: ein Elternteil tot	1	5		7		(56)	25
beide Eltern tot	1	1		3			25
Krankheit der Eltern	23	6	40	–	59	–	2
Geisteskrankheit der Eltern	23	6		9			25
Trennung, Scheidung	5	21		10		–	23
d) Andere und unbekannte Gründe	3	22	10	–	–	–	–
	100	100	100	100	*	*	100

* = Angaben fehlen zur vollständigen Zusammenrechnung.

Dabei können gewisse Angaben wie »Krankenhausaufenthalt
der Mutter« in beiden Kategorien erscheinen. Andere, wie »Vernachlässigung« oder »seelische Haltlosigkeit des Vaters«, würden jeweils nur in einer Kategorie erscheinen (Vernachlässigung
in 1, Haltlosigkeit in 2).

Zusätzlich werden noch benötigt:

3) Angaben, ob Verwandte helfen können oder nicht.

Im Folgenden geben wir eine allgemeine Zusammenstellung,
nach welchen Gesichtspunkten Daten in jeder dieser drei Gruppen ermittelt werden sollten:

1) Dringlichkeit:

Mutter verstorben
Mutter im Krankenhaus
Mutter im Gefängnis
Mutter hat das Haus verlassen

Unmoralische Zustände in der Familie
Grausamkeit
Grobe Vernachlässigung
Familie ohne Unterkunft
Kinder treiben sich umher oder sind verlassen worden

Kein Dringlichkeitsfall

2) Zustand der natürlichen Primärgruppe:
a) Anwesenheit und Fähigkeit des Vaters
   anwesend und leistungswirksam
   anwesend, aber behindert durch:
      schlechten Gesundheitszustand
      Geisteskrankheit
      charakterliche Haltlosigkeit
      geistige Defekte
      abwesend, weil:
      mit der Mutter nicht verheiratet
      tot
      im Krankenhaus (körperliches Leiden)
      in der Anstalt (geisteskrank)
      in Anstalt für Schwachsinnige und Debile
      Gefängnis
      Verlassen, Trennung, Scheidung
      Beschäftigung an anderen Orten
b) Anwesenheit und Fähigkeit der Mutter

gleiche Kriterien wie beim Vater, wobei »Beschäftigung an anderen Orten« durch »Ganztagsbeschäftigung« zu ersetzen ist.

3) Verwandtenhilfe
   erhältlich durch . . .
   nicht möglich, weil:
        Verwandte tot, zu alt, krank sind
        Verwandte zu weit entfernt leben
        Verwandte aus wirtschaftlichen Gründen nicht helfen können
        Verwandte nicht helfen wollen
        die Eltern keine Verwandten hatten

Nur wenn die Angaben bis in diese Einzelheiten gehen, können die vorliegenden Probleme richtig erkannt und geeignete Maßnahmen getroffen werden.

Bibliographie

1. Ahnsjö, S. (1941) *Acta paediatr., Stockh.* 28, Suppl. 3, 1
2. Aichhorn, A. (1925) *Verwahrloste Jugend,* Wien
3. Aichhorn, A. (1935) *Wayward youth,* New York (translation of 2)
4. Alt, H. (1951) *Amer. J. Orthopsychiat.* 21, 105
5. Armstrong, C. P. (1932) *660 runaway boys,* Boston, Mass.
6. Baker, I. M. (1949) *Child Welfare,* 28, Mai, p. 3
7. Bakwin, H. (1942) *Amer. J. Dis. Child.* 63, 30
8. Bakwin, H. (1949) *J. Pediat.* 35, 512
9. Barry, H., jr. (1939) *Amer. J. Orthopsychiat.* 9, 355
10. Barry, H., jr. (1949) *Arch. Neurol. Psychiat., Chicago,* 62, 630
11. Bayley, N. (1933) *Mental growth during the first three years,* Worcester, Mass.
12. Baylor, E. M. H. & Monachesi, E. D. (1939) *The rehabilitation of children: the theory and practice of child placement,* New York
13. Bender, L. (1946) *Child Study,* 23, 74
14. Bender, L. (1947) *Psychopathic behavior disorders in children.* In: Lindner, R. M. & Seliger, R. V., Hrsg. *Handbook of correctional psychology,* New York
15. Bender, L. & Yarnell, H. (1941) *Amer. J. Psychiat.* 97, 1158
16. Beres, D. & Obers, S. J. (1949) *The effects of extreme deprivation in infancy on psychic structure in adolescence: a study in ego development* (unveröffentlicht)
17. Bettelheim, B. & Sylvester, E. (1947) *Amer. J. Orthopsychiat.* 17, 684
18. Bettelheim, B. & Sylvester, E. (1948) *Amer. J. Orthopsychiat.* 18, 191
19. Binning, G. (1948) *Health,* Toronto, März
20. Binning, G. (1949) *Health,* Toronto, Juli/August, p. 10
21. Blacker, C. P. (1946) *Eugen. Rev.* 38, 117
22. Blacker, C. P. (1946) *Neurosis and the mental health services,* Oxford
23. Bodman, F. (1950) *J. ment. Sci.* 96, 245
24. Bodman, F., MacKinlay, M. & Sykes, K. (1950) *Lancet,* 1, 173
25. Bowlby, J. (1940) *Int. J. Psycho-Anal.* 21, 154
26. Bowlby, J. (1944) *Int. J. Psycho-Anal.* 25, 19
27. Bowlby, J. (1946) *Forty-four juvenile thieves, their characters and homelife,* London (Neuauflage von 26)
28. Bowlby, J. (1949) *Hum. Rel.* 2, 123
29. Brockington, C. F. (1946) *Lancet,* 1, 933

30. Brodbeck, A. J. & Irwin, O. C. (1946) *Child Develpm.* 17, 145
31. Brosse, T. (1950) *Homeless children,* Paris (UNESCO)
32. Brosse, T. (1950) *War-handicapped children,* Paris (UNESCO)
33. Brown, F. (1937) *J. appl. Psychol.* 21, 379
34. Bühler, C. (1935) *From birth to maturity,* London
35. Bundesen, H. N., Plotke, F. & Eisenberg, H. (1949) *Amer. J. Publ. Hlth,* 39, 1535
36. Burgess, E. W. & Cottrell, L. S., jr. (1939) *Predicting success or failure in marriage,* New York
37. Burlingham, D. & Freud, A. (1942) *Annual report of a residential war nursery,* London
38. Burlingham, D. & Freud, A. (1942) *Young children in wartime,* London
39. Burlingham, D. & Freud, A. Heimatlose Kinder. Frankfurt a. M., 1971
40. Burlingham, D. & Freud, A. (1944) *Monthly report of Hampstead nurseries,* Mai (unveröffentlicht)
41. Burt, C. (1929) *The young delinquent,* London
42. Burt, C. (1940) *Brit. J. educ. Psychol.* 10, 8
43. Carey-Trefzer, C. J. (1949) *J. ment. Sci.* 95, 535
44. Clothier, F. (1948) *Nerv. Child,* 7, 154
45. Corner, G. W. (1944) *Ourselves unborn,* New Haven
46. Cowan, E. A. & Stout, E. (1939) *Amer. J. Orthopsychiat.* 9, 330
47. Croydon, *County Borough of* (1948–1949) *Report of Children's Officer*
48. Csillag, I. & Hedri, E., jr. (1949) *Industr. Med.* 18, 29
49. Curle, A. & Trist, E. L. (1947) *Hum. Rel.* 1, 240
50. Durfee, H. & Wolf, K. (1933) *Z. Kinderforsch.* 42, 273
51. East, N. W. & Hubert, W. H. de B. (1939) *The psychological treatment of crime,* London
52. Edelston, H. (1943) *Genet. Psychol. Monogr.* 28, 1
53. Embry, M. (1937) *Planning for the unmarried mother,* New York
54. Family Service Association of America (1950) *Diagnosis and treatment of marita problems,* New York
55. Fitzgerald, O. (1948) *J. ment. Sci.* 94, 701
56. Fried, R. & Mayer, M. F. (1948) *J. Pediat.* 33, 444
57. Gesell, A. & Amatruda, C. (1947) *Developmental diagnosis: normal and abnormal child development. Clinical methods and pediatric applications,* 2. Aufl. New York
58. Gindl, I., Hetzer, H. & Sturm, M. (1937) *Z. angew. Psychol.* 52, 310
59. Glueck, S. & Glueck, E. T. (1934) *One thousand juvenile delinquents,* Cambridge, Mass.

60. Goldfarb, W. (1943) *Amer. J. Orthopsychiat.* 13, 249
61. Goldfarb, W. (1943) *Child Develpm.* 14, 213
62. Goldfarb, W. (1943) *J. exp. Educ.* 12, 106
63. Goldfarb, W. (1944), *Amer. J. Orthopsychiat.* 14, 162
64. Goldfarb, W. (1944) *Amer. J. Orthopsychiat.* 14, 441
65. Goldfarb, W. (1945) *Amer. J. Orthopsychiat.* 15, 247
66. Goldfarb, W. (1945) *Amer. J. Psychiat.* 102, 18
67. Goldfarb, W. (1947) *Amer. J. Orthopsychiat.* 17, 449
68. Goldfarb, W. (1949) *Amer. J. Orthopsychiat.* 19, 624
69. Goldstein, K. & Scheerer, M. (1941) *Psychol. Monogr.* 53, 151
70. Gordon, H. L. (1949) *Foster care for children.* In: *Social Work Year Book,* New York, p. 211
71. Gordon, H. L. (1950) *Child Welfare,* 29, Januar, p. 3
72. Great Britain, Care of Children Committee (1946) *Report . . . presented by the Secretary of State for the Home Department, the Minister of Health and the Minister of Education,* London (Curtis Report)
73. Great Britain, Home Office (1949) *Reception centres. Memorandum . . . for the guidance of local authorities . . .,* London
74. Great Britain, Ministry of Health (1943) *The care of illegitimate children,* London
75. Great Britain, Ministry of Health (1944) *Hostels for ›difficult‹ children. A survey of experience under the evacuation scheme,* London
76. Great Britain, Ministry of Health (1948) *Children and the British Government evacuation scheme,* London
77. Healy, W., Bronner, A. F., Baylor, E. M. H. & Murphy, J. P. (1929) *Reconstructing behavior in youth: a study of problem children in foster families,* New York
78. Hopkirk, H. W. (1944) *Institutions serving children,* New York
79. Hunt, J. McV. (1941) *J. abnorm. soc. Psychol.* 36, 338
80. Hutchinson, D. (1943) *In quest of foster parents: a point of view on homefinding,* New York
81. Isaacs, S., Hrsg. (1941) *The Cambridge evacuation survey,* London
82. Isaacs, S. (1948) *Children in institutions.* In: *Childhood and after,* London, p. 208
83. Jewish Board of Guardians (1950) *Methods and preliminary findings of total population study at Hawthorne-Cedar Knolls School,* New York (unveröffentlicht)
84. Jolowicz, A. R. (1946) *The hidden parent: some effects of the concealment of the parents' life upon the child's use of a foster home*
85. Jones, M. C. & Burks, B. S. (1936) *Personality development in childhood,* Washington, D. C. (Society for Research in Child Development, Monographs, 1, No. 4)

86. Klein, M. (1948) *A contribution to the psychogenesis of manic-depressive states.* In: *Contributions to psycho-analysis, 1921–1945,* London, p. 282
87. Kline, D. & Overstreet, H. M. (1948) *Soc. Serv. Rev.* 22, 324
88. *Lancet, 1949, ©, 975*
89. League of Nations (1938) *Prostitutes: their early lives,* Geneva
90. League of Nations (1938) *The placing of children in families,* Geneva, 2 Bde.
91. Levy, D. (1937) *Amer. J. Psychiat.* 94, 643
92. Levy, R. J. (1947) *J. Personal.* 15, 233
93. Lidz, R. W. & Lidz, T. (1949) *Amer. J. Psychiat.* 106, 332
94. Loosli-Usteri, M. (1929) *Arch. Psychol.* 22, 51
95. Loosli-Usteri, M. (1948) *New Era,* 29, 1
96. Lowrey, L. G. (1940) *Amer. J. Orthopsychiat.* 10, 576
97. McGregor, H. G. (1944) *J. Neurol. Neurosurg. Psychiat.* 7, 21
98. MacLennan, B. W. (1949) *Lancet,* 2, 209
99. Madow, L. & Hardy, S. E. (1947) *Amer. J. Orthopsychiat.* 17, 521
100. Malone, B. (1942) *Children away from home,* Baltimore (Maryland Children's Aid Society)
101. Menut, G. (1943) *La dissociation familiale et les troubles du caractère chez l'enfant,* Paris
102. Mersham Children's Reception Centre (1948) *Interim report,* Mersham, Kent
103. Michaels, R. & Brenner, R. F. *A follow-up study of adoptive homes,* New York (Child Adoption Committee of the Free Synagogue) (unveröffentlicht)
104. Montefiore Hospital, New York (1949) *Home care: origin, organization and present status of the extra-mural program of Montefiore Hospital,* New York
105. Morlock, M. & Campbell, H. (1946) *Maternity homes for unmarried mothers: a community service,* Washington, C. C. (US Department of Labor, Children's Bureau Publication 309)
106. Mulock Houwer, D. Q. R. (1947) *Enige aspecten betreffende het probleem der jeugdige politieke delinquentes,* Amsterdam
107. Mumford, L. (1944) *Condition of man,* London
108. Murphy, L. B. (1937) *Social behavior and child personality,* New York
109. National Children's Homes (1948) *Annual report,* London
110. National Council of Social Service (1948) *The neglected child and his family,* Oxford
111. Orgel, S. Z. (1941) *Amer. J. Orthopsychiat.* 11, 371
112. Otterström, E. (1946) *Delinquency and children from bad homes: a study of prognosis from a social point of view,* Lund
113. Pickerill, C. & Pickerill, H. P. (1947) *Nurs. Mirror,* August

114. Piquer y Jover, J. J. (1946) *El nido abandonado y delincuente,* Madrid
115. Pollock, H. M., Malzberg, B. & Fuller, R. G. (1939) *Hereditary and environmental factors in the causation of manic-depressive psychoses and dementia praecox,* Utica, N.Y.
116. Pollock, J. C. & Rose, J. A. (1949) *Child Welfare,* 28, Juni, p. 3
117. Powdermaker, F., Levis, H. T. & Touraine, G. (1937) *Amer. J. Orthopsychiat.* 7, 58
118. Querido, A. (1946) *Med. Offr,* 75, 193
119. Rheingold, H. L. (1943) *Amer. J. Orthopsychiat.* 13, 41
120. Ribble, M. (1943) *The rights of infants: early psychological needs and their satisfaction,* New York
121. Richman, L. H. (1946) *Soc. Serv. Rev.* 20, 354
122. Richman, L. H. (1948) *Child,* 13, No. 1, p. 8
123. Ripin, R (1933) *Psychol. Bull.* 30, 680
124. Robinson, J. F. (1947) *Amer. J. Psychiat.* 103, 814
125. Rome, R. (1939) *A study of some factors entering into the unmarried mother's decision regarding the disposition of her child* (Smith College School for Social Work: unveröffentlicht)
126. Roudinesco, J. & Appell, G. (1950) *Sem. Hôp. Paris,* 26, 2271
127. Safier, B., Corrigan, H. G., Fein, E. J. & Bradway, K. P. (1949) *A psychiatric approach to the treatment of promiscuity,* New York
128. Savage, S. W. (1946) *Brit. med. J.* 1, 86
129. Sharp, J. (1950) *Nurs. Times,* 46, 152
130. Simonsen, K. M. (1947) *Examination of children from children's homes and day nurseries,* Copenhagen
131. Spence, J. C. (1946) *The purpose of the family: a guide to the care of children,* London
132. Spence, J. C. (1947) *Brit. med. J.* 1, 125
133. Spitz, R. A. (1945) Hospitalism: *an inquiry into the genesis of psychiatric conditions in early childhood (I). In: The psychoanalytic study of the child,* 1, 53
134. Spitz, R. A. & Wolf, K. M. (1946) *Anaclitic depression: an inquiry into the genesis of psychiatric conditions in early childhood* [II]. In: *The psychoanalytic study of the child,* 2, 313
135. Spitz, R. A. & Wolf, K. M. (1946) *Genet. Psychol. Monogr.* 34, 57
136. Stern, E. M. & Hopkirk, H. W. (1947) *The housemother's guide,* New York
137. Stott, D. H. (1950) *Delinquency and human nature,* Dunfermline
138. Terman, L. M. (1938) *Psychological factors in marital happiness,* New York
139. Theis, S. van S. (1924) *How foster children turn out,* New York (State Charities Aid Association Publication No. 165)

140. Thysell, T. (1948) *Sociala Meddelanden*, 58, 851
141. Tibout, N. H. C. (1948) In: *International Congress on Mental Health, London, 1948*, 2, 46
142. Toronto & District, Welfare Council of (1943) *A study of the adjustment of teen age children born out of wedlock who remained in the custody of their mothers or relatives*, Toronto
143. United Nations Economic and Social Council (1948) *Economic and Social Council. Official Records: Third Year, Sventh Session. Supplement No. 8. Report of the Social Commission*, New York, pp. 28, 29
144. Vulliamy, C. (1944) *Self-government*. In: *Children's communities*, London (New Education Fellowship Monograph No. 1, p. 10)
145. Wallenstein, N. (1937) *Character and personality of children from broken homes*, New York
146. Watkins, A. G. & Lewis-Faning, E. (1949) *Brit. med. J.* 2, 616
147. Wetzel, N. C. (1948) *Treatment of growth failure in children: an application of the grid technique*, Cleveland
148. Willesden, Borough of (1939) *Annual Health Report for 1939*, Willesden, Middlesex
149. Wilson, A. T. M. (1949) *Hum. Rel.* 2, 233
150. Winnicott, D. W. & Britton, C. (1944) *The problem of homeless children*. In: *Children's communities*, London (New Education Fellowship Monograph No. 1, p. 1)
151. Winnicott, D. W. & Britton, C. (1947) *Hum. Rel.* 1, 87
152. Wittkower, E. D. (1948) *Brit. J. vener. Dis.* 24, 59
153. Wofinden, R. C. (1944) *Publ. Hlth, Lond.* 57, 136
154. Wofinden, R. C. (1946) *Eugen Rev.* 38, 127
155. Wolkonir, B. (1947) *Child Welfare League of America Bulletin*, 26, 1
156. Wollen, C. A. (1949) *The relationship between the child guidance service and centres for short-term observation of children* (unveröffentlicht)
157. World Health Organization, Expert Committee on Mental Health (1950) *World Hlth Org. techn. Rep. Ser.* 9, 7
158. Young, L. R. (1947) *Personality patterns in unmarried mothers.* In: Family Service Association of America, *Understanding the psychology of the unmarried mother*, New York
159. Young, L. R. (1947) *The unmarried mother's decision about her baby.* In: Family Service Association of America, *Understanding the psychology of the unmarried mother*, New York

Namen- und Sachregister

KINDLER TASCHENBÜCHER
GEIST UND PSYCHE

In GEIST UND PSYCHE erscheinen
die Schriften namhafter Psychologen,
Psychoanalytiker und Pädagogen.

(2078)***	Herbert Lippert	Einführung in die Pharmakopsychologie
(2079)*****	Parin/Morgenthaler Parin-Matthey	Die Weißen denken zuviel
(2080)**	Medard Boss	Sinn und Gehalt der sexuellen Perversion
(2082)****	Jean-Hyppolyte Michon	System der Graphologie
(2083)****	Hans Giese	Der homosexuelle Mann
(2084)*	Heinz-Rolf Lückert	Der Mensch – das konfliktträchtige Wesen
(2085)**	Hans Strotzka	Psychotherapie und soziale Sicherheit
(2086)*	Hoimar von Ditfurth	Aspekte der Angst
(2087)****	Max Pulver	Symbolik der Handschrift
(2088)****	Robert Heiss	Allgemeine Tiefenpsychologie
(2089)**	Kurt Seelmann	Kind, Sexualität und Erziehung
(2090)***	Karen Horney	Neue Wege in der Psychoanalyse
(2091)***	Wilhelm Bitter	Freud, Adler, Jung
(2092)***	Emil Schmalohr	Frühe Mutterentbehrung
(2093)**	Dieter Eicke	Vom Einüben der Aggression
(2094)***	Werner W. Kemper	Psychoanalytische Gruppentherapie
(2095)***	Hans Strotzka	Neurose, Charakter, soziale Umwelt
(2096)****	Iwan P. Pawlow	Auseinandersetzung mit der Psychologie
(2097)*	Mattke/Wormser	Drogen-Fibel
(2098)*****	Ronald Wiegand	Gesellschaft und Charakter
(2099)***	Josef Rattner	Selbsterkenntnis und Menschenkenntnis
(2100)****	Richard Pokorny	Psychologie der Handschrift
(2101)**	Günter Ammon	Gruppendynamik der Aggression
(2103)***	Charlotte Wolff	Die Hand des Menschen
(2104)***	Karen Horney	Unsere inneren Konflikte
(2106)***	John Bowlby	Mütterliche Zuwendung und geistige Gesundheit

7 – 1 – 10 – 6 – 3